Israel J. Singer

Von einer Welt, die nicht mehr ist

Erinnerungen

Aus dem Amerikanischen
von Gertrud Baruch

Fischer Taschenbuch Verlag

Ungekürzte Ausgabe
Veröffentlicht im Fischer Taschenbuch Verlag GmbH,
Frankfurt am Main, November 1993

Lizenzausgabe mit freundlicher Genehmigung des
Carl Hanser Verlags, München
Titel der Originalausgabe: ›Fun A Welt Wos Iz Nishto Mer‹
Aus dem Jiddischen ins Amerikanische übersetzt von Joseph Singer.
Erschienen unter dem Titel ›Of A World That Is No More‹ bei
Faber and Faber, London 1987
© 1970 by Joseph Singer
Für die deutsche Ausgabe:
© 1991 Carl Hanser Verlag, München, Wien
Umschlaggestaltung: Buchholz / Hinsch / Hensinger
Druck und Bindung: Clausen & Bosse, Leck
Printed in Germany
ISBN 3-596-11340-7

Gedruckt auf chlor- und säurefreiem Papier

Eine Feier im Schtetl –
Nikolaus II. wird zum Zaren gekrönt

Wie trügerisch und unglaubwürdig ist doch das menschliche Gehirn mit seiner Fähigkeit, unbedeutende Ereignisse zu bewahren und zu horten, bedeutende aber zu verdrängen, weil es sie vergessen will!

Seit über vierzig Jahren – seit ich zwei Jahre alt war –, ist mir ein gestochen scharfes Bild in Erinnerung geblieben, das erste, das sich mir eingeprägt hat. Ich sehe ein hohes Gebäude, hell beleuchtet und voller Menschen. Musik erklingt; ich sitze auf den Schultern eines großen bärtigen Mannes; mein einer Strumpf ist heruntergerutscht, und die Leute ringsum machen »Pst!«, weil sie sich über mein Weinen ärgern.

Als ich Jahre später meine Mutter danach fragte, erzählte sie mir, das Gebäude sei die Synagoge des Städtchens Bilgoraj in der Provinz Lublin gewesen, wo ich geboren wurde. Die Musik sei von Gimpel dem Fiedler und seinen Musikanten gespielt worden, und die Feier habe anläßlich der Krönung Nikolaus' II. stattgefunden, des Zaren von Polen und Herrschers aller Reußen.

Der Mann, auf dessen Schultern ich damals saß, war Schmul, der Synagogendiener meines Großvaters, des Rabbiners von Bilgoraj. Er hatte mich mitgenommen, damit ich das Gebet für König und Vaterland hören konnte, das mein Großvater zu Ehren des neuen Monarchen vor der Gemeinde und den russischen Beamten rezitierte. Die Männer, die mich zum Schweigen bringen wollten, waren meine Onkel mütterlicherseits, Josef und Itsche, die befürchteten, mein Weinen könnte die Feier stören.

Meine Mutter erzählte mir dann gleich noch eine andere Geschichte: daß mein Großvater nahe daran war, nach Sibirien verbannt zu werden, weil ich mich als zweijähriger Knirps beinahe eines Vergehens gegen den Herrscher aller Reußen schuldig gemacht hätte.

Folgendes war geschehen:

Der Natschalnik der Provinzhauptstadt hatte meinem Großvater ein Buch übergeben, in das sich alle Juden von Bilgoraj eintragen sollten, um ihre Loyalität gegenüber dem künftigen Herrscher zu bekunden. Warum der Gesalbte Gottes ein Loyalitätsgelöbnis sämtlicher Bilgorajer Juden für erforderlich hielt, ist mir ein Rätsel, aber die Polizei bestand darauf, und die Juden beeilten sich natürlich, der Aufforderung nachzukommen.

Am Vorabend der Krönung hatte dieses Buch auf Großvaters Schreibtisch gelegen. Meine Mutter hatte darin geblättert und war eingenickt. Als sie plötzlich aufwachte, sah sie zu ihrem Entsetzen, daß ihr zweijähriger Sohn versuchte, einige Seiten aus dem Buch herauszureißen. Ganz vorsichtig nahm sie es ihm ab, dann seufzten sie und die anderen Familienmitglieder erleichtert auf. Meine Mutter war überzeugt, daß ein Schutzengel sie rechtzeitig aufgeweckt hatte, um diese Freveltat zu verhindern, deretwegen man meinen Großvater ohne weiteres nach Sibirien hätte schicken können.

Ich kann mich nicht an diesen Vorfall erinnern – nur an die Szene vor der Synagoge.

Noch ein Bild ist mir klar und deutlich in Erinnerung geblieben: Auf einer weißverschneiten Lichtung stehen schwarz gekleidete Männer und Frauen. Meine Mutter, meine ältere Schwester und ich sitzen in einem Fuhrwerk. Meine Schwester hält meine Hand umklammert. Leute gehen neben dem Wagen her. Später sind wir in einem Haus. Kerzen brennen, und Onkel Itsche hält

einen Becher Wein in der Hand und sagt den Segensspruch.

Das war, so erzählte mir Mutter, der Tag, an dem
mein damals siebenundzwanzigjähriger Vater Rabbiner
von Leoncin wurde, einer Kleinstadt in der Provinz
Warschau. Die Leute waren die Einwohner von Leoncin, die gekommen waren, um ihren neuen Rabbiner
und seine Familie zu begrüßen. Es war an einem Freitag
kurz vor Pessach. Warum ich mich an Onkel Itsches
Segensspruch erinnern kann und nicht an den meines
Vaters, der an jenem Tag doch im Mittelpunkt des
Interesses stand, kann ich mir auch nicht erklären.

Außer diesen beiden Bildern tauchen aus meinen
Kinderjahren auch andere auf – manche klar, manche
verschwommen.

Die Kleinstadt Leoncin, in der mein Vater Rabbiner
wurde, könnte man eher als Dorf bezeichnen. Die Häuser waren sehr klein, aber die Dächer waren nicht mit
Stroh, wie in nichtjüdischen Dörfern, sondern mit
Schindeln gedeckt und so schräg, daß dort oft Vögel
nisteten. Nur ein einziges Haus im Schtetl war zwei-
stöckig und hatte Balkone. Die Straßen waren ungepfla-
stert, aber trotzdem nicht schlammig, denn Leoncin lag
nahe der Weichsel, und der Boden dort bestand größ-
tenteils aus tiefem weißen Sand.

Bemalte Schilder hingen über den Läden des Schtetls.
Auf den Schildern der Schnittwarenhändler waren zwei
sich überschneidende Stoffbahnen abgebildet, auf dem
Schild des Krämers blau eingewickelte Zuckerhüte. Die
Eisenwarengeschäfte hatten Schilder mit aufgemalten
Töpfen, Pfannen und Kerzen, und an den Ladentüren
hingen Ketten, Hufeisen und Heckensicheln. An den
Schaufenstern der Tabakläden waren Kater mit Lackle-
derstiefeln zu sehen, die Zigaretten in langen Zigaret-

tenspitzen rauchten. Ich piesackte meine Mutter, mir den Zusammenhang zwischen einem gestiefelten Kater und dem Rauchen zu erklären, denn mein stark ausgeprägter Wirklichkeitssinn erlaubte mir nicht, eine solche Ungereimtheit blindlings hinzunehmen.

Außerdem waren da auch die Werkstätten der Schneider, Schuster und Bäcker. Die Schilder über den Backstuben zeigten hornförmige Brotlaibe, die eher so aussahen als wären sie aus Holz.

Über den Schusterstuben hingen gespornte Schaftstiefel. Die Schneiderwerkstätten hatten keine Schilder, der Gerber dagegen hatte eines, auf dem so etwas Ähnliches wie ein Stück Leder zu sehen war, und noch ein zweites mit einem winzigen Mann, der auf einer Maschine einen riesigen Schuh nähte – ein Hinweis darauf, daß der Gerber auch Zugstiefel steppte.

Die einzige Fabrik im Schtetl produzierte Kwaß, ein farbiges Getränk, das beim Öffnen der Flasche herausspritzte. Die Triebwerke dieser Fabrik waren ständig in Gang. Schmierige weiße Rückstände, die so ähnlich wie Sauerrahm aussahen, sickerten auf den Erdboden rings um die Fabrik, wo die vielen grünen, blauen, roten und braunen Glasscherben lagen, durch die wir Buben die Welt betrachteten, um sie möglichst schön bunt vor uns zu sehen. Aus dem weggeworfenen Draht, der zum Befestigen der Korken verwendet worden war, machten wir uns Brillenrahmen.

In der Nähe der Fabrik stand ein Lagerhaus für landwirtschaftliche Maschinen. Die deutschstämmigen Bauern, die in benachbarten Siedlungen wohnten, kamen hin und wieder ins Schtetl, um Arbeitsgerät zu kaufen. Im Schtetl gab es zwei nichtjüdische Läden – im einen wurde Schweinefleisch verkauft, im anderen Bier und Schnaps. Das Bethaus und das Ritualbad – die *mikwe* – standen nahe bei einer Wiese, auf der Rinder und Pferde weideten, und bei einem Weiher – mehr Schlamm als Wasser –, auf dem Enten herumschwammen und wo das Vieh getränkt wurde. Die Frösche in diesem verschilften Tümpel machten mit ihrem Gequake einen Heidenlärm.

Etwas abseits des Schtetls standen das Gutshaus des Grundherrn Christowski und die imposante Backsteinkirche mit den beiden stolzen Türmen und Kreuzen, die gebieterisch in den Himmel ragten.

Die Ortschaft war nagelneu, frisch aus dem Ei geschlüpft, bewohnt von Juden aus der ländlichen Umgebung.

Einige Jahre vor unserer Ankunft hatte nämlich die russische Polizei die Juden von dem Grund und Boden vertrieben, auf dem sie seit Generationen gelebt hatten. Da es nach polnischem Gesetz den Juden schon immer erlaubt gewesen war, in Städten zu wohnen, hatten die enteigneten Flüchtlinge dem Grundbesitzer Leon Christowski eine Parzelle sandigen Bodens abgekauft und ein Schtetl aufgebaut.

Der Grundherr, der auch das Amt des Starosten innehatte, war froh gewesen, den landwirtschaftlich nicht nutzbaren Grund und Boden für einen guten Preis verkaufen zu können, und hatte seinen Einfluß geltend gemacht, um zu erreichen, daß hier eine Stadt gegründet werden durfte.

Die Juden hatten Häuser gebaut, Läden eröffnet, Werkstätten eingerichtet und sich eine typisch polnisch-jüdische Existenz gegründet. Jüdische Holzhändler hatten das notwendige Bauholz für ein Gotteshaus und eine *mikwe* beigesteuert. Der Gutsherr hatte ein zusätzliches Stückchen Land für die heiligen Gebäude zur Verfügung gestellt, und zum Dank dafür hatten die

9

Juden das Schtetl nach ihm benannt. Die Einwohner-
schaft von Leoncin bestand aus rund vierzig Familien,
also ungefähr zweihundert Personen.

Wie mein Vater dazu kam, aus Bilgoraj an der österreichischen Grenze in das rund vierhundert Werst ent-
fernte Städtchen Leoncin zu übersiedeln, das ist eine
lange, verwickelte Geschichte. Meine Mutter erzählte
sie immer wieder voller Bitterkeit.

Es hatte sich ungefähr so abgespielt:

Mein Großvater, Reb Jakob Mordechai, der Rabbiner
von Bilgoraj, liebte seine Tochter Bathseba (meine Mutter) von ganzem Herzen, weil sie sehr gelehrig war. Sie
hatte auf eigene Faust gelernt, die heiligen hebräischen
Bücher, ja sogar die *Gemara* zu lesen. Die Bibel konnte
sie fast auswendig. Deshalb wollte ihr Vater einen gelehrten Ehemann für sie finden, der eines Tages das
Rabbinat in einer größeren Stadt übernehmen würde.
Die Heiratsvermittler wußten, daß Reb Schmul, der
Hilfsrabbiner in Tomaszow (einer ebenfalls in der Provinz Lublin gelegenen Kleinstadt) einen Sohn namens
Pinchas Mendel hatte, der ein gelehrter und gottesfürchtiger Mann war. Und nun machten sie sich daran,
die Partie zu arrangieren. Meine Mutter war siebzehn,
als sie heiratete, mein Vater war einundzwanzig. Gleich
nachdem er vom Militärdienst befreit worden war, fand
die Hochzeit statt.

Mein Großvater war bereit, fünf Jahre lang für den
Lebensunterhalt seines Schwiegersohns zu sorgen, der
sich währenddessen auf das Rabbineramt vorbereiten
sollte. Dazu gehörte auch, daß man sich russische
Sprachkenntnisse erwarb und eine Prüfung ablegte,
denn das Gesetz schrieb vor, daß jüdische Ortschaften
in Polen nur einen einzigen Rabbiner haben durften, der
neben seinen seelsorgerischen Aufgaben auch admini-

strative Pflichten zu erfüllen hatte. Mein Vater schaffte es im Nu, ordiniert zu werden. Als Sohn eines Rabbiners, Schwiegersohn eines Rabbiners und Nachkomme vieler Generationen von Schriftgelehrten war für ihn das Studium des rabbinischen Gesetzes und des *Schulchan Aruch* ein Kinderspiel. Aber er weigerte sich hartnäckig, wenigstens so viel Russisch zu lernen, wie für den vorgeschriebenen Abschluß der vierten Klasse Gymnasium erforderlich war.

Mein Großvater engagierte einen russischen Privatlehrer, doch mein Vater zog es vor, in chassidischen Lernstuben mit gleichgesinnten jungen Männern über den Chassidismus zu diskutieren oder an Festessen teilzunehmen oder an Feiertagen hinüber nach Österreich zum rabbinischen Hof von Sieniawa zu fahren, wo er sich dann wochenlang aufhielt. Häufig besuchte er auch seine Eltern in Tomaszow, wo er die meiste Zeit mit seinen Jugendfreunden verbrachte. Dem Haushalt seiner Schwiegereltern konnte er sich einfach nicht anpassen. Ein Grund dafür war, daß sein Schwiegervater aus Wolhynien stammte, also gewissermaßen ein »Russe« war, und daß sein Haushalt entsprechend geführt wurde. Eine Zeitlang hatte er in Poryck und Maciejow – Kleinstädten seiner Heimatprovinz – das Amt des Rabbiners innegehabt. Meine Mutter, in Wolhynien geboren, war nach Bilgoraj umgezogen, als ihr Vater, das »Maciejower Genie«, dort zum Rabbiner ernannt wurde. Mein Vater dagegen war der Nachkomme vieler Generationen polnischer Juden. Er sprach Jiddisch mit dem breiten polnischen Akzent, der allein schon Grund genug für allerlei Hänseleien war.

Außerdem war Großvater ein *mitnagged* – ein Gegner des Chassidismus –, der sich ganz der Gelehrsamkeit verschrieben hatte und die Chassidim mit ihrem

Mystizismus, ihren Liedern und Tänzen und ihrem Geschwafel über Wundertaten verabscheute. Als er in Maciejow Rabbiner gewesen war, hatten ihn die ortsansässigen Chassidim zu einem Besuch beim Turisker Rabbi überredet, weil sie hofften, er würde von dessen Ruhm fasziniert sein und ebenfalls ein Anhänger ihres Rabbis werden. Aber ein einziger Blick genügte dem »Maciejower Genie«, um sich gleich wieder auf den Heimweg zu machen, sich zu schwören, nie wieder Zeit mit solchem Unsinn zu verplempern, und sich mit erneutem Eifer seinen Büchern zu widmen. Mein Vater hingegen war ein begeisterter Chassid und der Sproß von Generationen von Chassidim.

Mein Großvater war ein lebenskluger Mensch mit einem tief verwurzelten Pflichtgefühl. Er vertrat die Ansicht, man sollte sein Leben entweder der *tojre* oder der *schojre* widmen – der Tora oder dem Geschäft. Mein Vater hingegen war ein Visionär, der sich völlig auf Gott verließ. Er verabscheute jede persönliche Verantwortung. Sein Credo war: »Mit Gottes Hilfe wird alles gut.« Obwohl sein Lebensunterhalt noch von Großvater bestritten wurde, hatte er bereits drei Kinder gezeugt, von denen eines allerdings gestorben war. Er kümmerte sich nicht um praktische Dinge und weigerte sich, die russischen Lehrbücher aufzuschlagen, die seiner Meinung nach unrein, also verboten waren. Ihm genügten seine Chassidim, seine Heiligen und seine Tora. In seiner Freizeit schrieb er Kommentare zur Gemara und Anmerkungen zur Tora. Großvater hielt wenig von seinen Kommentaren und Anmerkungen, seinen hofhaltenden Rabbis und seinen Festessen. Nach beträchtlichen Kabbeleien konnte er meinen Vater dazu bewegen, Unterricht bei einem Privatlehrer in Zamosc zu nehmen, der darauf spezialisiert war, künftige Rabbiner auf die vorgeschriebenen Prüfungen vorzubereiten. Aber schon nach wenigen Wochen ließ mein Vater den Privatlehrer im Stich, verplemperte das Geld, das ihm mein Großvater zur Bezahlung der Unterrichtsstunden gegeben hatte, und suchte dann Zuflucht bei seinen Eltern in Tomaszow. Er hatte natürlich Angst, seinem strengen Schwiegervater gegenüberzutreten, der Ergebnisse sehen wollte. Seine plötzliche Abreise begründete der junge Ehemann und Vater unter anderem damit, daß er den Verdacht gehegt habe, die Frau des Privatlehrers trage keine Perücke, sondern stelle unverfroren ihre eigenen Haare zur Schau.

Großvater sah ein, daß der junge Ehemann es zu nichts bringen würde, und legte meiner Mutter nahe, sich scheiden zu lassen. Aber sie weigerte sich beharrlich.

Vater blieb eine Zeitlang bei seinen Eltern, die keine Anforderungen an ihn stellten. Seine Mutter, meine Großmutter Temele, war eine fromme Frau, die es nie für die Pflicht ihres Ehemannes gehalten hatte, ihren Lebensunterhalt zu bestreiten. Sie überließ ihn seiner geliebten Tora und seiner Kabbala und fuhr selber nach Warschau, um Waren einzukaufen und damit das tägliche Brot für die Familie zu verdienen, denn vom Gehalt ihres Mannes hätte man nicht einmal einen Vogel am Leben erhalten können. Auf einer dieser Geschäftsreisen brachte sie im Fuhrwerk meinen Vater zur Welt. Er war eine Frühgeburt. Das zarte, empfindliche Kind wurde von meiner Großmutter Temele besonders sorgsam aufgezogen. Ihr wäre nie der Gedanke gekommen, daß man von ihrem Schatzele eines Tages verlangen würde, seinen Lebensunterhalt selber zu verdienen. Ihrer Ansicht nach war das die Aufgabe der Ehefrau. Jedesmal wenn ihr Sohn sich aus dem Haushalt des gestrengen *mitnagged* in sein Elternhaus flüchtete, empfing sie ihn mit offenen Armen. Sie kochte ihm Hühnersuppe, buk ihm Butterplätzchen und mummelte – ob Winter oder Sommer – seinen Hals ein, damit er sich nur ja nicht erkältete.

Meine Mutter schrieb ihm einen Brief nach dem anderen und fuhr schließlich zu ihm. Da die fünf Jahre, in denen ihm Kost und Logis im Hause ihres Vaters zustanden, fast vorüber waren, forderte sie ihn auf, Pläne für die Zukunft zu machen. Daraufhin beschloß er, sich nach einer Verdienstmöglichkeit umzusehen. Um seine Reisekosten bezahlen zu können, hielt er Predigten in jüdischen Ortschaften. Diese Predigten waren eine Mischung aus bissigen Kommentaren, altvertrauten Tora-Auslegungen und chassidischen Wundererzählungen, die seine Zuhörer begeisterten. Gleichzeitig versuchte er, Subskriptionen für ein von ihm ins Jiddische übersetztes Gebetbuch zu verkaufen. Er war zwar ein Schriftgelehrter und Chassid, aber auch ein Mann des Volkes, der Verständnis für die einfachen Leute aufbrachte und der *Das Beste der Perlen* ins Jiddische übersetzt hatte – eine Sammlung weiser Aussprüche, die auch für Arbeiterfamilien hilfreich sein konnten.

In Geldangelegenheiten war er allerdings naiv. Mit den Subskriptionen für das Gebetbuch war kein Geschäft zu machen.

Seine Reise führte ihn auch in die kleine Gemeinde Leoncin. Die Leute dort waren von seiner Predigt so begeistert, daß sie ihn baten, ihr Rabbiner zu werden. Im Schtetl gab es nur einen einzigen Gendarmen, und der war für einen Gulden bereit, jeden Verstoß gegen das Gesetz zu ignorieren. Er sah jetzt auch geflissentlich darüber hinweg, daß die Juden einen Rabbiner bestallten, der die vorgeschriebene Prüfung nicht abgelegt hatte. Mein Vater übernahm das Amt und kam stolzgeschwellt nach Bilgoraj zurück, um Frau und Kinder abzuholen.

Großvater machte ein langes Gesicht, als er den von vierzig Haushaltsvorständen der Gemeinde Leoncin unterzeichneten Vertrag sah, aber er mußte sich wohl oder übel damit abfinden. Mein Vater erklärte steif und fest, er werde sich niemals einer Prüfung unterziehen.

Kurz vor Pessach wurde ein Fuhrwerk gemietet, und wir kletterten hinein: Mutter, Vater, meine sechsjährige Schwester und ich, der knapp Dreijährige. Großvater befahl Itsche, seinem jüngsten Sohn, uns zu begleiten – zum einen, weil er von ihm Näheres über die Verhältnisse in Leoncin erfahren wollte, zum anderen als eine Art »Gefolge«, das meinem Vater bei seiner neuen Herde mehr Ansehen verschaffen sollte.

Offiziell konnte mein Vater nicht Rabbiner von Leoncin werden, weil das Schtetl zur Gemeinde Sochaczew gehörte, an die es die Steuern abführen mußte. Aber die Männer, die meinen Vater angestellt hatten, versprachen ihm ein Gehalt von vier Rubeln pro Woche – zusätzlich zu den Honoraren, die er für Schlichtungsverfahren, Trauungen, Vorkehrungen für den vor Pessach stattfindenden Verkauf von Sauerteigwaren an Nichtjuden sowie für andere rabbinische Aufgaben erhalten würde. Außerdem erteilten sie meiner Mutter die Konzession, die Hefe zu verkaufen, die von den Frauen zum Backen der Sabbatstriezel benötigt wurde. Meine Mutter, aufgewachsen als Tochter eines prominenten Rabbiners in der Provinzhauptstadt, fühlte sich durch die illegale, unbedeutende Stellung ihres Mannes erniedrigt. Vater jedoch, der ewige Träumer und »Luftmensch«, war begeistert.

»Siehst du«, jubelte er, »mit Gottes Hilfe ist doch noch alles gut geworden!«

Wie ich mit drei Jahren
in einen Gebetsschal gewickelt und unter
das Joch der Tora gespannt wurde

Ich war erst drei Jahre alt, als mein Vater mich eines Morgens in einen vergilbten, oben und in der Mitte mit einer silbernen Krone verzierten türkischen Gebetsschal wickelte und mich auf seinen Armen in Reb Mayers Cheder trug.

Alle Bewohner der Schtetls kamen aus den Häusern, um sich das anzuschauen. Von Kopf bis Fuß in diesen großen Gebetsschal gehüllt, sah ich, wie einige Männer auf uns zugingen und mir Glück wünschten, während die Frauen der Hoffnung Ausdruck gaben, ich möge mit der Liebe zum heiligen Wort gesegnet sein. Als mein Vater die Treppe zum Cheder hinaufgestiegen war, der sich in der einzigen Mansarde des Schtetls befand, wikkelte er mich aus und stellte mich auf die Bank am Tisch, auf der Knaben aller Altersstufen saßen. Sie glotzten mich an und kicherten. Reb Mayer, ein Mann mit gelblichem Gesicht, rötlichem Bart und großen, melancholischen Augen, griff nach einer neunschwänzigen Katze, die aus dem Lauf eines Fuchses gemacht war, und schlug damit auf den Tisch.

»Was soll dieser Radau, ihr Lümmel? Respekt vor dem Rabbiner! Respekt vor dem Rabbiner!«

Die Knaben unterdrückten das Lachen, die kleinen Mädchen aber, die neben dem Kochherd saßen und bei der Frau des Melamed das Alphabet lernten, konnten sich nicht beherrschen, obwohl ihnen Reb Mayers Frau mit einer Stopfnadel drohte. Sie gaben erst Ruhe, als der Melamed die neunschwänzige Katze zückte. Vater meldete mich für ein Schuljahr an – das Schulgeld betrug vier Rubel –, dann besiegelten er und der Melamed den Handel mit Handschlag. Reb Mayer wünschte mir Glück fürs Lernen und fing, noch ehe mein Vater hinausging, damit an, mich die Tora zu lehren. Mit seinem Zeigestock deutete er auf ein hebräisches Alphabet, das auf eine Tafel geklebt war, und sagte in leierndem Ton: »Schau, Bubele, der erste Buchstabe heißt Alef. Der zweite, der wie ein Haus mit drei Wänden aussieht, heißt Bet. Der nächste heißt Gimel. Der vierte Buchstabe, der wie eine Hacke aussieht, heißt Dalet . . .«

Immer wenn ich den Namen eines Buchstabens wiederholte, kniff mich Reb Mayer mit seinen kalten, knochigen Fingern in die Wange. Als wir beim Buchstaben Jod angelangt waren, befahl er mir, die Augen zu schließen, und als ich sie wieder aufmachen durfte, lagen Rosinen und Mandeln auf der mit Fettflecken übersäten Buchseite. »Die hat der Engel des Himmels für dich heruntergeschickt, weil du die Tora studierst«, sagte mein Vater. »Iß!«

Die anderen Buben, die ihre Augen offengehalten und gesehen hatten, daß kein Engel sondern mein Vater der Wohltäter war, erstickten fast vor Lachen über meine Gutgläubigkeit. Mein Vater verteilte Tütchen mit Rosinen und Bonbons an sämtliche Schüler. Dann setzte er mir ein mit Goldfäden verziertes Käppchen auf, das er einem Hausierer abgekauft hatte, und ermahnte mich, ein artiger Junge zu sein und die Tora zu lieben. »Josua, mein Sohn, aus dir soll so ein Genie wie Reb Josua Kutner seligen Angedenkens werden, nach dem du benannt bist. Hast du verstanden, mein Sohn?«

»Sag ja!« ermahnte mich der Melamed.

Sobald mein Vater gegangen war, begannen die Schüler, mich zu frotzeln und mich Josua Kutner zu nennen.

Es war beängstigend und beschämend für mich, wie dieses Genie genannt zu werden. Ich wollte nach Hause zu meiner Mutter. Reb Mayer musterte mich mit seinen großen schwarzen Augen, die in Düsternis zu schwimmen schienen, und kniff mich mit seinen eiskalten, dürren Fingern in die Wange.

»Siehst du diese Peitsche mit den Riemen? Die ist für kleine Buben, die nicht in den Cheder gehen wollen. Also, bleib schön auf der Bank sitzen, mach keinen Lärm und paß gut auf! Siehst du diesen Buchstaben, der wie ein Tisch mit abgesägten Beinen aussieht? Das ist ein He ... He ...«

Schluchzend sagte ich ihm nach: »He ... He ...«

Die Schulbuben machten sich ständig über mich lustig.

Am nächsten Tag weigerte ich mich, in den Cheder zu gehen. Der Sohn des Melamed, Kasriel, ein junger Bursche mit einem spitzen Adamsapfel, der sich ruckweise auf und ab bewegte, kam, um mich abzuholen. Meine Mutter wollte Vater überreden, mich ein paar Tage lang die Schule schwänzen zu lassen, doch er bestand darauf, mich hinzuschicken – notfalls mit Gewalt.

»Ein Junge muß den Cheder lieben lernen«, sagte er. »Die Tora schmeckt süß.«

Ich fand, daß es gar nicht süß schmeckte, als Kasriel mich hochhob und über seine Schulter legte wie eine Hammelseite. Ich kratzte ihn, strampelte und schrie. Wieder kamen die Leute aus den Häusern, um dieses Spektakel zu genießen.

»Recht so, Kasriel!« spornten sie ihn an. »Zerr ihn an den Haaren hinein, diesen verhätschelten Rabbinerbalg!«

Mit der einen Hand hielt Kasriel mich fest, in der

18

anderen hatte er die Büchse mit den Brotscheiben für die Schüler seines Vaters.

Diese Szene wiederholte sich Tag für Tag. Mit der ganzen Entschlossenheit eines Dreijährigen wehrte ich mich gegen den verhaßten Cheder.

Das Mansardenzimmer war niedrig, die Fensterläden waren zu jeder Jahreszeit geschlossen. Die Betten der Familie standen in derselben Stube, in der wir lernten. Rings um den schwarzen Eisenherd, an dem die Frau des Melamed ständig mit Kochen und Backen beschäftigt war, wimmelte es von Kakerlaken und Würmern. Während sie den Mädchen das Alphabet beibrachte, wusch sie Wäsche, putzte, schälte Kartoffeln und stopfte Strümpfe, die sie über ein Glas gezogen hatte. Eine Petroleumfunzel mit einer verräucherten Lampenglocke, die mit Papier »ausgebessert« war, hing über dem Tisch des Melamed, vor dem ein paar Dutzend Knaben zwischen drei und zehn Jahren saßen und sich mit ihren Lektionen herumschlugen. Reb Mayer unterrichtete sowohl die ABC-Schützen als auch die Schüler, die bereits den Pentateuch und Raschis Kommentare studierten. Die älteren Schüler piesackten die jüngeren, nannten sie »Stinker« und noch Schlimmeres. Der Melamed trug jahrein, jahraus ein speckiges Käppchen und eine Jacke, aus deren Rissen die verschmutzte Wattierung quoll. Mit seiner neunschwänzigen Katze ging er keineswegs sparsam um. Er benutzte sie nicht nur als Rute, sondern deutete damit auch auf Wörter in dem Text, der gerade durchgenommen wurde. Sein Gesicht sah aus, als hätte er Gelbsucht, und seine großen schwarzen Augen waren Tümpel der Traurigkeit. Die Schüler zitterten vor Schrecken, wenn er sie fixierte – mit diesen Augen voller Verzweiflung über die Eitelkeit der Welt und ihrer Geschöpfe.

Seine Frau war leichtherzig, aber kränklich. Wegen ihrer gichtigen Finger kam sie mit der Hausarbeit nicht zu Rande. Immer wieder zerbrach sie Geschirr oder verschüttete Essen. Ihr Mann geriet dann jedesmal in Wut. »Masel tow, Fejge Malke!« plärrte er sie im Ton eines Klageweibes an. »Herz – li – chen Glück – wunsch!«

Sie sah ihn dann immer so schuldbewußt an wie ein Hund, der den Fußboden beschmutzt hat. »Mayer – die Kinder . . .« Aber er ließ sich durch unsere Anwesenheit nicht stören. »Du schaffst es noch, daß ich betteln gehen muß, du blödes Luder!« schrie er sie an. »Du ruinierst mich!«

Manchmal ließ sie versehentlich ein bißchen Milch in ein Fleischgericht tropfen, und dann mußte der ganze Topf Fleisch weggeworfen werden. Wenn das passierte, genügte es dem Melamed nicht, sie »blödes Luder« zu schimpfen, sondern er ließ seine Wut dann auch an ihrem Samtumhang aus, der noch aus ihrer Aussteuer stammte und den sie jahrein, jahraus zum Sabbatgottesdienst trug. Dieser Umhang hing an einem Haken und war sorgfältig mit einem Laken abgedeckt, obwohl er schon ganz vergilbt war. Es war ihr einziger kostbarer Besitz, und ihr Mann wußte das genau. Mit irrem Gelächter schleuderte er den Umhang auf den Boden und trampelte wie verrückt darauf herum, während die Mädchen entsetzt zusahen und die Buben sich vor Lachen bogen. Seine Frau regte sich dann jedesmal derart auf, daß ihre Finger noch krummer wurden. Wenn Kasriel, der nicht mitansehen konnte, wie seine Mutter gequält wurde, sich dann einmischte, wurde Reb Mayer puterrot vor Zorn über die Chuzpe seines Sohnes und Gehilfen.

»Du blöder Lümmel! Weg da, bevor ich dir an die Gurgel gehe, du Hornochse!«

Seine Frau zerrte Kasriel dann jedesmal zurück und zeigte mit dem Finger auf ihre Stirn, um anzudeuten, daß wir es mit einem Irren zu tun hatten.

Nach solchen Vorfällen zog der Melamed hastig seinen Mantel an und stürmte hinaus, denn die Aufregung schlug sich ihm jedesmal auf den Magen. Während er dann in dem Jammerton, in dem sonst nur die Zerstörung des Tempels beklagt wird, das nach dem Stuhlgang vorgeschriebene Gebet psalmodierte, nahm er seinen Platz am Tisch wieder ein. Dann waren seine Augen noch trauriger als sonst. Seine Auslegungen der Tora hallten dumpf von den Wänden des von Ungeziefer wimmelnden und von Küchendampf geschwängerten Raumes wider.

Nein, ich kann nicht behaupten, daß die Tora für mich in Reb Mayers Cheder so süß geschmeckt hätte, wie mein Vater mir versichert hatte. Obwohl ich wußte, daß es mir nichts nützen würde, wehrte ich mich jeden Morgen wie wild dagegen, von Kasriel in den Cheder geschleppt zu werden. Mutter wandte das Gesicht ab, um ihre Tränen zu verbergen, wenn ich mich an ihren Rock klammerte und weggezerrt wurde, aber sie mischte sich nicht ein. Denn nichts war wichtiger, als daß ihr dreijähriger Sohn in der Tora unterwiesen wurde.

Natürlich fügte ich mich schließlich, aber den Cheder zu lieben, habe ich nie gelernt. Und ich faßte damals auch eine starke Abneigung gegen die Tora.

Mehrere Monate lang trichterte mir Reb Mayer die Vokalzeichen ein, die für die Aussprache der hebräischen Buchstaben maßgeblich sind. Als ich das endlich begriffen hatte, erklärte er plötzlich, daß ein Buchstabe, der mir bisher als »stimmhaft« eingepaukt worden war, eigentlich »stimmlos« sei. In all den Monaten hatte ich mich aber so sehr an die Aussprache gewöhnt, daß sie mir einfach nicht mehr auszutreiben war. Immer wenn ich zu diesem Buchstaben kam, sprach ich ihn stimmhaft aus, und Reb Mayer platzte dann jedesmal der Kragen. »Dummkopf! Wir lernen jetzt doch nicht mehr die Regeln!« schrie er mich an. »Jetzt muß dieser Buchstabe stimmlos sein!«

Er wagte zwar nicht, mich zu züchtigen, weil meine Mutter ihm das streng verboten hatte, aber er fuchtelte drohend mit der Peitsche. Und er zögerte nicht, den anderen Schülern damit eins überzuziehen, wenn sie den gleichen Fehler gemacht hatten.

Der Unterricht zog sich von acht Uhr morgens bis acht Uhr abends hin. Wir mußten zwar nicht die ganze Zeit lernen, aber wir durften die Schulstube nicht verlassen. Wenn der Melamed mit einer Gruppe von Schülern beschäftigt war, mußten die anderen ruhig sitzenbleiben. Eine größere Belastung hätte man kleinen Kindern gar nicht zumuten können – Kindern, die eigentlich draußen spielen und lachen und sich des Lebens freuen sollten.

Zuweilen gab der Melamed seinen Schülern mittags eine halbe Stunde frei. Aber oft genehmigte er ihnen eine solche Pause nicht. Nur die Mädchen durften nach einigen Stunden heimgehen. Ich weiß noch gut, wie ich sie beneidet und wie ich mit Gott gehadert habe, weil er mich als Knaben zur Welt kommen ließ.

Nach zwei Jahren konnte ich die hebräischen Lektionen fließend aufsagen. Als ich fünf war, begann der Melamed, den Pentateuch mit mir durchzunehmen. Angefangen wurde mit dem ersten Abschnitt des Dritten Buches Mose.

Ich war sehr stolz darauf und dachte schon an das Fest, das mein Vater mir zu Ehren geben und bei dem ich die Rede aufsagen würde, die mir der Melamed monatelang eingetrichtert hatte.

Zu den kleineren Cheder-Feiern gehörten die Rezitation des Gebetes »Schema Israel« für Frauen im Kindbett und die Feier zu Ehren von Schülern, die mit dem Studium des Pentateuch begonnen hatten.

Wenn eine Frau einen Knaben zur Welt gebracht hatte, wurden die Chederschüler von Kasriel in ihr Haus geführt, um das Gebet aufzusagen. Die junge Mutter lag hinter einem aufgehängten Bettlaken, das mit Amuletten und Zauberformeln dekoriert war. Während die anderen Frauen dasaßen und zuhörten, stellte Kasriel seine Schar vor dem Bettlaken auf, und dann mußten wir ihm das Gebet Wort für Wort nachsprechen. Danach bekam jeder Schüler Rosinen, Mandeln, Nüsse und Süßigkeiten geschenkt. Leider kam das viel zu selten vor, weil die Gemeinde klein war.

Noch seltener waren die Feiern zu Ehren von Schülern, die mit dem Studium des Pentateuch begonnen hatten, aber dafür ging es dann um so festlicher zu. Die Eltern, die das Fest für ihren Sohn ausrichteten, luden seine Mitschüler und auch Erwachsene dazu ein. Der Melamed stellte den Jungen vor sich auf den Tisch, dann begann er – in einer Art Singsang – folgenden Dialog:

»Schüler, welchen Abschnitt hast du zu lernen begonnen?«

»Den ersten Abschnitt des Dritten Buches Mose.«

»Wie lautet die Auslegung des ersten Abschnitts des Dritten Buches Mose?«

»Er hat gerufen.«

»Wer hat gerufen?«

»Gott der Allmächtige hat gerufen.«

»Zu wem hat Gott gesprochen?«

»*El* – zu … *Mosche* – Moses … *lajmor* – sozusagen …«

Und so weiter, und so weiter.

Wenn dem Schüler alle Antworten einfielen (was
nicht immer der Fall war), waren seine Eltern stolzgeschwellt. Die Gäste gratulierten ihm, und die Freude
war besonders bei seinen Schulfreunden riesengroß.

Reb Mayer paukte mir nicht nur diese Antworten
sondern auch eine Rede ein, die davon handelte, daß
der Buchstabe Alef in diesem Abschnitt kleiner als die
anderen Buchstaben war, weil er sich vorher so viel
darauf eingebildet hatte, am Anfang des Alphabets zu
stehen. Da hatte Gott zu ihm gesagt: »Weil du so hochnäsig bist, sollst du in diesem Abschnitt kleiner gedruckt werden als die anderen Buchstaben.«

Mit großem Eifer lernte ich alle Antworten und die
Rede auswendig, um bei meinem Fest die Gäste zu
beeindrucken.

Aber es gab kein Fest. Ob sich mein Vater mit seinem
Gehalt von nur vier Rubeln pro Woche so etwas nicht
leisten konnte, oder ob er es als Schriftgelehrter für
unnötig hielt, einen solchen weltlichen Erfolg zu feiern,
dahinter bin ich nie gekommen. Jedenfalls aber kam der
Melamed nach seinem Sabbatnickerchen zu uns und
prüfte mich vor den Augen meines Vaters. Das war
alles.

Es war die erste große Enttäuschung meines Lebens.
Und noch mehr litt ich unter dem Hohn und Spott, den
ich im Cheder ertragen mußte.

»Joschele Kutner, für dich hat's also gar kein Fest
gegeben?« spotteten die Schüler und stupsten mich mit
dem Finger ins Gesicht.

Weinend ging ich zu meinem Vater, doch er nahm
meinen Kummer auf die leichte Schulter. »Du wirst ein

besserer Schriftgelehrter als sie alle. Aus dir wird ein zweiter Reb Josua Kutner.«

Ich wollte kein zweiter Reb Josua Kutner werden – ich wollte ein Fest haben. Ich wollte auf einem Tisch stehen und rezitieren. Ich wollte Geschenke bekommen. So sehr mein Vater sich bemühte, mir mit seinem roten Sacktuch die Tränen zu trocknen – sie flossen und flossen.

Eine Tragödie, weil im Himmel
männliche und weibliche Eigenschaften
vertauscht wurden

Unser Haus war düster – einer der Gründe, warum ich seit meiner Kindheit lieber auf der Straße als zu Hause gewesen bin.

Eine Ursache dieser Düsterkeit war die Tora, von der jeder Winkel unseres Hauses erfüllt war und die schwer auf denen lastete, die in diesem Haus wohnten. Es war eher ein Lernhaus als ein Zuhause. Eher ein Haus Gottes als eines für Menschen.

Ein weiterer Grund für diese Düsterkeit war, daß meine Mutter und mein Vater nicht zusammenpaßten. Sie hätten gut zueinander gepaßt, wenn *sie* der Ehemann und *er* die Ehefrau gewesen wäre. Auch rein äußerlich schienen beide besser für die Rolle des anderen geeignet. Vater war klein und rundlich, hatte ein weiches, zartes Gesicht, rosige Wangen, eine schmale Nase und mollige, feminine Hände. Hätte er nicht einen imposanten rotbraunen Bart und korkenzieherförmige Schläfenlocken gehabt, dann hätte er wie eine Frau ausgesehen. Mutter hingegen war groß und ein bißchen vornübergebeugt. Sie hatte große, stechende, eisgraue Augen, eine scharfgeschnittene Nase und ein vorspringendes maskulines Kinn.

Völlig verschieden waren sie auch in geistiger Hinsicht. Obzwar Vater sich hingebungsvoll seinen Studien widmete und in der Tora immer neue Nuancen entdeckte, kann man nicht behaupten, daß er eine Geistesleuchte war. Er war mehr Gefühlsmensch als Verstandesmensch – einer von denen, die das Leben hinnehmen, wie es ist, und dem Wesen der Dinge nicht auf den Grund gehen. Er neigte nicht dazu, sich zu überanstrengen. Und er wurde nicht von Ungewißheit geplagt. Er glaubte an die Menschen und noch bedingungsloser an Gott. Sein Glaube an Gottes Tora und an die Heiligen war grenzenlos. Er stellte das Walten des Allmächtigen nie in Frage, er hegte keinen Groll, ihn quälten keine Zweifel. Ihm genügte es, wenn etwas in der Tora geschrieben stand – dann glaubte er bedingungslos daran. Und er vergeudete keine Zeit damit, sich Sorgen um das tägliche Brot zu machen. Er vertraute darauf, daß Gott genauso für ihn sorgen würde, wie Er für alle seine Geschöpfe sorgt, vom Ochsen bis zum kleinsten Wurm. Immer wieder sagte er: »Mit Gottes Hilfe wird alles gut.«

Meine Mutter schlug ihrem Vater nach, dem Rabbiner von Bilgoraj. Sie verstand es aus dem Effeff, sich Sorgen zu machen, zu nörgeln, zu zweifeln. Sie hatte sich ganz der Vernunft und der Logik verschrieben. Ständig dachte sie über irgend etwas nach, ständig war sie bemüht, den Dingen auf den Grund zu gehen und Voraussicht zu üben. Sie grübelte über die Menschen nach, über den Zustand der Welt, über Gott und sein geheimnisvolles Walten. Kurzum, sie war ein durch und durch intellektueller Mensch.

Aber sie liebte meinen Vater, und wenn er sich erschöpft fühlte, pflegte und fütterte sie ihn. Was sie ihm allerdings nie verzeihen konnte, waren seine kindliche Vertrauensseligkeit, seine Leichtlebigkeit und seine mangelnde Bereitschaft, Verantwortung zu übernehmen und für seine Familie zu sorgen. Und sie konnte sich auch nicht damit abfinden, daß er sich geweigert hatte, die vorgeschriebene Prüfung abzulegen, die es ihm ermöglicht hätte, Rabbiner einer größeren Gemeinde zu werden, statt eine schlechtbezahlte, unrühmliche Stellung in einem Kaff annehmen zu müssen, wo sie gezwungen war, Entbehrungen und Einsamkeit zu ertragen, fern von Bilgoraj und ihrem Elternhaus zu leben und sich mit ungebildeten Dörflerinnen abzugeben, mit denen sie keine gemeinsamen Interessen hatte.

Obwohl sie versuchte, ihnen entgegenzukommen, konnte sie sich nicht dazu überwinden, bei dem unaufhörlichen Weibergeschwätz über Töpfe und Pfannen, Kleider und anderen Firlefanz mitzumachen. Sie war mit niemandem im Schtetl befreundet. Ihr Interesse galt anderen Dingen: Büchern wie zum Beispiel *Herzenspflichten, Der gerade Weg, Der Anfang aller Weisheit, Die weltlichen Prüfungen, Das Buch der Frommen.* Und sie nahm sich immer wieder die Tora, die Propheten und die Hagiographen vor, die sie auswendig konnte. Mein Vater, ein Chassid, war in den prophetischen Büchern und den Hagiographien nicht bewandert, er kannte nur die Tora. Wenn er eine Passage in den anderen Büchern der Heiligen Schrift nachschlagen mußte, fragte er Mutter, die ihm immer genau sagen konnte, wo der betreffende Abschnitt zu finden war.

Sie schmökerte auch gern in den neumodischen Büchern, die den Weg in unser Haus gefunden hatten, zum Beispiel im *Buch des Bundes,* einer Mischung aus Naturwissenschaft und Hokuspokus, oder in *Die Wege der Welt.* Und auch in der Lebensgeschichte des Josephus Flavius.

Sie war keine gute Hausfrau. Bei ihren Eltern hatte sie nicht im Haushalt mithelfen müssen. Die Arbeit in ihrem eigenen Haushalt verrichtete sie nur oberflächlich, gewissermaßen bloß andeutungsweise. Vater beschwerte sich nie über das, was sie kochte, aber mir fiel auf, daß er ohne Gusto aß. Sogar ich mit meinem kindlichen Heißhunger merkte bald, daß es mit Mutters Kochkunst nicht weit her war. Wenn ich Vater zu einer Beschneidungsfeier oder einem anderen festlichen Ereignis begleitete, bei dem wir etwas aufgetischt bekamen, wurde mir schmerzlich bewußt, daß gefüllter Fisch, geschmorte Mohrrüben, Braten und andere Leckerbissen wirklich köstlich schmecken konnten. Einmal wagte ich sogar, Mutter während der Freitagabendmahlzeit davon zu berichten. Vater befahl mir, ruhig zu sein, aber ich merkte, daß er verständnisvoll lächelte. Um die Sache auszubügeln, begann er, über eine komplizierte Auslegung des wöchentlichen Tora-Abschnitts zu reden, die ihm eingefallen war. Mutter hörte ihm mit unbewegter Miene zu. Sie kannte jeden einzelnen der zweiunddreißig Kommentare, die in unseren Pentateuch-Ausgaben enthalten waren, und konnte sich über keine darin entdeckte neue Nuance sonderlich begeistern. Außerdem brauchte Vater schrecklich lange, bis er zur Sache kam. Er war von Natur aus weitschweifig, wiederholte sich ständig – bei seinen Studien ebenso wie in Dingen des täglichen Lebens. Zudem hatte er die Angewohnheit, nach jedem Satz zu fragen: »Verstehst du?«

Mutter hingegen war kurzangebunden und wortkarg. Auf die weitschweifigen Exkurse ihres Mannes reagierte sie mit Zähneknirschen. »Ich höre, ich höre«, murmelte sie ungeduldig, und man merkte ihr an, daß sie keine Begeisterung empfand und auch keine vorspiegeln wollte. Für sie war Aufrichtigkeit das Allerwichtigste, und sie versuchte nie, etwas vorzutäuschen, was sie nicht wirklich empfand.

Vater, der ewige Optimist, redete gern über angenehme Dinge und wollte gern angenehme Dinge hören. Mutters scharfer Blick und ihr Schweigen brachten ihn aus der Fassung, und um seine Verwirrung zu kaschieren, stimmte er eine Sabbathymne an: »Herr, mein Gott, Meister der Welten . . .« Die kabbalistische Hymne entsprach seiner Natur.

Noch zurückhaltender war Mutter in Gegenwart von fremden Leuten. Die anderen Hausfrauen prahlten gern mit ihrer Verwandtschaft, zu der sogar Lehrer und Schächter zählten, und mit ihren Vätern und Großvätern, die doch tatsächlich in adligen Häusern verkehrt hätten. Sie erwarteten, daß die Rebezzin davon beeindruckt sein und sich jetzt mit ihrem eigenen Stammbaum brüsten würde, doch Mutter hörte sich die Prahlereien schweigend an. Sie nahm weder an Hochzeitsfesten noch an Beschneidungsfeiern teil. Sie trat nicht standesgemäß auf, wenn sie in der Frauensynagoge oder bei anderen Zusammenkünften war, bei denen die gesellschaftliche Position des Ehemannes maßgeblich war für das Ansehen seiner Frau. Eine Leoncinerin machte sich dann auch die Zurückhaltung meiner Mutter zunutze, bemächtigte sich deren Rolle als Beraterin und gab von nun an den Ton an.

Diese Frau war klein und völlig in die Breite gegangen, ein dunkler Typ und sehr zänkisch. Nach ihrem Ehemann, Reb Trajtl, wurde sie Trajtlesche genannt. Sie hielt sich für eine Art Rebezzin, weil ihr Vater Hilfsrabbiner in Piontek gewesen war. Unentwegt redete sie von Piontek. Sie mischte sich in alles ein, tat ihre Meinung kund, und entschied in religiösen Fragen, die die Frauen betrafen, obwohl sie selbst es kaum schaffte, ihre Gebete richtig aufzusagen. Mit ihren feisten, schmuddeligen Fingern grapschte sie sich alle Leonciner Frauen, und meine belesene, fromme Mutter wurde beiseite geschubst.

Mutter litt unter ihrer Unfähigkeit, den Leuten näherzukommen. Sie fühlte sich immer einsam, deprimiert, entfremdet. Und ihr war auch schmerzlich bewußt, daß sie Vaters Ansehen in der Gemeinde schadete und sich und ihm Feinde machte. Aber so sehr sie sich auch bemühte – sie konnte ihren Charakter nicht ändern. Die derben, unkomplizierten Dörflerinnen hielten ihre Zurückhaltung für Hochnäsigkeit. Aber hochnäsig war Mutter wirklich nicht. Im Gegenteil: sie litt ständig unter Minderwertigkeitskomplexen und hatte immer etwas an sich auszusetzen. Sie brüstete sich nie mit ihrer Belesenheit, sondern versuchte sie zu verbergen. Mehr noch als unter den Entbehrungen und der Hausarbeit, für die sie weder begabt noch kräftig genug war, litt sie darunter, daß sie in Leoncin, wo sie sich wie in der Wildnis fühlte, völlig isoliert war.

Manchmal geriet sie in eine besonders fromme Stimmung, und dann wollte sie das Buch *Die Zuchtrute* gar nicht mehr aus der Hand legen. Es war ein altes, vergilbtes Buch, dessen Seiten von Mutters Tränen fleckig geworden waren. Hin und wieder blätterte ich darin. Unter dem hebräischen Text stand die jiddische Übersetzung. Das Buch enthielt zahlreiche Geschichten über die Gehenna, über die Höllenqualen der Sünder, die im Feuer schmoren und auf spitzen Nägeln liegen müssen, weil sie Gesetze brachen und gegen Gebote verstießen. Der Verfasser dieser Geschichten hat sich in der Gehenna offenbar so heimisch gefühlt wie wenn er dort geboren und aufgewachsen wäre. Seine Schilderungen der Ängste und Qualen, die Übeltäter dort erleiden müssen, waren ungeheuerlich. Wenn eine Frau es nur versäumt hatte, ihren Busen zu bedecken, während sie ihren Säugling stillte, wurden ihre Brüste in der Gehenna auf glühende Haken aufgespießt. Wenn man beim Beten nur einen einzigen Buchstaben ausließ, mußte man damit rechnen, in Flammen getaucht zu werden, die tausendmal heißer waren als die schlimmste Hitze auf Erden. An sündhafte Dinge auch nur zu denken, zog die Strafe nach sich, an der Zunge aufgehängt und von einer Ecke der Gehenna in die andere geschleudert zu werden.

All diese Grausamkeiten las meine Mutter laut, und jedesmal vergoß sie heiße Tränen, die auf die Buchseiten tropften. In diese Lektüre war sie immer so vertieft, daß sie vergaß, das Essen für die Familie zuzubereiten. Ich empfand einen maßlosen Haß auf den Verfasser der *Zuchtrute*. In meiner Vorstellung war er ein dunkler, giftsprühender Unhold mit einem Zinken und einem Buckel wie ein Hexenmeister. Ein selbstgerechter, unerbittlicher Nörgler, der die Leute in einem fort auszankte und beschimpfte. Am liebsten hätte ich ihn in Stücke gerissen, weil er meine Mutter zum Weinen brachte und weil er für geringfügige menschliche Vergehen so harte Strafen androhte. Ich ließ beim Aufsagen der Gebete immer eine ganze Menge aus, und wenn jemand, der bloß einen einzigen Buchstaben ausließ, schon so hart bestraft wurde, was hatte dann ich, der ganze Seiten übersprang, zu erwarten?

Als ich einmal besonders gehässig gestimmt war, borgte ich mir Vaters Federhalter und Tintenfaß aus und zeichnete auf das Titelblatt der *Zuchtrute* die Karikatur eines Mannes, der gerade etwas Unanständiges tut. Meiner Mutter sagte ich, das sei der Verfasser.

Sie war empört. »Er war ein Heiliger! Streich das sofort aus! Es ist eine Sünde, ein heiliges Buch zu verunstalten.«

Bei uns zu Hause war alles eine Sünde. Meinen Lehrer, Reb Mayer, meschugge zu nennen, war eine Sünde. Am Sabbat Fliegen zu fangen, war eine Sünde. Zeichnen war eine Sünde. Rennen war auch eine, weil sich das für einen Juden nicht schickte – bloß für die Gojim. Egal, was man tat oder nicht tat, sündhaft war es fast immer. Überhaupt nichts zu tun, war ganz bestimmt eine Sünde. »Warum vergeudest du deine Zeit?« fragte Vater jedesmal, wenn er mich dabei ertappte, daß ich aus dem Fenster schaute. »Ein Jude darf nie müßig sein. Er muß lernen und studieren.«

Der »Jude« war in diesem Fall ein kleiner Junge, der täglich zehn Stunden im Cheder verbrachte. Aber das genügte offenbar nicht. Jede freie Minute mußte dem Torastudium gewidmet werden. Meine Mutter war ständig damit beschäftigt, genau wie mein Vater. Tag für Tag saß er in seinem Hausrock aus Plüsch am Tisch, studierte und kritzelte Auslegungen. Er schrieb sie auf Papierbögen, in Notizhefte und vor allem auf den Rand der Buchseiten. In seiner winzigen, leicht verschnörkelten Handschrift, die wie Perlschrift aussah, füllte er jede leere Stelle aus. Und währenddessen trank er literweise Tee und paffte seine Pfeife. Wenn der lange Pfeifenstiel verstopft war, säuberte er ihn mit einer Haarnadel aus Mutters Ziegenhaarperücke.

Sogar am Sabbat, dem traditionellen Ruhetag, gab es keine Erholung vom unerbittlichen Torastudium. Für mich war der Sabbat eine noch größere Qual als die Werktage. Zugegeben, am Sabbat war schulfrei, wofür ich Gott unendlich dankbar war. (Ich war überzeugt, daß Er den Sabbat geschaffen hatte, damit die Schulbuben sich vom Lernen erholen konnten.) Zugegeben, am Sabbat gab es Fisch, Fleisch, geschmorte Mohrrüben und Rosinenwein. Aber bei uns wurde der Sabbat nicht so fröhlich gefeiert wie in anderen Familien. Erstens schmeckte Mutters Fischgericht fade, die Mohrrüben waren noch halbroh, das Fleisch war zäh. Zweitens war bei uns nie – wie bei anderen Familien – ein jüdischer Soldat aus der nahen Festung zu Gast. Es ärgerte mich schrecklich, daß ich um das Erlebnis gebracht wurde, neben einem Mann in Uniform zu sitzen und seine Messingknöpfe und Epauletten anfassen zu dürfen. Diese Soldaten konnten fabelhafte Geschichten erzählen – über ihre russische Heimat, über die Armee, die Offiziere und deren Frauen. Und obendrein waren manche von ihnen Musikanten. Aber mein Vater lud niemals Soldaten zum Sabbatmahl ein, weil die meisten von ihnen glattrasiert waren und Schweinefleisch aßen. Nur ein einziges Mal brachte er einen Soldaten mit nach Hause, aber der war ein ehemaliger Jeschiwaschüler, hatte einen Bart, war schlampig angezogen und beklagte sich bitterlich darüber, wie schlecht er beim Militär behandelt werde. Er redete immer nur über die Tora, und mir machte dieser Besuch kein bißchen Spaß.

Jeden Sabbat trank Vater einen ganzen Topf Tee, der über Nacht im Backofen des Bäckers warmgehalten worden war. Und dann vertiefte er sich wieder in seine Studien und vergaß darüber sogar, zum Gottesdienst zu gehen. In unserer Synagoge wurden immer zwei Andachten abgehalten, die erste für die *mitnaggedim* – die gewöhnlichen, nichtchassidischen Juden –, die um acht Uhr früh beteten. Durch einen Boten ließen sie meinen Vater jedesmal dazu einladen. Aber er lehnte immer ab.

Um halb elf, wenn die *mitnaggedim* fertig waren, begannen die Chassidim mit ihrem Gottesdienst, und auch sie schickten jedesmal einen Boten zu meinem Vater. Aber der war noch nicht fertig. Er war immer noch mit seinen rituellen Waschungen beschäftigt und las immer noch die Gebetsformeln im *Sohar* und den wöchentlichen Tora-Abschnitt – alles zusätzlich zu den vielen anderen Gebeten, die zu rezitieren er sich verpflichtet fühlte. Meistens kam er erst zur Tora-Lesung in die Synagoge. Wenn die anderen schon nach Hause gegangen waren, lief er im leeren Saal auf und ab, klatschte in die Hände und geriet in religiöse Verzückung. In dem menschenleeren Gotteshaus, von dessen Kandelabern Kerzentalg tropfte, war es furchtbar düster. Ich fühlte mich dann immer wie ausgehöhlt und beneidete die Söhne der gewöhnlichen Juden, die sich bereits sattgegessen hatten und jetzt draußen auf der Wiese spielten. Aber mein Vater betete immer noch. Er hatte ein besonderes, unheimlich dickes Gebetbuch und ackerte sich durch jedes einzelne Gebet. Ich haßte Reb Jakob Emdin, den Verfasser dieses Buches, dessentwegen mir den ganzen Vormittag der Magen knurrte.

Wenn wir dann endlich heimgingen, war es schon Mittag. Das Sabbat-Essen, das ich in der Bäckerei abholte, wo es warmgehalten werden sollte, hatte der Bäckerlehrling schon längst aus dem Backofen geholt, weil er nicht den ganzen Tag damit verplempern wollte, auf uns zu warten. Das Essen war kalt und schmeckte fade. Vater psalmodierte und sang und forderte mich auf, mitzusingen, aber ich hatte keine Lust dazu. Sobald wir mit dem Essen fertig waren, machten sich's meine Eltern bequem für das traditionelle Sabbatnickerchen, und für mich begannen dann wahre Folterqualen.

»Wenn du kein Mittagsschläfchen halten willst«, sagte Vater, »kannst du dir ja das *Buch der Herzenspflichten* vornehmen.«

Ich nahm mir also das *Buch der Herzenspflichten* vor, las das fanatische Gegeifer über die Eitelkeit der Eitelkeiten, von denen die Welt verzehrt wird, und empfand einen tiefen Groll. Ich wollte hinaus ins Freie, ich sehnte mich nach den Wiesen und Feldern, der Sonne, dem Wind, dem Wasser, dem Zusammensein mit meinen Freunden. Die Welt war kein Jammertal, in dem die

Eitelkeit der Eitelkeiten waltete, sondern sie war unglaublich schön und voller unbeschreiblicher Freuden. Jeder Baum, jedes Pferd auf der Wiese, jedes Fohlen, jeder Heuschober, jede Gans und jedes Gänseküken rief nach mir und erfüllte mich mit Lebensfreude. Ich wartete, bis meine Eltern die Augen zumachten, dann floh ich wie ein Dieb vor der Tora, der Gottesfurcht und der Jüdischkeit.

Ich stürmte hinaus in die sonnenüberflutete Welt, die für mich von keinem Heiligen verschandelt werden konnte. All diese düsteren, unheilschwangeren Warnungen dienten nur dazu, die Welt noch verlockender und begehrenswerter zu machen.

Die Jungen draußen auf der Wiese begrüßten mich als einen der ihren.

Die Kriege zwischen
Israel und Amalek, ausgefochten
nach dem Sabbatmahl

Meine Freunde waren keineswegs die wohlanständigen Söhne angesehener chassidischer Familien, sondern die Söhne von Fuhrleuten, Handwerkern und anderen einfachen Leuten, mit denen ich, der Sohn des Rabbiners, eigentlich keinen Umgang pflegen sollte.

Sogar in der Synagoge stahl ich mich weg von der Ostwand, die traditionsgemäß für die prominenten Gemeindemitglieder reserviert war, und schlich hinüber zur Westwand, wo in der Nähe des Ausgangs die gewöhnlichen Gläubigen versammelt waren.

Das tat ich, weil die Männer an der Ostwand unentwegt über die Tora und den Chassidismus diskutierten – Themen, von denen ich die Nase voll hatte. Die Männer neben dem Ausgang redeten über Pferde, Rinder, Jahrmärkte, Raufereien, Brände, Seuchen, Straßenräuber, Diebe, Soldaten, Zigeuner und andere faszinierende Themen. Dort standen auch immer Scharen von Bettlern – Männer, die durch die Welt gezogen waren und fabelhafte Geschichten erzählen konnten. Zuweilen kam auch jemand von auswärts herein – ein Soldat oder ein Lastträger oder ein Hausierer. Es waren auch junge Burschen aus Warschau da, die in Leoncin als Handwerksgesellen arbeiteten. Sie trugen steife Papierkragen, Hemdbrüste, Manschetten und glänzende, mit unechten Steppstichen verzierte Schuhe. Sie erzählten erstaunliche Geschichten über die Hauptstadt, wo man Wasser direkt aus der Wand zapfen konnte, wo Lampen ohne Petroleum brannten und wo es noch andere Wunderdinge gab. Wir lauschten diesen Geschichten mit offenem Mund. Aber am meisten Spaß machten uns die Faxen von Josef, dem Schneider. Der war zwar ein ausgewachsener Mann mit einem Vollbart und einer ganzen Herde Kinder, aber er war gern mit kleinen Jungen zusammen und machte alle unsere Streiche mit. Die anderen Erwachsenen lästerten über seine Frivolität, über seine Faulheit und darüber, daß er seine Familie vernachlässigte. Am meisten aber ärgerte es sie, daß er nicht erwachsen werden wollte.

Nichts tat er lieber, als uns zum Lachen zu bringen. Beim Beten platzte er mit falschen Wörtern heraus und schnitt Grimassen, bis wir uns vor Lachen bogen. In den feierlichsten Momenten des Gottesdienstes verknüpfte er die Fransen der rituellen Gewänder mit den Gebetsschals der Männer. Wenn er seinen Gebetsmantel anlegte, dann mit so viel Schwung, daß die Fransen den hinter ihm Stehenden ins Gesicht klatschten. Wenn der Moment gekommen war, den Kopf zu bedekken, brachte er es immer fertig, seinen Gebetsmantel auch den neben ihm Stehenden über den Kopf zu ziehen. Außerdem machte er ordinäre Anspielungen auf Hochzeits- und Beschneidungsbräuche. Die anderen Männer schimpften ihn aus und bewilligten ihm in der Synagoge keinerlei Ehrenamt, es sei denn an Simchat Tora, wenn über derlei Frivolitäten mehr oder weniger hinweggesehen wird.

Seine Frau beschimpfte ihn oft auf der Straße und warf ihm vor, nicht für den Lebensunterhalt der Familie zu sorgen. (Das stimmte, obwohl er ein tüchtiger Schneider war.) Aber ihm war das alles piepegal: Er verbrachte seine Zeit weiterhin damit, den Leuten Streiche zu spielen. Dieser große, stämmige Mann mit dem dichten Bart, den buschigen Brauen und den schelmisch blitzenden Augen strahlte einen schier unerschöpflichen Frohsinn und eine unbändige Schalkhaftigkeit aus. Nicht einmal der feierliche Ernst der Bußtage konnte ihn davon abhalten, in der Synagoge Faxen zu machen. Statt sich während der Sündenaufzählung an die eigene Brust zu schlagen, schlug er seinem Nachbarn an die Brust. Er äffte die frommen Beter nach und benahm sich überhaupt höchst schockierend. Wenn die *kojhanim* sich anschickten, die priesterlichen Riten zu zelebrieren, tröpfelte er ihnen Wasser auf die Strümpfe und versteckte die Stiefel, die sie vor der Zeremonie ausgezogen hatten. An Simchat Tora, an Purim und am neunten Tag des Monats Ab erreichte Josefs Possenreißerei immer neue Höhepunkte. Oft wurde er von den wutentbrannten Männern sage und schreibe aus dem Gotteshaus hinausgeworfen, aber er kam immer wieder herein.

Mein Vater regte sich jedesmal auf, wenn er entdeckte, daß ich nicht bei seinem Vorlesepult, sondern inmitten der Lehrlinge stand und meinen Spaß an Josefs Faxen hatte. Dann rief er: »Josua, wo bist du?«, und die Männer die etwas galten, stimmten in den Ruf ein. »Josua Kutner, dein Vater ruft nach dir!« schallte es dann von allen Seiten, obwohl ich natürlich schon beim ersten Mal gehört hatte, daß Vater nach mir rief.

Ich litt unter meiner eigenen Pflichtvergessenheit, aber nichts konnte mich davon abhalten, immer wieder an den Ausgang zu schleichen.

Mit noch größerer Begeisterung rannte ich, wenn meine Eltern am Sabbat eingenickt waren, zu der Wiese am Ortsrand, um dort, wo Ziegen und Pferde weideten, mit meinen Freunden zu spielen.

Die große Wiese war von den weidenden Tieren zertrampelt und abgegrast und vom Kot der Pferde, Kühe, Ziegen und Gänse verschmutzt. Aber sie war auch sonnenüberflutet und gesprenkelt mit gelben und weißen Wiesenblumen, Dorngestrüpp, Unkraut, das wir »narrische Kasche« nannten, Grashalmen, die eine watteartige Substanz enthielten, und Pflanzen verschiedenster Form und Farbe. Die Leute, denen das Vieh gehörte, legten sich – meistens bäuchlings – auf die Wiese und schliefen, während die Tiere weideten. Die Pferde, die angebunden waren, damit sie nicht herumstreunten, fraßen eine Grasnarbe nach der anderen kahl. Die Kühe muhten ihre Kälber an, die ausgelassen herumsprangen. Und die Stuten wieherten ihren Fohlen zu. Auch wenn die Besitzer der Tiere mit dem Gesicht nach unten dalagen, erkannte ich sie sofort an ihren Sabbatkaftanen. Der mit den breiten Schultern, über denen sich der Stoff fast bis zum Platzen spannte, das war Herschel der Kleinpächter, einer von denen, die man in Leoncin »die Stillen« nannte. Er ruhte sich nach einer anstrengenden Woche aus, in der er mit seinen Meiereiprodukten nach Warschau gefahren war. Seine beiden Zugpferde, genau so stämmig wie er selbst, weideten neben ihm. Nicht weit davon lag jemand mit einer Hose aus rauhhaarigem Wollgewebe, einem weißen Hemd und einem kurzen rituellen Gewand. Obwohl er seinen Kaftan ausgezogen hatte und nur ein Käppchen aus rauhem Stoff trug, wußte ich, daß es Leibusch der Bäcker war, dessen rötlicher Bart und dessen kastanienbrauner Wallach immer mit Mehlstaub bedeckt waren. Neben ihm hatte sich Isaak der Spediteur ausgestreckt. Sein Spitzname war »Samowolny«, ein Wort, das er während seiner Militärzeit aufgeschnappt hatte und ständig im Munde führte. Er war hager und ausgelaugt, erschöpft von all den Jahren, in denen er Waren für die Leonciner Händler aus Warschau hierher transportiert hatte. Sein Pferd, genauso abgearbeitet wie er, war verschmiert mit Staub und Dung und hatte ständig verstopfte Nüstern.

Haskell der Bäcker war nicht da. Weil er manchmal in der Synagoge die Morgenandacht abhalten durfte, fand er, es sei unter seiner Würde, im Freien ein Nickerchen zu machen. Sein weidendes Pferd wurde von seinem Sohn Nathan Mayer bewacht, einem hochgewachsenen Burschen mit gestutztem blondem Bart und langen schlanken Beinen, die in einer bläulichen Hose und in blankgewichsten Schaftstiefeln steckten, wie sie von Offizieren getragen wurden. Etwas abseits von ihm saß, inmitten ihrer Gänse und Gänseküken, seine Schwester Nehe. Als die einzige von ungefähr einem Dutzend Schwestern, die nicht kerngesund, fröhlich und hübsch, sondern kränklich und verkrümmt war, mußte Nehe im Sommer die Gänse hüten. Auf der Wiese waren aber auch große Gänseherden, die laut schnatterten und ihr Gefieder putzten. Die spindeldürre Nehe hockte immer inmitten ihres Federviehs, damit ihr niemand zu nahe kommen konnte. Sobald sich jemand näherte, reckten die Gänse ihre Hälse und gingen auf ihn los. Die Schneidergesellen, die gern mit jungen Mädchen schäkerten, trauten sich nicht an Nehe heran. Der Sabbat war der einzige Tag, an dem sie nicht Federn rupfte und Daunen für ihre Aussteuer sammelte (die sie wahrscheinlich nie brauchen würde), sondern bloß Kürbiskerne kaute und ihre Gänse hütete.

»Nathan Mayer!« plärrte sie immer wieder zu ihrem hübschen, kecken Bruder hinüber. »Das Pferd läuft weg, treib's zurück!«

Nathan Mayer schnarchte seelenruhig weiter, aber wir Buben rannten dem Pferd jedesmal nach, um es zurück auf die Wiese zu treiben, die allgemein als jüdisches Territorium galt. Aus irgendeinem, nur ihm selber bekannten Grund zog es das Pferd von Haskell dem Bäcker immer auf nichtjüdisches Weideland.

Manche Jungen hatten auf der Wiese noch ihren Sabbatkaftan an, die meisten aber trugen schon wieder Alltagskleidung und hatten nur ihr Sabbatkäppchen aufbehalten. Zwei Jungen waren sogar am Sabbat barfuß: Feiweschl und Schlomele, die Söhne von Herschel Stok, dem ärmsten und am wenigsten angesehenen Mann im Schtetl. Mit diesem Lumpenpack wollte niemand in Leoncin seine eigenen Kinder verkehren lassen. Die Kaftane der beiden waren zerschlissen, ihre Hosen sahen noch ramponierter aus, und an ihren völlig verschmutzten Gebetsmänteln war statt der Fransen bloß noch ein bißchen verfilzte Wolle zu sehen. Ihr schwarzes borstiges Haar quoll durch die Löcher in ihren Käppchen. Ihre bloßen Füße waren schmutzverkrustet und kreuz und quer mit Narben überzogen. Ihre Gesichter hatten Narben und Striemen – von den Bissen und Fausthieben aus den Fehden, die sie miteinander und mit jedem anderen, ob Jude oder Nichtjude, austrugen. Um nicht von ihnen verprügelt zu werden, ließen wir sie bei unseren Spielen mitmachen.

Die Brüder waren derart wüste Raufbolde, daß sie es mit vereinten Kräften ohne weiteres geschafft hätten, sämtliche Jungen im Schtetl zu verdreschen. Sie waren in der Gosse aufgewachsen, wo ein Faustschlag auf den Mund so selbstverständlich ist wie das Atmen und wo Prügeleien an der Tagesordnung sind. Die beiden waren aber auch in vielerlei Hinsicht sehr geschickt. Sie konnten auf dem Kopf stehen und auf den Händen über die ganze Wiese laufen. Sie konnten über den höchsten Baumstumpf und über den breitesten Graben springen, und beim Wettrennen waren sie nicht zu schlagen.

Weil ihr Vater nie genug Geld hatte, um den Lehrer

zu bezahlen, gingen sie nur selten in den Cheder. Und wenn sie dort erschienen, schickte Reb Mayer sie nur zu gern wieder nach Hause, weil er es leid war, immer wieder zu versuchen, diesen Dickschädeln ein bißchen Lehrstoff einzutrichtern – und noch dazu ohne Bezahlung. Den beiden kam diese »Strafe« sehr gelegen. Sie stürmten hinaus und trieben sich herum wie streunende Hunde. Wenn ein Familienvater Brennholz hackte, waren sie sofort an Ort und Stelle, um ihm die Späne gewissermaßen unter der Axt wegzugrapschen und nach Hause zu karren. Das war ihr Anteil, den ihnen niemand streitig zu machen wagte.

Sie stahlen Schindeln, Bohlen oder Holzklötze auf Baustellen. In den Gärten klauten sie Kichererbsen aus den Schoten. Sie gruben Kartoffeln, Mohrrüben und Rettiche aus und stibitzten alles, was nicht niet- und nagelfest war. In Leoncin waren Hacken, Beile und Eimer, die man irgendwo abgestellt hatte, so gut wie verschwunden. Obwohl die beiden Brüder nie auf frischer Tat ertappt wurden, wußte jeder, wer die Diebe waren. Freitags füllten sie Kohlenkästen mit gelbem Sand, den sie für einen Groschen pro Kistchen an wohlhabende Familien verscherbelten, die ihre Fußböden zu Ehren des Sabbats mit Sand bestreuten. Wenn der Hundefänger seine regelmäßige Runde durchs Schtetl machte, halfen ihm die beiden. Im Gegensatz zu den meisten jüdischen Jugendlichen konnten sie sogar Vögel mit dem Netz fangen. Dank all dieser Talente hatten sie, obzwar sie arm, zerlumpt und ungebildet waren, keinerlei Minderwertigkeitsgefühle. Sie spielten und rauften miteinander wie zwei streunende junge Hunde. Wenn sie am Sabbat oder an Feiertagen zu uns auf die Wiese kamen, kehrten sie stets ihre Überlegenheit hervor. Ganz gleich, ob wir Fangen oder Krieg oder Verstecken oder Gänsemarsch spielten, immer waren die beiden Brüder die Besten, Stärksten, Schnellsten und Wagemutigsten. Wenn einer von uns ihren Befehlen nicht schnell genug gehorchte, bezog er Prügel. Außerdem trugen die beiden Bauernmesser bei sich, die uns, obwohl sie sie nicht benutzten, Angst einjagten. Furchtsam, wie es verhätschelte Söhne treusorgender Eltern fast immer sind, zitterten wir vor den beiden. Ihr Lachen klang rauh, ihre Stimmen schallten nur so. Ihre Ausdrucksweise war anrüchig und deftig. Ihre Geschichten von Dieben und Banditen waren originell und spannend. Wenn sie mit der körperlichen Leistungsfähigkeit ihres Vaters prahlten, erblaßten wir anderen vor Neid – vor allem ich, dessen Vater es schon Mühe machte, morgens die Schuhe anzuziehen. Sie erzählten fabelhafte Geschichten über ihren Bruder Jeremias, der als Bäckergeselle in Warschau arbeitete und nur zu Pessach nach Hause kam.

Es war viel wert, die beiden auf unserer Seite zu haben, wenn wir unsere Fehden mit den Gojim ausfochten.

Obwohl der Grundherr Christowski, dem die Wiese rechtmäßig gehörte, sie den Juden als Weide für ihr Vieh überlassen hatte, paßte es den nichtjüdischen Jugendlichen nicht, daß wir dort spielten. Deshalb gingen sie bei jeder Gelegenheit auf uns los. Ihr Anführer Bolek, der Sohn von Roscak dem Flickschuster, kam oft mit seiner Bande angestürmt, begleitet von zwei bissigen Hofhunden. Wenngleich wir in der Überzahl waren, schlugen sie uns meistens in die Flucht. Aber wenn Feiweschl und Schlomele bei uns waren, mußten die Gojim beschämt den Rückzug antreten. Die beiden Brüder hatten weder vor Christen noch vor Hunden Angst. Sie zeigten uns, wie man sich hinter den Holzstößen verschanzen

konnte, die von den Angestellten Reb Josuas, des Holzhändlers, aufgestapelt worden waren. Ein angenehmer
Aufenthaltsort war das zwar nicht, denn ungeachtet
der wiederholten Bitten des Dorfmagnaten pflegten die
Viehhüter dort ihre Notdurft zu verrichten, aber als
Festung waren die Holzstöße bestens geeignet. Die beiden Brüder hatten dort immer eine ganze Menge scharf-
kantige Steine vorrätig, und wenn die christlichen Horden anrückten, zogen wir uns in die Festung zurück
und schmissen mit Steinen. Niemand konnte einen Stein
so weit und so gezielt werfen wie Feiweschl und Schlomele. Auf die feindlichen Truppen wirkte sich das ver-
heerend aus. Die bissigen Hunde verscheuchten die
Brüder Stok mit bloßen Händen und eiskaltem Mut –
ganz so, als wären sie keine wahren Kinder Israels.
Danach posaunten wir unseren Sieg über Amalek in die
Welt hinaus und verspotteten seine Götzenbilder:

> »Der Gott der Gojim ist aus Stein,
> hat Beine, läuft aber nicht von allein.
> Auch seine Hände kann er nicht regen.
> Vier Weiber sind nötig, um ihn zu bewegen . . .«

Um die beiden Brüder zu belohnen, drängten wir ihnen
die guten Dinge auf, die wir von zu Hause mitgebracht
hatten: Brot, Plätzchen und allerlei schmucke Knöpfe.
Sie nahmen alles, ohne auch nur danke zu sagen, und
verstauten die Beute in ihren tiefen Taschen, in denen sie
alles mögliche aufbewahrten: Draht, Nägel, Schlüssel,
Feuersteine, Metallstückchen, leere Patronenhülsen (die
sie auf dem Schießstand der nahen Festung ausgegraben
hatten), bunte Glasscherben, Glaserkitt, Lederschnipsel
und vieles andere. Besonders erpicht waren sie auf Brot,
das sie mit wahrem Wolfshunger verschlangen, und auf
Zündhölzer, die sie zum »Schießen« brauchten. Ihre

selbstgebastelten Pistolen bestanden aus Schlüsseln und mit Draht daran befestigten Nägeln. Den hohlen Schlüsselschaft füllten sie mit Schwefel, den sie von den Zündhölzern abgekratzt hatten, dann steckten sie einen Nagel hinein und schmissen den Schlüssel an eine Mauer. Wenn der Schwefel explodierte, gab es jedesmal einen lauten Knall und eine Wolke aus Rauch und Feuer. Frauen schrien, Hunde und Federvieh gerieten in Panik, Pferde scheuten, und die Brüder Stok waren begeistert.

Ich war der einzige in dieser Horde, der ein Samtkäppchen und einen fast bodenlangen rabbinischen Kaftan trug und der lange blonde Schläfenlocken hatte, die an den Ohren wie Flachsbüschel abstanden. Ich fiel also im Kreis der anderen Jungen auf, die gestutzte Schläfenlocken hatten und derbe Baumwollkleidung trugen. Außerdem war ich mit meinen langen Schläfenlocken bei Raufereien arg im Nachteil, weil sie den Gegner dazu verlockten, danach zu grapschen und daran zu zerren. Und wenn ich rennen wollte, brachte mich mein langer Kaftan zum Stolpern. Und daß ich den Spitznamen Josua Kutner hatte, machte alles nur noch schlimmer. Ich wußte, daß ich nicht hierher gehörte – nicht zu den Söhnen des Schneiders und des Schuhmachers und schon gar nicht zu Burschen wie Feiweschl und Schlomele. Auch am Sabbat rissen sie Grashalme aus, gruben sie Löcher in den Sand, fingen sie Maulwürfe. Ich wußte, daß ich eine Sünde beging, wenn ich mit ihnen zusammen war, mir ihr ordinäres Gerede anhörte, herumtollte, »Abschlagen« spielte, mit Steinen schmiß und alles mögliche andere tat, wodurch ich den Heiligen Tag entheiligte. Aber ich brachte es einfach nicht fertig, auf die paar Stunden zu verzichten, in denen ich die Schönheit von Gottes sonniger, faszinierender Welt genießen konnte.

Ich kam dann immer spät nach Hause, lange nachdem die Chassidim, die bei uns zum Sabbatmahl eingeladen waren, ihre Gebete beendet und sich verabschiedet hatten, und wenn mein Vater bereits den Sabbatausgang zu zelebrieren begann. Wie ein Verbrecher schlich ich mich ins Haus – erhitzt, schweißnaß, aber begeistert vom Herumtoben, vom Marschieren und Kämpfen und vom Wetteifern mit den anderen. Ich versuchte nie, zu leugnen, was ich draußen gemacht hatte – es wäre zwecklos gewesen, denn schon von Kindheit an hat es mir schwer zu schaffen gemacht, daß ich immer, wenn ich nicht ganz ehrlich bin, rot werde. Vater fragte mich dann jedesmal, wo ich denn die Nachmittagsgebete gesprochen hätte. Es war ja noch genug Zeit für die Abendgebete, warum also jetzt, so spät, noch eine Nachmittagsandacht?

Wenn ich es doch einmal mit dem Lügen probierte, ging es immer schief, weil Mutter mich dann sofort fragte, wo ich denn die Mahlzeit vor Sabbatausgang eingenommen hätte.

Ja, ich mußte dafür bezahlen, daß ich mir ein paar Stunden Freiheit gestohlen hatte. Ich wurde zwar nicht körperlich gezüchtigt – Vater schlug mich kaum je –, aber die verbale Züchtigung war schlimmer als Prügel. Und nicht nur meine Eltern, sondern auch andere Leute zankten mich aus. »Pfui, pfui, Josua Kutner! Daß ausgerechnet aus dir so ein Tunichtgut wird!«

Vater musterte mein erhitztes Gesicht und fragte sich allen Ernstes, wie er, der Nachkomme unzähliger Generationen von Heiligen und Rabbis, einen derart liederlichen Sohn gezeugt haben konnte. »Gott sei mir gnädig«, sagte er jammernd zu meiner Mutter. »Schau ihn doch an! Er sieht kein bißchen wie ein Jude aus. Das Ebenbild Esaus . . .«

Wie ein Deutscher eine Blutbeschuldigung erhebt und dann beim Badehaus vor der ganzen Gemeinde ausgepeitscht wird

Gleich einem ruhigen Fluß, der im Sommer seicht und unscheinbar und während einer Hitzewelle vielleicht sogar ausgetrocknet ist, im Frühling aber anschwillt und sich in eine Sturzflut verwandelt, die Brücken zerstört und Dörfer überschwemmt, döste die Ortschaft Leoncin in fader Eintönigkeit vor sich hin, bis sie dann plötzlich in Aufruhr geriet.

Die erste derartige Eruption, an die ich mich erinnern kann, wurde durch eine Blutbeschuldigung ausgelöst. Das passierte natürlich vor dem Pessachfest, dem üblichen Zeitpunkt für solche Beschuldigungen.

Eines schönen Tages zwischen Purim und Pessach heizte der Badewärter – ein lahmer Jude mit dem sonderbaren Namen Eber – die *mikwe*, weil eine junge Ehefrau ein rituelles Tauchbad nehmen mußte. Plötzlich schlugen die Flammen aus dem Ofen, und das Badehaus begann zu brennen. Zum Löschen benützte Eber das Wasser aus der *mikwe*. Er verbrauchte so viel davon, daß er das Bad mit Wasser aus einem nahen Tümpel auffüllte, auf dem Enten herumschwammen. Als mein Vater tags darauf davon erfuhr, ließ er die *mikwe* schließen, weil sie jetzt mehr Sumpfwasser als Quellwasser enthielt, also nicht koscher genug war, um ihren Zweck zu erfüllen. Was mit der jungen Frau geschah, die in dem nichtkoscheren Wasser gebadet hatte, weiß ich nicht. Ich war damals noch zu jung, um so etwas erzählt zu bekommen. Ich weiß nur, daß das Badewasser abgelassen werden mußte. Bei dieser Gelegenheit wurde auch gleich der Fußboden im Badehaus erneuert. Was alles unternommen wurde, um die *mikwe* wieder koscher zu machen, weiß ich nicht, jedenfalls aber gehörte zu dieser Prozedur auch, daß die *mikwe* mit Milch gefüllt werden mußte. Weil zu diesem Zeitpunkt die Kühe bei uns im Schtetl trächtig waren, also keine Milch gaben, mußte die für die *mikwe* benötigte Milch bei polnischen Bauersfrauen gekauft werden, worüber sich die Gojim sehr wunderten. Als die *mikwe* wieder koscher war, wurde das Badehaus ein bißchen getüncht, und die Fensterscheiben wurden mit roter Farbe überstrichen, damit die nichtjüdischen Burschen und die Chederschüler nicht hineingucken und die Frauen beim rituellen Reinigungsbad beobachten konnten.

Zu diesem Zeitpunkt war bei Haskell dem Bäcker bereits mit dem Matzenbacken begonnen worden. Da die ortsansässigen Chassidim darauf bestanden, für die Pessachmatzen nur Wasser zu verwenden, das nach Sonnenuntergang geschöpft worden war, spannten sie ein Fuhrwerk an, luden ein Pessachfaß darauf und fuhren damit zum nahen Fluß. Das heilige Wasser wurde mit großem Pomp transportiert: Das Faß war in Pessach-Tischdecken gehüllt, und die Leute gingen ehrfurchtsvoll hinter dem Fuhrwerk her. Staunend beobachteten einige Gojim dieses jüdische Ritual.

Zu den Gojim, die sich öfter bei Juden blicken ließen, zählten zwei schwäbische Brüder namens Schmidt, die in einer benachbarten Siedlung wohnten und völlig verarmt waren. Zwischen den beiden war ein heftiger Konkurrenzkampf um die Position eines »Schabbesgoi« entbrannt. Jeder von ihnen war erpicht darauf, am Sabbat, wenn die Juden keinerlei Arbeit verrichten und nicht einmal ein Streichholz anzünden dürfen, bei wohlhabenden Familien die Kerzenleuchter aus dem Schrank zu holen, die Öfen zu heizen und Brennholz zu hacken. Mit diesen Arbeiten wurde aber immer nur der ältere der beiden Brüder betraut, ein wahrer Hüne, dessen einer Fuß ständig angeschwollen war wie ein Ballon, und der seinen jüngeren Bruder keinen Groschen verdienen ließ. Die Juden zogen den älteren Schmidt vor, weil er nicht, wie die anderen Siedler, schwäbisch sprach, sondern jiddisch. Er kannte alle jüdischen Bräuche und Feiertage und sagte über jedes Glas Schnaps, das ihm angeboten wurde, den Segensspruch. Weil er wußte, daß es den Juden verboten war, Wein aus Gefäßen zu trinken, die von einem Nichtjuden berührt worden waren, kündigte er, so bald er vor der Tür stand, den jüdischen Hausfrauen sein Erscheinen an, damit sie den Kiddusch-Wein in Sicherheit bringen konnten. »Stellt den Wein weg, Frauen – ein Goi kommt!«

Der jüngere Bruder hegte einen tiefen Groll gegen die Gemeinde, bei der er keinen roten Heller verdienen konnte. Darum verbreitete er bei den Gojim das Gerücht, die Juden hätten ein Christenkind ins Badehaus gelockt, wo es von Reb Itsche, dem Schächter, mit einem Messer getötet worden sei; dann habe Eber das Christenblut in einem Eimer zu Haskell dem Bäcker gebracht, der es mit dem heiligen Wasser vermischt und mit dem Matzenmehl verknetet habe. Diese Geschichte erzählte er nicht nur in der deutschen Siedlung, sondern auch in den polnischen Ortschaften. Das Gerücht verbreitete sich wie ein Lauffeuer von Dorf zu Dorf. Ostern stand vor der Tür, und da zu diesem Zeitpunkt die meisten Christen wegen der Kreuzigung ihres Herrn ohnehin besonders erbost auf die Juden sind, begannen die Bauern vor Wut zu kochen. Bald tauchten gedungene Zeuginnen auf und schworen, sie hätten mit eigenen Augen gesehen, wie das Christenkind in sein Verderben gelockt worden sei. Eines Tages kam Jekel der Hausierer, der durch die Dörfer fuhr und Schweineborsten aufkaufte, mit einer Platzwunde am Kopf ins Schtetl zurück. Wie sich herausstellte, hatten ihm Bauern aufgelauert und sich dafür gerächt, daß Christenblut vergossen worden sei. Und als Leibusch der Bäcker mit einer Fuhre Brot unterwegs war, wurde er mit Steinen beworfen. Reb Itsche der Schächter hatte Angst, sich in den Dörfern blicken zu lassen, wenn er bei jüdischen Kleinpächtern ein Kalb oder Geflügel schächten sollte. Die Gojim drohten an, daß sie mit Messern bewaffnet zu dem kurz vor Pessach stattfindenden Jahrmarkt kommen und die Juden umbringen würden, die sich erfrechten, Christenblut zu verzehren.

Die Juden lebten in Todesangst. Türen und Tore wurden nachts verriegelt. Die angesehensten Bewohner des Schtetls sprachen beim Gutsherrn Christowski vor und baten um seinen Schutz. Der Gutsherr, der auch Amtsrichter war, mokierte sich über die Blutbeschuldigung. Von ihm, einem Ketzer, der nie in die Kirche ging, hatten die Juden schon oft zu hören bekommen: »Daß Jesus, im Gegensatz zu allen anderen, kein Geld nehmen wollte, erklärt sich daraus, daß seine Hände ans Kreuz genagelt waren.« In seiner Eigenschaft als Richter erkundigte er sich jetzt allerdings, ob irgendwelche Christenkinder als vermißt gemeldet worden seien. Es stellte sich heraus, daß kein Kind vermißt wurde. Trotzdem blieben die Gojim bei ihrer Behauptung, die Juden hätten ein Christenkind ermordet. Die Lage spitzte sich zu. Nun ließ Reb Josua, der Holzhändler und Dorfmagnat, eine Britschka anspannen, zog seinen elegantesten Kapuzenmantel an und fuhr nach Sochaczew, wo er den russischen Natschalnik ersuchte, in Begleitung eines

Polizeikommandos mit ihm nach Leoncin zu fahren und die Juden vor dem Pöbelhaufen zu schützen.

Der rotbärtige Natschalnik wollte sich nicht drängen lassen, wurde aber zugänglicher, als Reb Josua ihm ein saftiges Schmiergeld zusteckte. Er stieg in die Britschka und befahl zehn Polizisten, in einem Fuhrwerk mitzukommen. Sie trafen am Vorabend des Jahrmarkts in Leoncin ein, wo sich bereits Bauernhorden herumtrieben. Der Natschalnik ging zum Badehaus, vor dem sich ein Haufen Gojim zusammengerottet hatte. Auch die Juden waren allesamt da und entblößten ihr Haupt vor dem Natschalnik. Dann wurde der jüngere der beiden Brüder Schmidt vorgeführt. Das Verhör begann.

Zungenfertig und in allen Einzelheiten schilderte der Schwabe, wie er mit eigenen Augen gesehen habe, daß Eber einen Eimer mit einer roten Flüssigkeit trug.

»Wo ist dieser Eimer?« fragte der Natschalnik streng.

»Hier ist er, Euer Gnaden«, sagte Eber und zeigte ihm den Eimer, der noch rote Flecken von der Farbe hatte, die für die Fenster des Badehauses benützt worden war.

Grinsend hielt der Natschalnik den Eimer hoch, damit die Menge ihn sehen konnte.

»Bauern! Ist das Blut oder Malerfarbe?«

»Malerfarbe, Euer Gnaden«, antworteten die Bauern.

»Bauern! Wird bei einem von euch ein Kind vermißt?«

»Nein, bei keinem, Euer Gnaden«, sagten sie einstimmig.

»Wenn alle Kinder wohlbehalten sind, wieso kann dann eines davon getötet worden sein?«

»Das wissen wir nicht, Euer Gnaden«, antworteten die Bauern verschreckt, »aber der Schwabe hat uns erzählt, daß er mit eigenen Augen gesehen hat, wie die

Juden im Badehaus ein Christenkind umgebracht haben.«

Der Natschalnik packte den langen, dürren Deutschen am Revers seines viel zu weiten Jacketts und rüttelte ihn. »*Was* hast du gesehen, du Hurensohn? *Wann* hast du *was* gesehen?«

Schmidt begann zu stottern, woraufhin ihm der Natschalnik einen so heftigen Schlag versetzte, daß er umfiel und einen Purzelbaum schlug.

»Ich zieh' dir die Haut bei lebendigem Leibe ab, du Hurensohn, wenn du jetzt nicht die Wahrheit sagst!« brüllt der Natschalnik.

Der Deutsche fiel auf die Knie und schlug sich an die Brust. »Ich hab' das alles erfunden, Euer Gnaden«, stammelte er, »weil sie mir keine Arbeit geben wollen, diese Juden ... Die beschäftigen immer nur meinen Bruder, und mich lassen sie verhungern ...«

Der Natschalnik streckte seine ordengeschmückte Brust heraus. »Ich schicke dich wegen Volksverhetzung nach Sibirien! Dort wirst du in Ketten schmachten, du Hurensohn!«

Die Polizisten hielten schon Stricke bereit, um den knienden Deutschen zu fesseln, doch der Natschalnik winkte ab.

»Dreht diesen Hurensohn herum und verpaßt ihm ein Dutzend auf den nackten Hintern! Dann kann er gehen.«

Ehe wir uns versahen, lag der lange Deutsche ausgestreckt da, und jedermann konnte seine nackten Hinterbacken sehen.

»Jesus Christus!« plärrte er.

Eifrig ließen die Polizisten ihre Peitschen auf seinen knochigen Hintern niedersausen, gemächlich zählten sie die Hiebe.

Und bei jedem Peitschenhieb verkündete der Natschalnik: »Das lasse ich mit jedem machen, der Lügen verbreitet und das Volk aufhetzt! In meinem Bezirk herrsch Ordnung!«

Kaum mehr fähig, sich auf den Beinen zu halten, wankte der ausgepeitschte Deutsche zu dem Bauernhaus, wo er sich eingemietet hatte.

Der Natschalnik beschloß, die Gelegenheit zu nützen und die Leonciner Läden sowie das Lernhaus zu inspizieren, um festzustellen, ob in der Ortschaft auch alles vorschriftsmäßig sauber gehalten wurde. So ordentlich wie an diesem Tag hatte das Schtetl bestimmt noch nie gewirkt. Die Juden hatten in aller Eile frische Erde auf den Matsch entlang der Hausmauern geworfen, und die Frauen hatten vor den Haustüren, wo sie zu jeder Jahreszeit ihr Schmutzwasser ausgossen, gelben Sand ausgestreut. Eber der Badewärter, der auch Schammes im Lernhaus war, hatte es geschafft, den Fußboden der heiligen Stätte zu kehren, die Leuchter zu polieren und die rußigen Glaszylinder der Lampen mit einem Zipfel seines Kaftans blankzuputzen. Der Natschalnik beeilte sich mit seiner Inspektion, weil er rechtzeitig zum Essen beim Gutsherrn Christowski sein wollte. Zudem wich ihm Reb Josua der Holzhändler keinen Moment von der Seite und lächelte ihn unentwegt an, als wollte er sagen: »Seid gnädig, dann braucht das nicht vor Gericht gebracht zu werden . . .«

Der Natschalnik war tatsächlich gnädig. Er strich sich über den roten Bart und verkündete: »Ordnung muß sein!«

Nur in einem Punkt hatte er Bedenken. Bei der Inspektion war herausgekommen, daß die Gemeinde einen eigenen Rabbiner hatte, und nun wunderte es ihn, daß dies den Behörden nicht bekannt war. Die

Gemeinde gehörte doch offiziell zu Sochaczew und unterstand dem dortigen Rabbiner.

Zitternd vor Angst, die Schläfenlocken hinter die Ohren geschoben, stand mein Vater vor ihm.

Reb Josua versuchte, dem Natschalnik die Sache zu erklären. »Wir nennen ihn ›Rabbi‹, Euer Gnaden, weil er Fragen des Religionsgesetzes klären kann. Aber er nimmt keine Amtshandlungen vor. Dafür gehen wir zum Sochaczewer Rabbiner. Nehmt es uns bitte nicht übel, Euer Gnaden, aber nach Sochaczew ist es so weit, daß wir nicht mit allem, was einer religiösen Klärung bedarf, hinfahren können – inzwischen würden nämlich die fraglichen Nahrungsmittel verderben.«

Seine Gnaden warf Reb Josua einen listigen Blick zu, der zu sagen schien, daß die Angelegenheit offenbar nicht ganz legal und ja doch bloß wieder so ein jüdischer Hokuspokus sei – aber einer, den er übersehen könnte, wenn dabei etwas für ihn herausspränge.

»Ihr könnt Eure jüdische Tora studieren, so viel Ihr wollt«, sagte er zu meinem Vater, »aber nehmt keinerlei Amtshandlungen vor, sonst bekommt Ihr Ärger, verstanden?«

Mein Vater bibberte wie ein Wackelpudding.

In meiner ganzen Kindheit war ich nie so beschämt über ihn und seine Unterwürfigkeit wie an jenem Tag. Aber das vergaß ich rasch vor lauter Freude auf das Pessachfest, das diesmal besonders ausgiebig gefeiert wurde, weil diese schlimme Sache mit der Blutbeschuldigung für uns so gut ausgegangen war.

Die Bauern, die drauf und dran gewesen waren, uns alle umzubringen, machten wieder Geschäfte mit den Juden, als wäre nichts geschehen. Und bald gab es andere Ereignisse.

Ein Melamed hält sich
für einen Purim-Engel und fliegt
zum Fenster hinaus

Wenn im Cheder ein neues Schuljahr begann, war ich heilfroh, einen anderen Melamed zu bekommen, und jedesmal hoffte ich, daß er ein besserer Lehrer sein würde als der vorige. Aber meine Hoffnung erfüllte sich nie. Während der ersten paar Tage waren die Lehrer immer nett und freundlich, aber es dauerte nicht lange, bis sie ihr wahres Gesicht zeigten.

Was die Lehrer betraf, so lag über unserem Schtetl offenbar ein Fluch. Vielleicht lag es daran, daß tüchtige Lehrer nicht in so ein Kaff wie Leoncin kommen wollten. Oder daran, daß es so etwas wie einen tüchtigen Lehrer gar nicht gab, weil nur Nichtsnutze und Eigenbrötler einen Hang zu diesem Beruf hatten. Wie dem auch sei – ich habe jedenfalls mit fast allen meinen Lehrern nur unangenehme Erfahrungen gemacht.

Mein erster Melamed, Reb Mayer, war offensichtlich geistesgestört. Die Schüler merkten das sofort und erzählten es ihren Eltern, doch die Erwachsenen hörten nicht auf die Kinder – anscheinend machte es ihnen nichts aus, daß ein Meschuggener ihr eigen Fleisch und Blut fast zehn Stunden am Tag, sechs Tage in der Woche unter der Fuchtel hatte.

Ständig quasselte er mit sich selber, wobei seine schrille Stimme wie Katzengeschrei im Hinterhof klang. Oft schweiften seine Gedanken mitten in einer Lektion ab, dann starrte er in die Luft und gab sich seinen Visionen hin. Ohne ersichtlichen Grund lachte er wie verrückt und murmelte im nächsten Moment: »*Miniutin, mikutin ... mikutin, miniutin ...*«

Er geriet in Rage, wenn er aus der Dachwohnung nebenan die Stimme der Frau von Eber dem Badewärter hörte. Diese arbeitete als Badewärterin für die Frauen und hatte eine ungemein schrille Stimme, die noch gellender klang, wenn die Frau aus dem Fenster nach ihrer Tochter Eva rief. Eva, dunkelhäutig wie eine Zigeunerin und ebenso faul, lief immer in den Hof hinunter, um nicht bei der Hausarbeit helfen zu müssen. »Eva! Die Pest an deinen Hals!« zeterte ihre Mutter. »Eva, komm sofort herauf! Eva!«

Reb Mayer hielt sich dann jedesmal die Ohren zu und sprang auf wie von der Tarantel gestochen. »Eva, komm herauf! Lauf! Schnauf! Rauf! Ersauf!« schrie er zurück, während wir uns vor Lachen kugelten.

Er wurde fuchsteufelswild, wenn die arme Frau einen ihrer Hustenanfälle bekam, bei denen sie spucken und entsetzlich röcheln und keuchen mußte, und die, wie im Schtetl behauptet wurde, ein Symptom dafür waren, daß sie an Krupp litt. Ob das nun stimmte oder nicht, jedenfalls stieß sie bei diesen Anfällen höchst interessante Laute aus. Noch heute erinnere ich mich an diese Mischung aus gellenden Schreien und hysterischem Weinen und Lachen. In solchen Momenten geriet Reb Mayer völlig außer sich. Er schnitt Grimassen und bebte am ganzen Körper, bis schließlich sein schwacher Magen rebellierte und er hinunter zu dem Aborthäuschen im Hof rannte – allerdings erst, wenn er uns alle in eine enge Dachkammer getrieben hatte, in der wir hocken mußten, bis seine Gedärme sich beruhigt hatten. Wir waren der kranken Frau tatsächlich dankbar dafür, daß sie uns wenigstens für kurze Zeit Ruhe vor dem verrückten Reb Mayer verschaffte.

Allmählich verschlimmerte sich sein Zustand derart, daß sein eigener Sohn es nicht mehr bei ihm aushalten konnte. Er floh nach Warschau, wo er Juwelier wurde. Eines Tages, kurz nach dem Laubhüttenfest, zog Reb Mayer seinen Sabbatkaftan an, nahm einen Regenschirm und ging von Haus zu Haus, um sich zu verabschieden. Als man ihn fragte, was für eine weite Reise er denn vorhabe, sagte er, daß er in den Wald gehen und Brennholz kaufen wolle. Der Wald war nur eine halbe Wegstunde vom Schtetl entfernt.

Ein anderes Mal schickte er mich zu Reb Josua, dem Holzhändler, dem ich ein mit »Franzosen« gefülltes Einmachglas überbringen mußte. »Franzosen« sind das, was von den Polen als »Preußen« bezeichnet wird und von den Deutschen als »Russen« – nämlich Kakerlaken. Ganze Horden von »Franzosen« fielen in den Cheder ein, und Reb Mayer kämpfte heldenhaft gegen sie an. Mit Hochgenuß zerquetschte er sie massenweise. Und er legte Glasscherben aus, in die er Molke gegossen hatte. Wenn die »Franzosen« sich gierig darauf stürzten, ersoffen sie zur Strafe für ihre Freßsucht.

An dem bewußten Tag war es Reb Mayer gelungen, ein ganzes Regiment »Franzosen« gefangenzunehmen. Daraufhin beschloß er, mich mit dem Einmachglas zu Reb Josua zu schicken, dem Besitzer des Hauses, in dem sich der Cheder befand.

Es war um die Mittagszeit, und der Dorfmagnat, seine Frau, seine Söhne und Schwiegersöhne, Töchter und Schwiegertöchter setzten sich gerade zu Tisch, um so deftig zu speisen, wie es sich für eine wohlhabende Familie gehörte. Noch heute kann ich mich an den köstlichen Gänsebratengeruch erinnern, der aus der reichhaltig bestückten Küche drang, an deren Wänden blitzende Messingtöpfe und -pfannen hingen. Obzwar ich noch ein kleiner Junge war, begriff ich sofort, daß dies nicht der richtige Moment war, um den Fang, den der Melamed gemacht hatte, abzuliefern. Trotzdem befolgte ich Reb Mayers Anweisungen und stürmte ins Eßzimmer.

Reb Josua nahm an, ich hätte ihm von meinem Vater etwas auszurichten. »Nu, was für gute Nachrichten bringst du denn, Bubele?« fragte er wohlwollend.

»Reb Mayer schickt Euch diese ›Franzosen‹«, sagte ich und stellte das Einmachglas mit den krabbelnden, zappelnden Kakerlaken auf den Eßtisch.

Tirza, die hochwohlgeborene Dame des Hauses mit ihren vornehmen Manieren und ihrer aufgetürmten, welligen Perücke stieß einen Schrei des Entsetzens aus. Ihre Töchter und Schwiegertöchter ebenfalls. Die Männer lachten, Reb Josua aber war wütend. Wäre ich nicht der Sohn des Rabbiners gewesen, dann hätte mich die Dienstmagd mit dem Besenstiel versohlt.

Im Schtetl begann man schon zu tuscheln, Reb Mayer sei offenbar völlig übergeschnappt. Obendrein ließ er sich jetzt wegen seiner Magenbeschwerden von einem Zakroczymer Schriftgelehrten beraten, aß kein Stück Brot mehr, sondern lebte bloß noch von selbstgebackenen Roggensemmeln, die er mit einem großen Schluck Rhizinusöl hinunterspülte; dann leckte er sich die Lippen als hätte er Nektar getrunken. Wenn er von seiner Medizin sprach, fügte er, damit es wie deutsch klang, immer die Nachsilbe »...chen« hinzu (was er übrigens auch bei anderen Wörtern zu tun pflegte), sagte also »Rhizinusölchen«.

Der Vorfall mit den Kakerlaken brachte das Faß zum Überlaufen. Von nun an ließen die Eltern ihre Kinder nicht mehr in Reb Mayers Cheder gehen. Die Lehrer, die ich danach hatte, waren zwar nicht ausgesprochen plemplem, aber jeder von ihnen hatte seine Macken.

Reb David, der mit seinem Sohn aus Wyszograd zu

uns kam, behandelte seine Schüler entsprechend den Mahlzeiten, die er bei ihren Eltern vorgesetzt bekam. Da er seine Frau und die anderen Kinder in Wyszograd gelassen hatte, aß er zusammen mit seinem Sohn bei den Eltern der Chederschüler. Wenn er in einem bestimmten Haushalt an einem bestimmten Tag gut verköstigt worden war, behandelte er den betreffenden Schüler fürstlich, auch wenn der ein Dummkopf war. Hatte er aber eine kärgliche Mahlzeit vorgesetzt bekommen, dann ließ er seinen Groll im Cheder aus. Ich hatte sehr darunter zu leiden, daß es mit der Kochkunst meiner Mutter nicht weit her war. Reb David aß besonders ungern Bohnen. Sein Abscheu davor war geradezu krankhaft. Beim Anblick eines Tellers mit Bohnen verwandelte sich Reb David in eine Art menschliche Qualle. Hastig fischte er die Bohnen aus den Nudeln und ließ sie auf den Teller seines Sohnes plumpsen.

Da Leoncin in kulinarischer Hinsicht sehr zu wünschen übrig ließ, hielt es Reb David nur ein einziges Schuljahr lang bei uns aus.

Reb Ascher, der nächste Melamed, war hochgewachsen, griesgrämig und wortkarg. Er schrieb oft an seine Frau und seine Verwandtschaft und gab Isaak, dem Spediteur, die Briefe mit. Das Briefpapier faltete er so kunstvoll, daß es wie ein Briefumschlag aussah. Auf die Vorderseite schrieb er in dekorativen Lettern: »An meine ehrenwerte Gattin, die edle und tugendhafte Frau ...«. Dann fügte er drei Buchstaben hinzu: L.R.G. Das bedeutete »laut Rabbi Gershom« und bezog sich auf den großen Gelehrten, der erklärt hatte, es sei eine Sünde, die Briefe anderer Leute zu lesen.

Reb Ascher glaubte, daß Fremde sich von dieser Warnung genauso davon abhalten lassen würden, seine Briefe zu lesen, wie wenn er diese versiegelt hätte.

In seinem Leonciner Cheder, wo er sich zum ersten Mal als Lehrer betätigte, züchtigte er die Schüler nie. Die Eltern murrten, Reb Ascher sei zu nachsichtig. Ständig verlor er Knöpfe, und wenn er aufstand, mußte er jedesmal seine Hose festhalten, damit sie nicht herunterrutschte.

Ich habe nur angenehme Erinnerungen an Reb Ascher und weiß noch genau, wie entsetzt ich war, als ich ihn ein Jahr später inmitten einer Schar Bettler entdeckte, die im Hof meines Großvaters, des Rabbiners von Bilgoraj, um Almosen baten. Es war Sommer, und Reb Ascher ging barfuß von Tür zu Tür und bettelte mit der gleichen Zaghaftigkeit und Ungeschicklichkeit, die ihn um seine Stellung als Lehrer gebracht hatten.

Der Melamed, der Reb Aschers Platz einnahm, kam und verschwand so schnell, daß ich mich nicht mehr an seinen Namen erinnern kann. Er war jung, blaß, mager, schwarzbärtig und schwarzäugig. Anfangs stand dieser vielseitig gebildete Mann in hohem Ansehen. Auch von ihm wurden wir nicht gezüchtigt. Am hellichten Tag zog er die Vorhänge zu und befahl den Schülern, sich auf die Bänke zu legen. Dann streichelte und tätschelte er sie, während er lodernden Blickes vor sich hinstarrte. Die Schüler erzählten ihren Eltern von dem sonderbaren Melamed, der sie nicht züchtigte, sondern liebkoste. Es wurde viel getuschelt und heimlich diskutiert, und kurz darauf verschwand der junge Mann dorthin, woher er gekommen war. Wir hatten ein paar Tage schulfrei, dann bekamen wir einen neuen Lehrer, Reb Mosche Malkower. Auch er brachte seinen Sohn mit nach Leoncin, einen untersetzten, blonden Burschen, der ihm beim Unterricht zur Hand ging.

Reb Mosche war ein älterer Mann mit einem weißen Bart, an dem er ständig zerrte, zupfte und knabberte. Er konnte seinen Bart einfach nicht in Ruhe lassen. Er kaute genüßlich darauf herum und warf die abgebissenen Barthaare in die heiligen Bücher. Sein Bart sah aus, als sei er unter die Sense geraten – so ähnlich wie ein Kornfeld zur Erntezeit. Am meisten machte es Reb Mosche zu schaffen, daß es am Sabbat verboten ist, am Bart zu knabbern. Wenn ihm, nachdem er bereits ein bißchen davon abgebissen hatte, plötzlich einfiel, daß Sabbat war, bugsierte er seinen Bart wütend zur Seite. Wenn fromme Männer seinen Bart mißtrauisch betrachteten, versicherte Reb Mosche ihnen sofort: »Er ist nicht gestutzt, Gott soll schützen! Bloß ein bißchen angeknabbert . . .«

Reb Mosche war ein Mensch, der alles mit Leidenschaft und nichts halbherzig tat. Wenn er betete, dann mit aller Inbrunst. Wenn er seine Pfeife schmauchte, erstickte man fast an dem Rauch, den er ausstieß. Und er unterrichtete mit Donnerstimme und mit soviel Feuereifer, daß die Antworten der Schüler in dem Getöse untergingen. Wenn er mit uns über die Sittenlehre diskutierte, glich er einem Besessenen. Er glaubte felsenfest an die Moralprinzipien, die er uns ständig einzuhämmern versuchte. Über die Gehenna wußte er sogar noch mehr als der Verfasser der *Zuchtrute*. Über jeden Winkel, jede Ritze der Hölle wußte er Bescheid. Wenn er uns flammende Moralpredigten hielt, fuchtelte er drohend mit seiner Pfeife. »Laßt euch das gesagt sein, ihr Dummköpfe und heimtückischen Rebellen! Glaubt bloß nicht, die Welt sei ein sittenloser Ort, wo ihr ungestraft Böses tun und anderen Unrecht zufügen könnt! Die Gehenna wartet schon auf euch und ruft: ›Her damit! Her mit den Sündern, die sich Gott und seinen Geboten widersetzen!‹ Und die Engel der Vernichtung – jeder mit tausend Augen und Ohren, um alles sehen und hören zu können – warten darauf, die Sünder zu ergreifen und in den Höllenschlund zu schleudern, der vierhundert Meilen hoch und vierhundert Meilen breit ist. Darum geht in euch, ihr verstockten Sünder!«

Die verstockten Sünder, sieben- bis zehnjährige Jungen, nützten die Manie ihres Melamed, sich über die Gehenna zu verbreiten, zum Kartenspielen aus. Statt um Geld spielten sie um Knöpfe, die sie von Hosen und Kaftanen abgeschnitten hatten. Ein Uniformknopf, *moniak* genannt, war so viel wert wie ein Dutzend gewöhnliche Knöpfe.

»Ich hab' einunddreißig«, meldete sich eine gedämpfte Stimme mitten in Reb Mosches Diskurs über den Engel Dumah, der mit einer feurigen Rute über den frischen Gräbern Verstorbener steht und schallend ruft: »Sünder, wie heißest du?«

Reb Mosche war so sehr in die Schilderung der riesigen Ausmaße der Gehenna vertieft, daß er gar nicht merkte, was sich direkt vor seiner Nase abspielte. Sein Sohn und Gehilfe verpetzte uns nicht, weil wir ihn mit Brotscheiben bestochen hatten, die er ohne mit der Wimper zu zucken hinunterschlang.

»Ach, Gnade, Gnade, Gnade!« lamentierte Reb Mosche, der so in Ekstase geraten war, daß er sich in den abgeschabten und schon ganz durchgesessenen Lehnstuhl fallen ließ. Er merkte erst jetzt, wie eifrig wir mit Kartenspielen beschäftigt waren, und drohte uns fürchterliche Strafen an. Aber er war nicht imstande, aufzustehen und uns zu züchtigen, denn er hatte einen schlimmen Leistenbruch. Und er wußte, daß *wir* wußten, daß seine Drohungen bloß Schall und Rauch waren. Nicht, daß er versucht hätte, sein Leiden zu verbergen. Oft legte er das breite lederne Bruchband mit den Messing-

63

schnallen auf den Tisch. Dann atmeten wir jedesmal auf, weil wir wußten, daß er uns jetzt nicht erwischen konnte.

Wegen seiner Frömmigkeit und Gelehrsamkeit wurde Reb Mosche von den Männern sehr bewundert. Am Sabbat hielt er den gewöhnlichen Juden im Bethaus oft Vorträge über die Schrecken der Gehenna und die ausgeklügelten Folterqualen. Die Zuhörer zitterten bei dem Gedanken an das Los, das sie in hundertzwanzig Jahren (will sagen: nach dem Tod) erleiden würden. Trotzdem kamen sie, um Reb Mosche zuzuhören, und bezahlten sogar dafür. Jeden Freitag schickte Reb Mosche zwei seiner Schüler zu denen, die seinen Vortrag besucht hatten, und ließ einen angemessenen Betrag kassieren: sechs Groschen, drei Groschen, manchmal auch bloß zwei. Hin und wieder kam ich an die Reihe, und jedesmal fühlte ich mich als Kassierer wie im siebten Himmel.

Viel weniger Freude machte es mir, wenn wir Buben uns am Sabbat im Cheder einfinden mußten und Reb Mosche mit uns *Die Sprüche der Väter* durchnahm. In dem Atlaskaftan, den er seit seinem Hochzeitstag hatte und der schon so steif war, daß er aus Blech statt aus Stoff zu bestehen schien, ging er in der Schulstube auf und ab und deklamierte in einem ominösen Singsang, der uns erschauern ließ. Eine besondere Vorliebe hatte er für den Ausspruch von Akabja ben Mahalale: »Wisse, woher du kommst: aus einem übelriechenden Tropfen. Wisse, wohin du gehst: an den Ort des Staubes und des Gewürms . . .«

Auch die Kommentare von Bar Tenura nahm er mit uns durch, damit wir nur ja nicht von den *Sprüchen der Väter* abwichen. Wir verübelten es Reb Mosche, daß er uns um die paar freien Stunden brachte, die uns normalerweise am Sabbat vergönnt waren. Und allmählich verabscheuten wir Bar Tenura mitsamt seinen Kommentaren.

Uns blieb das nur dann erspart, wenn Reb Mosche mit den Problemen seiner Kinder beschäftigt war. Nicht nur die Kabbeleien mit seinem Sohn, der ein Feinschmecker war, aber kein bißchen Appetit auf die Tora hatte, machten ihm zu schaffen, sondern auch die gelegentlichen Besuche seiner Töchter, die als Dienstmädchen bei wohlhabenden Familien arbeiteten und immerzu Ärger mit Verlobungen, Eheverträgen und aufgelösten Verlobungen hatten. Sie waren schon so lange ledig geblieben, daß sie sich, obwohl sie Lehrerstöchter waren, liebend gern mit einem Flickschuster oder Schneider begnügt hätten. Aber es war sehr schwierig für sie, einen Ehemann zu finden, weil es ihnen offenbar nicht möglich gewesen war, sich von dem Lohn, den sie erhielten, eine Aussteuer anzuschaffen. Ständig machten sie sich Illusionen über Heiratsanträge, aus denen dann nichts wurde. Sie kamen zu ihrem Vater nach Leoncin, um ihm ihr Herz auszuschütten, mit ihrem Schicksal zu hadern und nach Rache zu schreien. Irgendwie schafften sie es immer, das alles in Gegenwart von uns Schülern zu tun. Reb Mosche kaute dann besonders heftig an seinem Bart und erklärte, daß seine Kinder nur deshalb so viele Probleme hätten, weil es ihnen an Frömmigkeit mangle.

Ab und zu mußte er für ein paar Tage verreisen, um mit den angehenden Verlobten seiner Töchter etwas zu klären. Dann ließ er uns in der Obhut seines Sohnes, und wir nützten die Gelegenheit, um den Cheder in ein Tollhaus zu verwandeln.

Reb Mosche wäre bestimmt lange bei uns geblieben, hätte er nicht diesen Leistenbruch gehabt, der schließlich so schlimm wurde, daß Reb Mosche einen Zusammenbruch erlitt, in einem Fuhrwerk auf Stroh gebettet und in seinen Heimatort transportiert werden mußte.

Sein Nachfolger war Reb Michel David, ein kleiner, fideler Mann mit einem dünnen blonden Bart. Er war ein quecksilbriger Typ. Während der Unterrichtsstunden schnitzte er Tabaksdosen für ältere Gewohnheitsschnupfer und Zitrusfruchtbehälter für das Laubhüttenfest. Er hatte »goldene Hände«, wie man damals sagte. Er konnte Taschenuhren reparieren, neue Glieder für Uhrketten schmieden und Figuren aus Ton formen – für die jungen Burschen im Lernhaus, die gern Schach spielten. Meistens schnitzte er, der Kettenraucher war und gelbbraun verfärbte Finger hatte, Zigarettenspitzen für sich selber. Für uns bastelte er bunte Papierlaternen, die wir an dunklen Winterabenden auf den Heimweg vom Cheder mitnehmen durften.

Er unterrichtete in einem fröhlichen Singsang und schnalzte zur Begleitung mit den Fingern. Die Hausfrauen, von denen er verköstigt wurde, waren entzückt von ihm, weil er jedes Gericht lobte, das sie auf den Tisch brachten. Und bei den Chassidim war er sehr beliebt, weil er viele Geschichten von Heiligen und Wunderrabbis erzählen konnte.

So richtig in seinem Element war er an Feiertagen während des Festmahls. Er sang mit hoher Stimme, drehte mit jedem Zelebranten eine Runde nach der anderen und wurde des Herumhopsens nicht müde. Am liebsten tanzte er auf den Tischen.

Er ergötzte uns, seine Schüler, mit phantastischen Geschichten über Tausendsassas, die ungeheuer weit springen, sich unsichtbar machen und noch andere Wunderdinge vollbringen konnten. Ständig mußten sie Fehden mit gojischen Hexenmeistern und Priestern austragen, die in Gestalt von Werwölfen auftraten und den Juden etwas antun wollten. Aber die jüdischen Tausendsassas zogen heilige Kreidekreise um die Bösewichte, die nun völlig machtlos waren.

Wir liebten diese Geschichten. Selbst die paar Schulstunden am Sabbat machten uns jetzt Freude, weil Reb Michel David dann immer Lektionen auswählte, die bei Kindern Anklang fanden. Er erzählte uns von dem tapferen Naftali, der schneller als ein Hirsch laufen konnte; von den gleichgesinnten Brüdern Simeon und Levi, die mit ihren heiligen Schwertern alle Feinde ihres Vaters Jakob vernichten konnten; und von Juda, der wie ein Löwe brüllte. »Als Josef den Benjamin in Ägypten zurückhielt und ihn nicht heimziehen lassen wollte, da trat Juda zu ihm und sagte: ›Herr, möchte doch dein Knecht ein Wort an meinen Herrn richten dürfen, und möchtest du deinem Knecht nicht zürnen, denn du stehst ja so hoch wie der Pharao . . . Ich aber fürchte den Pharao nicht, und genau wie ich *ihn* mit meinem kleinen Finger zerquetschen kann, so kann ich auch *dich* zerquetschen.‹ Und Juda entblößte seine Brust, die gewaltig wie die eines Löwen war, und die Haare auf seiner Brust sträubten sich und sahen wie Speere aus. Und er ließ seine dröhnende Stimme erschallen, so daß der Pharao und seine Berater glaubten, das Gebrüll eines Löwen zu hören. Und als sie sahen, daß es Juda war, schrumpften ihre Herzen vor lauter Furcht. Und sie fielen vor ihm auf die Knie und neigten das Gesicht zur Erde.«

Solcher Art waren die Geschichten, die uns Reb Michel David am Sabbatmorgen erzählte.

Bei ihm machte das Lernen Freude. Aber leider sollte diese Freude nur von kurzer Dauer sein.

Als das Purimfest näherrückte, ließ Reb Michel David die Gemara gänzlich im Stich und traf Vorbereitungen für den Festtag. Zuerst zeichnete er mit einem Kerzenstumpf große Lettern und eine Skizze auf die Ostwand der Synagoge. Anfangs konnte man nicht erkennen, was er gezeichnet hatte, denn die Ostwand war weiß und der Kerzentalg ebenfalls. Aber nachdem Reb Michel David einen Lappen in Asche getaucht und damit über den Talg gestrichen hatte, konnte man die Inschrift lesen: »Der Beginn des Monats Adar ist die Zeit für Frohsinn.« Darunter hatte er eine Schnapsflasche und zwei segnende Hände gemalt, und getreu seinen Grundsätzen trank er mit den Chassidim einige Runden Schnaps.

Im Cheder schnitzte er, während er uns auf die Megillah – die Verlesung des Buches Esther – vorbereitete, die schönsten »Grageress« für uns. Das sind Schnarren, die an Purim von den Kindern immer dann herumgewirbelt werden, wenn der biblische Haman erwähnt wird, so daß der Name dieses verhaßten Feindes der Juden im Lärm untergeht.

An Purim und am Tag danach wurde Leoncin von Reb Michel David nahezu auf den Kopf gestellt. Als in der Synagoge die Esther-Rolle verlesen wurde, versammelte er draußen alle Chederschüler um sich und führte uns hinein, wobei wir unsere Grageress schnarren ließen und er begeistert den riesigen Grager wirbelte, den er für sich selber geschnitzt hatte. Er stampfte nicht nur bei dem Namen Haman auf, sondern auch bei den Namen von Hamans Frau, Seresch, und von Hamans zehn Söhnen. Als der Name des jüngsten Sohnes, Vajesatha, verlesen wurde, geriet Reb Michel David in rasende Wut.

Der Anblick eines bärtigen Erwachsenen, der im Bethaus einen Grager schwenkte, versetzte uns Schulbuben derart in Begeisterung, daß wir die Wände zum Wackeln brachten. Mein Vater war ärgerlich darüber, daß unsertwegen die Esther-Rolle nicht bis zum Schluß verlesen werden konnte, aber wirklich zornig war er nicht. Man konnte dem überschäumenden Michel David einfach nicht böse sein – schon gar nicht an Purim, einem Freudenfest der Juden.

Nach der Megillah ging Michel David von Haus zu Haus und trank auf jedermanns Wohl. Am nächsten Tag forderte er die Chassidim auf, mit ihm weiterzufeiern. Das brauchte er ihnen nicht zweimal zu sagen – welcher echte Chassid wäre nicht sofort bereit, zu zechen und fröhlich zu sein? Sie kauften ein Faß Bier, und nun konnte der Spaß beginnen. Den Hausfrauen luchsten sie in der Küche Gänsebraten, Kuchen, marinierte Heringe und andere Leckerbissen ab, dann zogen sie mampfend, pichelnd und tanzend von Haus zu Haus. Die kleinen Jungen rannten ihnen nach, klammerten sich an die Schärpen ihrer Väter oder tollten mitten im Kreis der hopsenden Männer herum. Die anderen Juden – die *mitnaggedim* – sahen diesem ausgelassenen Treiben mißbilligend zu, doch den Chassidim war das einerlei. Aus reiner Bosheit sangen sie nur noch lauter.

Michel David, vom Zechen, Singen und Frohlocken anscheinend kein bißchen müde, tanzte auf der Straße. Zuletzt kam er mit den Chassidim in unser Haus. »Rebezzin, laßt uns von Eurem Zwetschgenmus kosten!« rief er. »Die Juden wollen essen. Zum Teufel mit Haman und seinen zehn Bankerten!«

Meine Mutter tischte den Männern Zwetschgenmus auf. Michel David schrie nach einem zweiten Faß Bier, woraufhin zwei von diesen Krakeelern – Trajtl der Schnittwarenhändler und Mosche Mendel der Fleischhauer – weggingen, um es zu holen. Als sie zurückgekommen waren, setzten sie ihre Käppchen umgestülpt auf, nahmen Stöcke in die Hand, hockten sich auf den Boden und sangen Bettlerlieder, noch dazu auf Polnisch. Dann hielten sie den anderen einen Almosenteller hin, in den jeder den Betrag warf, den er zu dem Faß Bier beizusteuern hatte. Trajtl und Mosche bedankten sich wie gojische Bettler, wobei sie christliche Gebetsworte verdrehten und dafür noch mehr Gelächter ernteten. Dann sprang Michel David auf einen Tisch und tanzte einen Kasatschok. Meine Mutter durfte vorher nicht einmal das Tischtuch entfernen. »Rebezzin«, schrie er gellend, »an Purim darf man sogar auf dem Tischtuch tanzen! Und zum Teufel mit Haman und seinen Vorfahren bis zurück zu Amalek höchstpersönlich!«

Dann sprang er vom Tisch herunter und hüllte sich in das Tischtuch. »Ich bin der Engel Michael! Gebt mir zwei Staubwedel, dann mache ich mir Flügel daraus!«

Als meine Mutter, die Tochter eines *mitnagged*, zögerte, diesem übermütigen Chassiden ihren Staubwedel zu geben, rannte er in die Küche, riß zwei Gänsefedern aus dem Staubwedel und befestigte sie mit Bindfaden an dem Tischtuch. Dann bestäubte er sich das Gesicht mit einer Handvoll Mehl. Warum er glaubte, Engel müßten mehlweiße Gesichter haben, weiß ich nicht.

In diesem Aufzug stürmte er in die Studierstube meines Vaters, wo er seine Version eines Engelstanzes vorführte. Er flatterte und »schwebte« umher wie ein Geist. Die Männer klatschten Beifall und spornten ihn an. »Hopp, hopp, Engel Michael! Schneller!«

Plötzlich breitete er die Arme wie Flügel aus und flog geradewegs aus dem Fenster.

Als man ihn wieder ins Haus trug, war sein eines Auge geschlossen und blutete.

Seine Verletzung war nicht durch den Sturz verursacht worden (das Fenster war nämlich dicht über dem Erdboden), sondern durch einen Splitter der zu Bruch gegangenen Fensterscheibe, der ihm in den linken Augapfel gedrungen war. Wie ein Reisigbündel wurde er auf ein Bett gelegt, über das – daran kann ich mich noch genau erinnern – eine grüne, mit gelben Phantasielöwen gemusterte Decke gebreitet war. Der nichtjüdische Bader Pawlowski, der in der Nähe wohnte, wurde geholt. Er hatte sein Gewerbe im russisch-türkischen Krieg gelernt und kannte für alle Leiden nur zwei Heilmittel: ein Klistier und Jod. Mit Kennermiene betrachtete er die mehlbestäubte Gestalt, die zusammengekrümmt auf dem Bett lag. Dann zuckte er die Achseln. »Da ist nichts mehr zu machen. Das Auge ist hin.«

Im Nu wieder nüchtern geworden, standen die Männer mit gesenktem Kopf ums Bett herum. Mein Vater sagte mit flehender Stimme: »Reb Michel David, könnt Ihr mich sehen, Reb Michel David?«

Reb Michel David antwortete nicht. Sein mehlbeschmiertes Gesicht glich dem eines Toten. Blut sickerte aus seinem linken Auge. Die Männer, die nicht an dem ausgelassenen Treiben teilgenommen hatten, beschimpften die Chassidim: »Rabauken! Säufer! Stromer seid ihr, keine Juden! Gewalt geschrien!«

Vater war verzweifelt. Mutter weinte. Plötzlich fiel ihr ein, daß Freitag war und die Kerzen angezündet werden mußten. Noch immer schluchzend sagte sie den Segensspruch – eine ganze Weile vor dem festgesetzten Zeitpunkt.

Ich betrachtete meinen Melamed, der noch auf dem großen Bett mit den gelben Löwen lag. Er gab keinen Ton von sich, und immer noch rann Blut über seine Wange. Ich empfand einen tiefen Groll auf Gott, der eine solche Ungerechtigkeit zugelassen hatte, und noch dazu an einem Festtag.

Für Leoncin war das wirklich ein schwarzer Sabbat.

Mein Vater befahl einem Bäckergehilfen, ein Fuhrwerk anzuspannen und, obwohl Sabbat war, Reb Michel David nach Zakroczym zu fahren, wo es einen Arzt gab.

Reb Michel David kam nicht zu uns zurück. Später erfuhren wir, daß sein linkes Auge erblindet war.

Meine erste Bahnfahrt und was für wundersame Dinge ich erlebte

Für mich und meine Schwester war es immer ein herrliches Erlebnis, wenn Mutter uns im Sommer zu ihren Eltern nach Bilgoraj mitnahm.

Mutter hatte gute Gründe für diese Reise. Erstens hatte sie Sehnsucht nach ihrer Verwandtschaft. Zweitens wollte sie dem tristen Leben in Leoncin für eine Weile entfliehen. Außerdem spielten praktische Überlegungen eine Rolle: Während unserer Abwesenheit konnte Vater von den vier Rubeln, die er pro Woche bezog, etwas sparen und damit die Schulden begleichen, die sich in den Wintermonaten angesammelt hatten.

In der Rückschau kommt es mir so vor, als hätte Vater nie etwas dagegen einzuwenden gehabt, daß wir wegfuhren. Er war es leid, sich für unseren Lebensunterhalt abplacken zu müssen, und er hatte es satt, sich von Mutter immer wieder vorwerfen zu lassen, daß er die vorgeschriebene Prüfung nicht abgelegt hatte. Wenigstens ein paar Monate lang konnte er sich jetzt von alledem erholen. Die Leonciner Frauen waren während Mutters Abwesenheit liebend gern bereit, für ihren Rebbe zu kochen und sein Haus in Ordnung zu halten. Auf sie, die an Mutters kühle Zurückhaltung gewöhnt waren, wirkte Vaters unerschöpfliche Gutmütigkeit wie Balsam. Zudem war Vater immer bereit, Einladungen anzunehmen, auch solche von den gewöhnlichsten Leuten. Er redete mit niemandem von oben herab und behandelte alle gleich – nicht etwa, weil er sich beliebt machen oder bewundert werden wollte, sondern weil er, bei aller Naivität, den Leuten echtes Mitgefühl und echte Zuneigung entgegenbrachte. Und darum liebten sie ihn. Vor allem Frauen fühlten sich von seiner Sanftmut, Weltfremdheit und kindlichen Vertrauensseligkeit angezogen. Sie verhätschelten ihn geradezu, wenn seine Frau verreist war. Die Chassidim, die sich in Gegenwart meiner Mutter, der Tochter eines *mitnagged*, unbehaglich fühlten, veranstalteten, sobald sie weggefahren war, in unserem Haus ein Festmahl nach dem anderen. Trajtl der Schnittwarenhändler und Mosche Mendel der Fleischhauer spendierten Zwiebelborschtsch und Grütze. Reb Josua, der reiche Holzhändler, bestand darauf, daß Vater zum Sabbatmahl sein Gast war, und räumte ihm immer den Ehrenplatz ein.

Mutter wußte, daß Vater während ihrer Abwesenheit in guten Händen sein würde. Sobald wir mildes Wetter hatten, mietete sie ein Fuhrwerk, das uns bis zur Weichsel brachte. Nichtjüdische Fährleute setzten uns ans andere Ufer über, wo wir an Bord eines Dampfers gingen, der nach Warschau fuhr. Von dort aus reisten wir per Bahn entweder bis Lublin oder direkt nach Rejowiec, einer Kleinstadt in der Provinz Lublin, von wo aus wir per Pferdewagen nach Bilgoraj fuhren. Per Eisenbahn war Bilgoraj nicht zu erreichen: Es lag nahe der österreichischen Grenze, und die Generäle des Zaren hielten es für strategisch gefährlich, eine Eisenbahnstrecke bis dicht an die Grenze zu bauen. Deshalb fuhren die Züge bloß bis Rejowiec. Die Landstraßen in dieser Gegend waren in schauderhaftem Zustand – völlig zerfurcht und mit Schlaglöchern übersät. Es grenzte an ein Wunder, wenn man eine Überlandreise in dieser Gegend – von den Juden »König Habenichts' Ländereien« genannt – lebend überstand. Aber solche Gedanken kamen mir gar nicht. Ich war überglücklich, verreisen zu dürfen.

Die erste Etappe – von Leoncin bis zur Weichsel – bedeutete mir mehr als alle Schätze der Welt. Von Kindheit an bin ich ein Pferdenarr gewesen. Stallgeruch war mir immer unendlich viel lieber als der köstlichste Blumenduft. Für mich gab es nichts Schöneres, als die weichen, bebenden Nüstern eines Pferdes zu berühren und ihm über die Mähne zu streichen. Sobald das Fuhrwerk vor unserem Haus hielt, stürmte ich hinaus, um das Pferd zu streicheln. Der Duft des Heus, mit dem die Sitze ausgepolstert waren, enthielt für mich alle Wohlgerüche des Paradieses. Wenn Isaak, der Spediteur, auf dem Kutschbock saß, durfte ich nicht zu ihm hinaufklettern, weil er fand, so etwas schicke sich nicht für den Sohn eines Rabbiners. Herschel jedoch, der stämmige, rotbackige Kleinpächter, nahm es mit der Etikette nicht so genau: Er ließ mich kutschieren. Die abgewetzten Zügel, die rhythmischen Bewegungen des Pferdekörpers, die zuckenden Ohren, die wippende Mähne, das leichte Klatschen des Zaumzeugs – alles, was ich da oben auf dem Kutschbock sah, hörte und roch, war für mich ein wundervolles Erlebnis. Wie schön und befriedigend es war, dem Pferd zuzupfeifen, wenn es stehenblieb, um seine Notdurft zu verrichten! Wie rechtschaffen und edel kam ich mir vor, wenn ich ihm einen Eimer Wasser brachte, damit es seinen Durst stillen konnte! Die Bächlein, die ihm beim Trinken aus den Nüstern rannen, schienen das ganze Mysterium, die ganze Güte des Lebens auszustrahlen.

Mutter war entrüstet darüber, daß ich so ein Pferdenarr war und so schrill und laienhaft pfiff. »Schäm dich, Josua! Ein Junge, der bereits die Gemara studiert . . .«

Ich hätte alle Gemaras der Welt für ein einziges Wiehern dieses Pferdes gegeben.

Die sandigen polnischen Landstraßen waren mehr als

dürftig, aber mir kamen sie wunderschön vor. Kühe weideten am Wegrand, Fohlen sprangen auf den Wiesen umher. Auf den sonnenüberfluteten Feldern arbeiteten Bauern, mit denen wir beim Vorbeifahren altgewohnte Begrüßungsworte austauschten:

»*Szczesc boze!* Gute Reise!«

»*Bog zaplac!* Vergelt's Gott!«

Die roten Kopftücher der Frauen, die weißgefiederten Gänse, die Schafe mit ihrem lockigen Fell, die gefleckten Kälber, die Hofhunde und das Federvieh – alles leuchtete und schimmerte im Sonnenschein. Aus den strohgedeckten Bauernkaten drangen Rauchwölkchen. Viele Katen hatten verschiedenfarbige Fensterscheiben. Ich fand sogar die Vogelscheuchen herrlich. Nur die Bildstöcke am Wegrand mit ihren Jesus- und Marienfiguren und den verdorrten Blumengewinden kamen mir in Gottes schöner Welt irgendwie fremd und widersinnig heidnisch vor.

»Schau, Mame, dort steht ein Storch auf einem Bein! Und dort hüpft ein Eichhörnchen von Ast zu Ast!«

Immer wieder machte ich Mutter auf etwas aufmerksam. Aber ihre großen grauen Augen verrieten keine Freude, sondern tiefe Trauer.

»Einstmals, vor der Zerstörung des Tempels im Lande Israel, bestellten die Juden ihre eigenen Felder, und die Frauen hüteten die Schafe. Unsere Vorfahren waren Bauern und Hirten, genau wie Moses und die Juden in den alten Zeiten. Heute sitzen dort die Gojim, jeder unter seinen eigenen Weinstöcken und seinem eigenen Feigenbaum, während wir im Exil leben müssen, geschmäht und verachtet von den anderen ...«

Ihre Stimme klang kummervoll, über ihr Gesicht rannen Tränen. Ich hatte sie noch nie so traurig und hilflos gesehen wie in dem Moment, als sie von den

Feldern und Herden im Lande Israel sprach. Aber nichts konnte mein Glücksgefühl dämpfen.

Dann hielten wir in dem Dorf Secymin, wo einige jüdische Kleinbauern aus Leoncin vom Grundherrn ein Stück Land gepachtet hatten. Sie lechzten geradezu nach dem Anblick jüdischer Gesichter und machten viel Aufhebens um uns, brachten uns frische Milch in irdenen Krügen und erkundigten sich nach Freunden und Verwandten in Leoncin.

»Zum Wohlsein, Rebezzin und Kinder! Es ist uns eine Ehre, so vornehmen Besuch begrüßen zu dürfen.«

Der Fluß, den wir mit dem Fährboot überquerten, schlug Wellen. Das Wasser glänzte wie Silber. Immer wenn das Boot zu schaukeln begann, murmelte meine Mutter ein Gebet. Ich dagegen genoß jede Sekunde dieses Abenteuers. Es erinnerte mich an die Geschichte von der Flucht der Kinder Israel durchs Rote Meer.

Hell begeistert ging ich an Bord des Dampfers, der überfüllt war mit jüdischen und gojischen Passagieren.

Nach ein paar Stunden konnten wir bereits die Türme und hohen Gebäude von Warschau sehen. Ich zitterte, als der Dampfer unter der Brücke durchfuhr. Mir schien, als würden seine Schornsteine die Hängebrücke streifen, die unter dem Gewicht der Fuhrwerke, Droschken, Trambahnen und Fußgänger vibrierte. Auf der Uferstraße galoppierte ein Trupp Tscherkessen vorbei, deren lange schwarze Uniformmäntel und hohe Pelzmützen an einem so warmen, sonnigen Tag recht sonderbar wirkten.

Als ich zum ersten Mal nach Warschau kam, war mir nicht ganz wohl in meiner Haut. Man hatte mir nämlich erzählt, vor dem Stadttor stünde das eherne Standbild einer Riesin, der jeder kleine Junge einen Kuß aufs Hinterteil geben müßte. Als unser Dampfer einfahren durfte, lag ich meiner Mutter unentwegt in den Ohren, mir doch dieses eherne Ungeheuer zu zeigen. Sie lächelte nur, aber schließlich sagte sie mir, es handle sich bloß um ein Gerücht, das die Erwachsenen verbreitet hätten, um nicht ständig von kleinen Jungen mit der Bitte gepiesackt zu werden, sie doch nach Warschau mitzunehmen. Das beruhigte mich einigermaßen.

Nachdem wir von Bord gegangen waren, nahmen wir eine Droschke und fuhren zum Nadwislanski-Bahnhof. Ich war überwältigt von dieser prächtigen Stadt. Ich reckte den Hals und wußte nicht, wohin ich zuerst gucken sollte. Auf dem Bahnhof herrschte das reinste Tohuwabohu. Die Leute drängelten, schubsten einander und schrien wie verrückt. Baumlange Polizisten schlenderten vorbei. Ich zitterte, wenn einer von ihnen mir einen Blick zuwarf. Mir war bange wegen meiner flachsblonden Schläfenlocken, denn die Polizei war bekannt dafür, daß sie Juden die Schläfenlocken abschnitt, weil diese Haartracht gesetzlich verboten war. Mir ging es nicht so sehr um meine Schläfenlocken, sondern ich hatte Angst vor den Schmerzen – es hieß nämlich, daß die Polizei sich nicht scheute, ein Messer statt einer Schere zu benützen. Aber zum Glück ging kein Polizist auf uns zu. Mutter schärfte meiner Schwester und mir ein, uns fest an der Hand zu halten und uns keinen Moment von unseren Reisebündeln zu entfernen, während sie die Fahrkarten besorgte.

»Wenn jemand zu euch sagt, er möchte euch etwas zeigen oder ihr sollt etwas für ihn besorgen, dann dürft ihr das keinesfalls tun, denn in Warschau wimmelt es von Dieben. Und haltet euch in diesem Tumult immer fest an der Hand!«

Beim Einsteigen in den Dritte-Klasse-Waggon ging es drunter und drüber. Die Passagiere schubsten einander, warfen Bündel in den Waggon, zankten sich. Die Polizisten und der Schaffner beschimpften jedermann. Mütter, die in dem Durcheinander ihre Kinder verloren hatten, gerieten in Panik. Die Passagiere drängten sich in den Zug, nahmen Bänke und Gepäcknetze in Beschlag und stritten sich erbittert um die Sitzplätze. Litauische Juden in moderner Kleidung, die mir völlig fremd war, hievten unzählige Reisetaschen und Teekessel mit kochendem Wasser in den Waggon. Frauen stillten Säuglinge und stärkten sich mit Reiseproviant. Zehn Juden bildeten sofort ein Quorum und hielten eine Andacht ab. Die Litwaks spielten Karten, soffen Tee und spöttelten über die hinterwäldlerischen polnischen »Itsche Meiers«. Worauf die polnischen Juden die Litwaks »Ketzer« schimpften. Meine Mutter war angewidert von diesem Pöbelhaufen, mir dagegen machte das alles einen Heidenspaß. Ich vergaß darüber aber nicht, aus dem Fenster zu gucken, um die Wälder, Felder, Bauernhöfe, Telegrafenstangen und Katen zu sehen, die mit erstaunlicher Geschwindigkeit vorbeiglitten.

Mutter hatte jedesmal Ärger mit den sogenannten Schmeißern. Das waren Juden, die mit dem Schaffner unter einer Decke steckten, Fahrgeld kassierten und sich dann das Schmiergeld, das sie von den ohne Fahrkarte eingestiegenen Leuten bekamen, mit dem Schaffner teilten. Noch heute kann ich mich lebhaft an einen dieser Halsabschneider erinnern, einen rotbärtigen Kerl in einem gelben Kaftan. Er hatte einen gelben Lederbeutel umgehängt, streckte ständig die dichtbehaarten Pratzen aus und schikanierte die Fahrgäste.

»Dalli, dalli! Pro Kopf ein halber Rubel! Los, Leute, rückt den Zaster heraus! Keine Zeit verschwenden!« nuschelte er und grapschte nach dem Geld.

Er kam zu uns und stellte fest, wieviele Personen

wir waren. »Her damit, junge Frau! Rückt den Zaster heraus – der Todesengel kommt schon den Gang entlang ...«

Als meine Mutter ihm unsere regulären Fahrkarten zeigte, spie er Gift und Galle. »Eine Schande ist das! Eine Schande! Den Goi reich machen und dem jüdischen Mitbruder den Bissen aus dem Mund stehlen!«

Der Schaffner, »Todesengel« genannt, lochte ärgerlich unsere Fahrkarten und brummelte, die Kinder seien schon zu alt, um zum halben Fahrpreis befördert zu werden. Geflissentlich übersah er diejenigen Passagiere, die bereits bei seinem Komplizen berappt hatten, und ließ seinen amtlichen Zorn nur an denen aus, die sich unter den Sitzen verstecken wollten. Meine Mutter fand, daß es für Juden unziemlich und in Gegenwart von Nichtjuden geradezu schmählich sei, Gesetze zu umgehen, doch die anderen Passagiere lachten sie bloß aus. »Ihr hättet ein paar Rubel sparen können, gute Frau. Der diebische Iwan verhungert schon nicht.«

Mutter schärfte uns immer ein, dicht neben ihr zu bleiben, aber einmal gingen wir trotzdem verloren. Wo und wann das passierte, ob beim Umsteigen oder während eines unvorhergesehenen Aufenthalts, weiß ich nicht mehr. Ich erinnere mich nur noch daran, daß die Leute plötzlich zu drängeln und zu rennen begannen. Ein Mann sagte zu meiner Mutter, sie solle ihr Gepäck mitnehmen, dann führte er meine Schwester und mich zu einem anderen Zug. Als dieser abfuhr, merkten wir, daß Mutter nicht eingestiegen war. Meine Schwester begann zu weinen. Ich nicht, obwohl ich jünger war als sie. (Ich habe noch nie geweint, auch nicht in der schlimmsten Notlage.) Einige Männer eilten herbei und stellten uns Fragen. Schließlich wurden wir aus dem Zug expediert und einem hochgewachsenen Polizisten übergeben. Ich hatte schreckliche Angst, daß er mir die Schläfenlocken abschneiden würde, aber er führte uns nur über die Gleise, während ringsum grüne und rote Signale aufleuchteten. Dann ging er mit uns in ein Gebäude, wo Leute in Uniform auf Schreibmaschinen herumhämmerten. Dort sagte er mehrmals den Namen meiner Mutter. Kurz darauf wurden wir wieder in den Zug gesetzt. Auf irgendeiner Bahnstation führte uns ein Polizist hinaus ins nächtliche Dunkel, dann ging er mit uns an einem anderen Zug entlang und rief alle paar Schritte: »Scheba Singer! Scheba Singer!«

Plötzlich sahen wir Mutter vor uns. Sie drückte uns an sich, lachte und weinte gleichzeitig.

Als wir in Rejowiec ausstiegen, waren wir sofort von den Kutschern aus Bilgoraj umringt. Einige stürzten sich auf unser Gepäck und versuchten, uns zu ihren Wagen zu zerren.

»Auf geht's, gute Frau!«

»Wir tränken noch schnell die Gäule, dann geht's los!«

Einer von ihnen warf unsere Bündel auf einen ganzen Berg Gepäck, Ranzen, Pakete, Tonnen und Fässer.

»Kinder, wir warten im Gasthaus«, sagte Mutter, obwohl der Kutscher ihr versichert hatte, daß wir bald abfahren könnten. Im Gasthaus liefen die Leute ziellos hin und her. Ein Mann fachte die Glut unter einem Samowar an, wobei er einen seiner durchgelaufenen Stiefel als Blasebalg benützte. Mutter fragte die Wirtin, ob sie uns warmes Essen bringen könnte. Die Wirtin, die gerade ihr Baby stillte, sagte, sie werde jemanden zum Schächter schicken und ein Suppenhuhn schlachten lassen. »Ihr habt noch viel Zeit. Die fahren bestimmt nicht vor Sonnenuntergang.«

Sie sollte recht behalten. Die Kutscher luden immer

mehr Bündel, Fässer und Säcke auf. Und immer wenn sie die Reisenden aufgefordert hatten, sich für die Abfahrt zu rüsten, verschwanden sie und tauchten erst nach einer ganzen Weile wieder auf. Dann waren sie schier endlos damit beschäftigt, lose Hufeisen anzunageln, das Zaumzeug zu straffen und Gepäckstücke mit Stricken festzubinden.

Unser Wagen war lang und breit, hatte eine geflickte Plane und war derart mit Fahrgästen und Frachtgut vollgestopft, daß keine Nähnadel mehr hineinzupassen schien. Aber der Kutscher zwängte noch mehr Bündel und Fahrgäste hinein, und erstaunlicherweise fand sich für alles und jeden noch ein Plätzchen.

Das Gespann bestand aus drei mageren Kleppern, die nebeneinander angeschirrt waren, und zwar mit allen möglichen kreuz und quer verlaufenden Stricken und Riemen. Nach weiteren langwierigen Vorbereitungen war endlich der heisere Ruf des Kutschers zu vernehmen: »Auf geht's, ihr Schindmähren! Hüa, Blindschleiche! Vorwärts!«

Der Planwagen ratterte über die schauderhafte Landstraße mit den vielen Schlaglöchern, Erdhaufen und Furchen. Eine Staubwolke wirbelte auf, und sofort war alles mit einer kalkweißen Staubschicht bedeckt.

Die aneinandergepreßten Fahrgäste wurden heftig gerüttelt und seufzten, murrten, ächzten. Die Fässer mit Leuchtpetroleum stanken, aus den Mehlsäcken drang pulveriger Staub. Mutter fragte mich immer wieder, ob ich mich wohlfühlte. Fast hätte ich ihr ins Gesicht gelacht. Ob ich mich *wohlfühlte*? Mir hätte es schon genügt, auf einem Kohlenhaufen zu sitzen, nur um das Klappern der Hufe hören zu dürfen, das Rattern und Knarren und Quietschen des Wagens, das Pfeifen und die Wutausbrüche des Kutschers.

»Vorwärts, ihr faulen Biester! Der Teufel soll eure verwesten Mütter holen, ihr Schindmähren! Blindschleiche, du kriegst den Hintern versohlt, wenn du nicht in der Reihe bleibst!«

Während der ganzen Fahrt schimpfte er auf das arme, halbblinde Tier ein.

Bald fuhren wir durch die dichten Wälder, die dem Grafen Potocki gehörten. Es hieß zwar, hier wimmle es von Straßenräubern, aber die Freude, würzige Waldluft zu atmen, dem Vogelgezwitscher zu lauschen und sich ganz dem Geheimnis des Waldes hingeben zu dürfen, verlieh der Angst, die man vielleicht insgeheim empfand, einen bittersüßen Beigeschmack.

Im Morgengrauen fuhren wir durch ein Schtetl, wo Juden, die ihre Gebetsmäntel bei sich trugen, gerade zur Morgenandacht gingen. Wir hielten vor einem Wirtshaus, tranken heißen Tee und aßen dazu die ofenwarmen Zwiebel- und Mohnsemmeln, für die die Provinz Lublin berühmt war.

Dann ging es weiter. Wieder wurden wir durcheinandergerüttelt, wieder liefen wir neben dem Wagen her, wenn er bergauf gezogen werden mußte, und durften erst wieder einsteigen, wenn es bergab ging. Einmal neigte sich der Wagen ganz langsam zur Seite und fiel um. Die Räder drehten sich in der Luft, Männer fluchten, Frauen verhedderten sich in ihren Kleidern und beklagten ihr Los. Ich war begeistert von dieser zusätzlichen Attraktion, die dem ganzen Abenteuer noch mehr Würze gab.

Als alle Gepäckstücke wieder festgebunden waren, stiegen wir wieder ein. Der Kutscher schrie das blinde Pferd an, dem er die Schuld an dem Unfall gab. Anscheinend wurde der armen geschundenen »Blindschleiche« die Schuld an jedem Debakel aufgebürdet.

So ratterten und schlitterten und rumpelten wir durch jüdische Ortschaften, deren Bewohnern die Kutscher drastische Spitznamen gegeben hatten. Bei der Abfahrt in Rejowiec hatten sie gerufen: »Tot wie in Rejowiec!« Worauf ihnen die Einheimischen zuriefen: »Bilgorajer Pferdeschwänze!« – eine Anspielung auf die florierende Roßhaarproduktion in Bilgoraj. In Piask machten die Kutscher Rabatz. »Piasker Spitzbuben!« brüllten sie. »Piasker Stibitzniks!« Es hieß nämlich, daß einem in Piask, sobald man sich beim Gottesdienst den Gebetsmantel über den Kopf zog, die Gebetsriemen geklaut wurden. Die Einwohner von Piask nahmen diese Beleidigung nicht schweigend hin, sondern schimpften die Kutscher »Schmuggler« und noch Schlimmeres.

In Krasnystaw, Szczebrzeszyn, Zamosc und Janow flogen zwischen den Kutschern und anderen Fuhrleuten, denen sie die Vorfahrt streitig machten, wüste Schimpfwörter hin und her. Im Vorbeifahren machten sich die Kutscher über Bauernburschen lustig und schäkerten mit den Mädchen. Sie wichen nur aus, wenn Kosaken angeprescht kamen, und dankten Gott, wenn diese vorbeiritten, ohne daß etwas passierte.

Das war leider nicht immer so. Wenn es den Kosaken in den Fingern juckte, zögerten sie nicht, ihre Nagaikas an Kutschern und Fahrgästen auszuprobieren.

Alles mögliche passierte auf den staubigen, holprigen Landstraßen, auf denen wir eine ganze Nacht und einen Tag unterwegs waren, bis wir endlich in Bilgoraj eintrafen. Dort wurde meine Mutter von etlichen Frauen, die sie sofort wiedererkannten, überschwenglich begrüßt. »Schaut nur, wer da ist! Dem Rebbe sein Schebele!« jubelten sie und kniffen sich vor Aufregung in die Bakken.

Chederschüler rannten los, um meiner Großmutter

die Ankunft ihrer Tochter und ihrer Enkelkinder zu melden.

Dann begannen die Umarmungen und die Küsserei.

Alle küßten mich – meine Großmutter, meine Tanten, verschiedene andere Verwandte und dann auch noch Etel Nehe, die Dienstmagd. Später kam Großvater aus seinem Studierzimmer in die Küche, begrüßte uns und fragte mich, wie ich in der Schule vorankäme. Es dauerte nicht lange, bis eine weitere Horde von Onkeln, Tanten, Vettern und Kusinen erschien. Alle begannen gleichzeitig zu reden und Fragen zu stellen. Großmutter, die sehr klein und schmächtig war, ein seidenes Kopftuch und Ohrgehänge trug und einen Schlüsselbund an der Schürze hängen hatte, eilte von Schrank zu Schrank und brachte Honigkuchen, Plätzchen, Semmeln, Eingemachtes und Obstsaft für die ganze Sippschaft. Ich langte tüchtig zu, obwohl Mutter mich ermahnte, nicht so gefräßig zu sein und mir nicht den Appetit auf die Grütze und die Suppe zu verderben, die es später geben würde. *Ich mir den Appetit verderben!* Nach der langen Reise hätte ich die drei Gäule, die uns gezogen hatten, vertilgen können.

Dann fanden sich alle möglichen anderen Besucher ein, darunter mehrere Hausfrauen, die seidene Kopftücher umgebunden hatten und meiner Mutter ihre Aufwartung machen wollten.

Am folgenden Sabbat ging das Tamtam um uns drei erst richtig los. Alle paar Minuten kam ein anderes junges Mädchen mit einem Tellervoll »Kugl«, Rosinen oder Mandeln und Strudel herein. »Ein Willkommensgruß für Eure Gäste, Rebezzin. Meine Mame schickt Euch diesen Imbiß zu Ehren von . . .«

Großmutter gab jeder Überbringerin einen Leckerbissen für den Heimweg mit und sagte: »So Gott will,

werden wir alle erleben dürfen, wie du unter dem Traubaldachin stehst.« Woraufhin jedes Mädchen puterrot
wurde und hastig hinausging.

Uns zu Ehren wurde bei einigen Onkeln und Tanten
der Sabbat besonders festlich begangen. Ich knabberte,
schmauste und stopfte mich voll. Süffisant lächelnd
erkundigten sich die Onkel bei meiner Mutter nach
Pinchas Mendel, ihrem Mann. Mich ärgerte ihr Lächeln
und die allzu vertrauliche Art, wie sie von meinem Vater
sprachen, der immerhin Rabbiner war. Aber ich grübelte nicht lange darüber nach, denn ich war viel zu sehr
damit beschäftigt, meinen Aufenthalt in Bilgoraj zu genießen – die neuen Freundschaften, die ich schloß, und
vor allem das Haus meines Großvaters, wo es so viele
Kinder, Enkelkinder, Verwandte und Besucher gab. In
diesem Haus war immer etwas los. Ständig blubberte
der Samowar.

Großvater, der Autokrat, und Großmutter, die sich der Autorität widersetzte

Seit der ersten Begegnung mit meinem Großvater war ich von ihm fasziniert. Natürlich begriff ich damals noch nicht, was für eine ungemein starke Persönlichkeit er war, aber irgendwie konnte ich es spüren.

Großvater war hochgewachsen und schlank, hatte dunkle Augen, einen durchdringenden Blick, graue Haare und graue Schläfenlocken. Er war scharfzüngig, wortkarg und würdevoll. Aus irgendeinem Grund empfand ich, obwohl ich ihn liebte, von Anfang an Furcht vor ihm. Später stellte ich fest, daß alle Juden in Bilgoraj ihm gegenüber die gleichen Gefühle hegten wie ich. Seinen erwachsenen Söhnen und Töchtern bangte davor, ihn anzusprechen, und er redete nur selten mit ihnen. Das galt auch für Josef, den ältesten Sohn, der nur sechzehn Jahre jünger war als sein Vater und der in Bilgoraj Hilfsrabbiner war. Immer wenn Onkel Josef das Studierzimmer seines Vaters betreten mußte, brach er in Schweiß aus wie ein Angeklagter, der vor einem strengen, aber gerechten Richter erscheinen muß, um das Urteil zu vernehmen.

Die einzige Person im Haus, die keine Angst vor Großvater hatte, war meine schmächtige, aber hitzige Großmutter, unter deren Kinn ständig die Zipfel ihres seidenen Kopftuches flatterten. »Wofür hältst du ihn eigentlich? Für den Zaren?« fauchte sie ihren ältesten Sohn an, wenn er auf und ab ging, um Mut zu fassen, seinem Vater gegenüberzutreten. »Geh hinein, er wird dich schon nicht versohlen.«

Ihr Leben lang mißachtete sie die Autorität ihres

Mannes, mit dem sie, die Tochter einer wohlhabenden Familie, im Alter von zwölf Jahren verlobt worden war. Obwohl ihre geistige Betätigung nie darüber hinausgereicht hatte, die üblichen Gebete zu erlernen und ab und zu einen Brief in gebrochenem Jiddisch zu schreiben, fühlte sie sich von der Gelehrsamkeit und herrischen Strenge ihres Mannes herausgefordert. Was sie ihm am wenigsten verzeihen konnte, war seine Wortkargheit. Manchmal tauschte er jahrelang so gut wie kein überflüssiges Wort mit der Frau aus, die ihm ein halbes Dutzend Kinder geboren hatte. Seit ihrer Eheschließung, bei der sie vierzehn gewesen war und er fünfzehn, war jeder von ihnen seine eigenen Wege gegangen, weil sie keine gemeinsamen Interessen hatten. Schon damals war er als »das Maciejower Genie« bekannt, das gelehrte Dispute mit Rabbinern führte. Sie hingegen war ein unscheinbares Mädchen gewesen, das auch nach der Hochzeit noch mit Stoffpuppen spielte, was ihrer Mutter sehr peinlich war. Das junge Paar hatte sich nichts zu sagen. Zum Ausgleich dafür sorgte es für Nachwuchs. Meine Großmutter war fünfzehn als sie ihr erstes Kind zur Welt brachte. Ihre anderen Kinder wurden jeweils im Abstand von einem Jahr geboren. Großvater war schon mit achtzehn Jahren ordinierter Rabbiner, zuerst in Poryck, dann in Maciejow und schließlich in Bilgoraj. Während er immer gelehrter und weiser wurde, blieb Großmutter eine simple Hausfrau, die sich ganz den Kindern und dem Haushalt widmete und an ihrem schlichten Glauben hing. Großvater hatte seinen rabbinischen Gerichtshof – »Bet Din« genannt –, seine Tora, seine Gemeindeangelegenheiten, seine Besucher und Bittsteller. Großmutter war zuständig für die riesige Küche, den Herd, die Spülküche, die Speisekammer und Vorratsschränke.

Zwischen dem Gerichtszimmer und der Küche war ein Flur, in dem ein großes Wasserfaß stand, aber dieser enge Korridor trennte Ehemann und Ehefrau weiter voneinander als ein Ozean. Ihre Domänen waren zwei verschiedene Welten.

Die anderen Söhne und Töchter fühlten sich durch ihren Vater noch mehr eingeschüchtert als Josef und hielten sich am liebsten in Großmutters Küche auf. Wenn Großvater hin und wieder hereinkam, um Schmul, den Schammes, zu holen, der gern ein Glas Tee mit Würfelzucker trank, schreckten alle hoch, ob Kinder oder Erwachsene – wie Soldaten bei einer unerwarteten Generalinspektion.

Genau so selten wie mit seiner Frau sprach Großvater mit seinen Töchtern. Eine Ausnahme machte er nur bei meiner Mutter, zumal wenn wir gerade aus Leoncin zu Besuch gekommen waren. Sie war das einzige weibliche Wesen in der Familie, das geistige Interessen hatte, und Großvater beklagte oft, daß sie kein Mann war.

Mutter war stolz darauf, daß ihr Vater mit ihr über erhabene Dinge sprach, und ihre Schwestern beneideten sie darum. Ins Vertrauen zog er meine Mutter aber nicht – sie war halt doch bloß eine Frau. Erst nach einer Weile erkundigte er sich nach ihrer finanziellen Situation, nach den Kindern und – mit anzüglichem Lächeln – nach ihrem Mann. »Wie geht's ihm denn, deinem Pinchas Mendel? Hat er immer noch Angst davor, mit dem Generalgouverneur zu sprechen?« fragte er leicht ironisch. »Ja, Vater«, antwortete sie seufzend.

Um sich nicht doch noch zu einer bissigen Bemerkung über seinen Schwiegersohn verleiten zu lassen, brummelte Großvater: »Nu, soll sein. Ich muß jetzt wieder zu meinen Büchern. Hab' schon zu viel Zeit mit Schwatzen verplempert.«

Woraufhin meine Mutter sich wieder in jenen Teil des Hauses zurückzog, in dem Großmutter das Zepter schwang.

Auch ich wäre lieber in der Küche geblieben, um dem Klatsch und Tratsch zuzuhören und Leckereien zu knabbern, doch Großvater zerrte mich in sein Studierzimmer, zur Tora und zur Jüdischkeit. »Ein Bub gehört nicht in die Küche«, sagte er, und ich wagte nicht, ihm zu widersprechen, wie ich es daheim bei meinem Vater getan hätte.

Am Tag nach unserer Ankunft schickte er Schmul, den Schammes, in einen Cheder, um mich dort anzumelden – für die gesamte Dauer unseres Aufenthalts in Bilgoraj. Und von nun an mußte ich nachts auf der Schlafbank in Großvaters Studierzimmer schlafen, die tagsüber als Sitzgelegenheit für die Leute diente, die mit ihren Anliegen zu ihm kamen.

Großvater teilte die vierundzwanzig Stunden des Tages genau ein. Jede Nacht zog er sich Punkt halb elf ins Schlafzimmer zurück, das er mit Großmutter teilte. Ich legte mich dann im Studierzimmer schlafen. Punkt drei Uhr morgens stand Großvater auf, nahm die rituellen Waschungen vor, zündete den Samowar an, setzte sich ins Studierzimmer und schrieb bis zum Morgengrauen Kommentare. Währenddessen schlürfte er Tee. Ich wachte oft mitten in der Nacht auf und sah ihn in seine Studien vertieft dasitzen und Tee trinken. Es war mir unbegreiflich, wie er es schaffte, so viel Tora und so viel Tee zu konsumieren. In dem großen, vom Fußboden bis zur Decke mit heiligen Büchern vollgestopften Studierzimmer war es dunkel, nur das Gesicht meines Großvaters war inmitten der Finsternis schwach beleuchtet. Aber ich fühlte mich sicher und behütet, weil er da war, und schlief beruhigt wieder ein.

Jeden Morgen weckte mich Großvater Punkt halb acht. Nach den rituellen Waschungen zog ich mich an und ging in die Küche, wo Großmutter, die ebenfalls sehr früh aufstand, um Frühstück für den ganzen Haushalt zu machen, mir ein Glas Tee mit bräunlicher Milch gab, die über Nacht auf dem Herd warmgehalten worden war. Punkt acht Uhr ging Großvater mit mir in die Synagoge, die ganz in der Nähe war. Das hohe, alte Gotteshaus mit den Kronleuchtern aus massivem Messing und den runden Fenstern, durch die oft Vögel flogen, war zu dieser Tageszeit angefüllt mit einfachen Arbeitern, die hier beteten, bevor sie zur Arbeit gingen. Sie begrüßten Großvater, der so laut und inbrünstig betete, daß es seine strikt antichassidische Einstellung Lügen zu strafen schien. Die Arbeiter strahlten vor Freude und Stolz darüber, daß er nicht in chassidischen Bethäusern, sondern unter seinesgleichen betete. Der Klang der psalmodierenden Stimmen hallte von der hohen Decke wider. Ich wagte es nicht, mich auch nur einen einzigen Schritt von Großvaters Vorlesepult zu entfernen.

Gleich nach der Morgenandacht nahm Großvater das Frühstück ein, das Großmutter ihm ins Studierzimmer brachte. Es bestand aus Butterbrot und Hafergrütze mit Milch.

Dann gab er mir heimlich, damit Großmutter nichts merkte, zehn Groschen, für die ich ihm im staatlichen Spirituosenladen eine kleine Flasche Schnaps besorgen mußte. Er genehmigte sich nach dem Frühstück gern einen Schluck, hielt diese Schwäche aber lieber geheim. Es war sein einziges Laster, für Schnupftabak und Rauchen hatte er nichts übrig. Ich war stolz darauf, an einer »Verschwörung« beteiligt zu sein.

Nach dem Frühstück machte Großvater ein Nickerchen, das zwei Stunden dauerte. Einerseits tat er das, weil er nachts nicht lange genug schlief, und andrerseits, weil er religionsgesetzliche Fragen nicht klären wollte, wenn er eine Fahne hatte. Wer sich um diese Zeit Rat holen wollte, wurde an Onkel Josef verwiesen.

Nach genau zwei Stunden stand Großvater auf, um seinen Amtsgeschäften nachzugehen. In seinem Studierzimmer wimmelte es immer von Frauen, die ihn um Rat oder um Fürbitte für kranke Verwandte baten. Obwohl er ein *mitnagged* war, wusch er sich dann jedesmal die Hände und rezitierte ein Genesungsgebet, in das er den Namen des Patienten und den Namen von dessen Mutter einflocht.

Fleischhauer kamen und brachten blutige Lebern und Lungen mit, um den Rabbiner entscheiden zu lassen, ob diese Innereien nicht mehr den Speisegeboten entsprachen und daher als unrein zu gelten hatten. Die Schächter kamen, um ihre Messer inspizieren und für koscher erklären zu lassen.

In Bilgoraj gab es zwei Schächter: Reb Lippe und Reb Abraham. Der stämmige Lippe mit dem breiten Bart und den dichten Schläfenlocken war ein ruhiger, bedächtiger und selbstsicherer Mensch. Er hatte einen energischen, aber nicht hastigen Gang. Seine Schächtmesser, die in schmucken Futteralen steckten, waren so makellos wie er selbst. Jedesmal öffnete er mit salbungsvoller Geste das Futteral, wischte mit einem ausrangierten Frauenstrumpf über die Messerklinge und prüfte dann mit dem Daumennagel die Schneide.

Reb Abraham hingegen war baumlang, mager, zerstreut, schusselig und ängstlich. Sein Bart war wirr, seine Stimme schrill und erregt. Seine langen Finger zuckten ständig. Beim Laufen stolperte er oft, weil sein Kaftan noch länger war als er selbst. Blut und Federn klebten an diesem Kaftan, der vom geronnenen Blut schon ganz steif geworden war. Reb Abrahams Hosentaschen waren eine Art Miniatur-Fleischerladen. Er hatte nämlich die Angewohnheit, sämtliche Innereien hineinzustecken, die ihm die Fleischhauer für seine Frau mitgaben.

Meine Onkel, unverbesserliche Witzbolde, hatten ihm aus naheliegenden Gründen den Spitznamen »Gokkelhahn« gegeben, aber Reb Abraham hatte kein bißchen von der Angriffslust eines Hahnes. Er war eher schüchtern und zudem ständig von Zweifeln geplagt, ob die Opfer seines Schächtmessers nicht vielleicht durch seine eigene Unzulänglichkeit unrein gemacht wurden. Ihn marterte die Angst, daß er seine heilige Aufgabe vielleicht nicht hingebungsvoll genug erfüllte. Er war übrigens ungemein gastfreundlich und – trotz seines blutigen Gewerbes – so weichherzig, daß es ihn schon niederschmetterte, wenn jemand eine Grimasse schnitt. Mein Großvater schätzte Reb Abraham sehr – wegen seiner tiefen Frömmigkeit und weil er sich seiner Aufgabe mit so viel Verantwortungsbewußtsein widmete.

Großvaters Studierzimmer blieb nie leer. Nach den Schächtern kam der schier endlose Strom derer, die Klage gegeneinander führten, und derer, die für die Gemeinde arbeiteten.

Oft legte Großvater sein Sabbatgewand an und nahm, begleitet von Schmul, dem Schammes, an Beschneidungsfeiern teil, bei denen er die Ehre hatte, den Säugling halten zu dürfen. Die Beschneidungszeremonien fanden in der Synagoge statt, auf einer besonderen, mit Seide überzogenen Bank, welche die Inschrift »Stuhl des Elias« trug.

Großvater hielt zwar während der Zeremonie den Säugling, nahm aber nie an dem anschließenden Fest teil, auch dann nicht, wenn es von den wohlhabendsten und gelehrtesten Männern der Stadt ausgerichtet wurde. Die Gastgeber gaben Schmul jedesmal Honigkuchen, dekoriert mit Glücksbringern, für die Enkelkinder des Rabbiners mit. Für mich war das ein Hochgenuß, obwohl das Gebäck nach Tabak roch und schmeckte, weil Schmul es immer in seine Taschen steckte.

Meinem Großvater behagte es gar nicht, ins Amtsgericht zu gehen, um jüdische Zeugen auf die Tora schwören zu lassen. Auf dem Richtertisch stand eine stattliche Reihe von Kruzifixen, und Großvater war entsetzt über diese Symbole der Abgötterei. Aber diese Aufgabe gehörte zu seinen rabbinischen Amtspflichten. »O Gott«, jammerte er danach in seinem Studierzimmer, »wie lange müssen wir noch im Exil leben?«

Im Cheder hatte ich nur bis drei Uhr nachmittags Unterricht. Der Lehrer, Reb Josua, war ein ruhiger älterer Mann, der leise sprach, seine Schüler nie schlug und immer gütig zu ihnen war. Genau so sanftmütig war seine Frau. Die beiden waren wie ein Turteltaubenpaar und redeten einander mit Kosenamen an.

»Rebekkele«, gurrte Reb Josua oft mitten in einer Lektion, »bitte ein Glas Tee. Ich bin ein bißchen trokken.« Worauf sie zärtlich sagte: »Gleich, Jossele. Sofort!«

Wegen seines fortgeschrittenen Alters ließ er uns schon um drei Uhr gehen. In bester Laune rannten wir dann hinaus zu den Sandbänken. In der nahen Kaserne war ein Kosakenregiment stationiert. Die Kosaken trugen blaue Reithosen mit roten Streifen, schräg über dem rechten oder linken Auge thronende Mützen und oft einen einzelnen Ohrring. Einer meiner Mitschüler wohnte in dieser sandigen Gegend. Seine Eltern hatten einen Laden, in dem die Soldaten Kürbiskerne, Briefpapier, Kwaß, Stiefelwichse, Mineralwasser, Süßigkeiten und dergleichen kaufen konnten. Mit ihm gingen wir zu den Sandbänken, beobachteten, wie die Soldaten gedrillt wurden (Berittene mit langen Bajonetten mußten in vollem Galopp aufsitzen und absitzen) und hörten ihnen zu, wenn sie Lieder sangen und Musik machten. Wachtposten mit blanken Säbeln bewachten die Offiziersquartiere. Vor den Stallungen rieben Soldaten ihre Pferde ab und striegelten sie. Offiziersfrauen in langen Reitkleidern und spiegelblanken Reitstiefeln trabten vorbei, begleitet von Offiziersburschen, die einige Schritte hinter ihnen ritten.

Für mich war das alles ein ungewohntes Spektakel, das mich in helle Begeisterung versetzte.

Nicht nur das Kosakenregiment war in Bilgoraj stationiert, sondern auch ein Trupp Grenzer, im Volksmund »objeciekis« genannt, was so viel wie Schmarotzer bedeutet. Bewaffnet und in grünen Uniformen durchstreiften diese Grenzwächter die Gegend nahe der österreichischen Grenze und spürten Schmuggler und Schmuggelware auf. Oft machten sie Razzien in jüdischen Häusern und stocherten auf der Suche nach Konterbande auch draußen im Erdboden herum. Durchsucht wurden natürlich nur die Häuser von Leuten, die den Grenzern kein Schmiergeld zahlen wollten. Die anderen Leute konnten ihren illegalen Geschäften mit Österreich ungehindert nachgehen. Nach den Kosaken waren die Grenzer mit den tannengrünen Uniformen und den gezückten Bajonetten die zweitgrößte Attraktion in Bilgoraj.

Reb Jechiel, der Frauenlehrer

Zusätzlich zu den Schulstunden im Cheder nahm ich bei Reb Jechiel, dem Lehrer der Bilgorajer Frauen, Unterricht in Jiddisch und Schönschreiben.

Wie weit sein eigenes Wissen reichte, kann ich nicht sagen, jedenfalls aber nahmen alle Kinder im Schtetl bei ihm Unterricht. Außerdem brachte er Näherinnen und Dienstmädchen zumindest soviel bei, daß sie ihre Verlobungsverträge selber unterschreiben konnten. Die Hefte für seine Schüler und Schülerinnen bastelte Jechiel selbst – aus langen Papierbogen, die er mit Nähfaden zusammenheftete, beschnitt, linierte und mit einem Einband versah. Dann malte er mit Bleistift Buchstaben hinein, die wir mit Tinte nachziehen mußten. Diejenigen, die bereits lesen und schreiben konnten, mußten sich mit Hilfe eines sogenannten Briefstellers im Briefeschreiben üben. Ich kann mich noch an den Brief erinnern, den ich bei Reb Jechiel verfassen mußte: den Brief eines gewissen Alfred an seine Braut Elisabeth. Da die Vorlage fast nur deutschsprachige Texte enthielt, unterschrieb ich mit »Hochachtungsvoll! Dein Bräutigam Alfred.« Weil das deutsche Wort »Braut« für mich wie »Brot« klang, kapierte ich die ganze Sache nicht. Aber Reb Jechiel befahl uns, keine Fragen zu stellen, sondern weiterzumachen und auf schöne Handschrift zu achten.

»Schönschreiben, das ist das Wichtigste, Kinder!« erklärte er, während er in der Stube auf und ab ging, umgeben von seinen Töchtern, einer ganzen Herde Töchter, alle fröhlich und lebhaft, auch die taubstumme

Tochter. Nichts konnte Jechiel ablenken, wenn er – die Hände auf dem Rücken verschränkt, die Beine vom Kaftan umflattert – auf und ab lief und dabei etwas diktierte oder sich mit den erwachsenen Schülerinnen kabbelte, denen es so schwerfiel, ihren Namen schreiben zu lernen.

Oft unterbrach er den Unterricht, um in seinen Laden zu gehen, der sich direkt neben der Schulstube befand. Es war ein klitzekleines Lädchen. Das ganze Warenangebot bestand aus Kürbiskernen, die Jechiel für einen Groschen pro Portion an vorbeikommende Kosaken verkaufte; einem Faß Lebertran (drei Groschen pro Tasse), mit dem die Gojim und die einfachen Juden ihre Stiefel einschmierten; und einigen Säcken mit Gewürzen, Lorbeerblättern und Kapern, die von den Hausfrauen zum Pökeln und Marinieren verwendet wurden.

Hin und wieder kam ein Mädchen hereingeplatzt und rief atemlos: »Reb Jechiel, für einen halben Groschen Lorbeerblätter und für einen halben Groschen Gewürz . . .«

Dann machte Jechiel eine Pause, um die Kundin zu bedienen.

Die Unterrichtsstunden bei ihm machten Spaß. Ich sah gern zu, wie den künftigen Bräuten der Federhalter aus den schwieligen Fingern rutschte und ihre mühsamen Schreibversuche verkleckste. Ich hörte gern den Küchenliedern zu, die Jechiels Töchter sangen, während sie Blusen für die Kosaken nähten. Obwohl es eine langwierige, schlecht bezahlte Arbeit war, sangen sie unentwegt. Am liebsten das Lied von Feigeles traurigem Los – die Geschichte eines jüdischen Mädchens, das den Glauben wechselte, mit einem Goi durchbrannte, dann vom Unglück ereilt wurde und fortan in jüdischen Haushalten Unterwäsche waschen mußte. Sehr gern sangen sie auch das Lied von einer frommen Näherin, die der Versuchung widerstand:

»Es war einmal eine Näherin,
jung, jüdisch, sanft und schön.
Ein Leutnant erblickte das Mädchen,
da war's um ihn geschehn.

›O Mädchen!‹ rief er feurig,
›Warum noch warten? Nein!
Du, schön wie eine Rose,
sollst meine Gattin sein!‹

›Herr Leutnant, laßt mich in Frieden!
Ihr wißt doch, daß ich nicht kann.
Denn Eure Liebe ist nicht echt,
und Ihr seid kein jüdischer Mann.‹

Als er diese Antwort vernommen,
da sah der Leutnant rot.
Da zog er seine Pistole
und schoß die Ärmste tot.

Von seiner Kugel getroffen,
lag sie zu seinen Füßen.
Da zielte er auf sich selber,
um seine Tat zu büßen.«

Die künftigen Bräute hatten so viel Mitleid mit der unglückseligen Näherin, daß ihre Tränen auf ihre Schulhefte tropften.

Von allen Töchtern Jechiels war die Taubstumme diejenige, die am schnellsten arbeitete und am begeistertsten mitsang. Sie jaulte wie eine läufige Hündin, die nicht hinaus darf, um sich Befriedigung zu verschaffen.

Wenn ich die Schulstunden im Cheder und den Unterricht bei Reb Jechiel hinter mir hatte, setzte ich mich ins Studierzimmer meines Großvaters und sah ihm voller Neugier bei seinen Amtsgeschäften zu.

Im Studierzimmer herrschte, wie gesagt, immer reger Betrieb. Besprechungen fanden statt, ein Rechtsstreit nach dem anderen mußte geschlichtet werden, Besucher von auswärts kamen in Scharen: Feuergeschädigte, Respektspersonen, Leute, die Spenden für Hilfsfonds sammelten, und Verfasser von religiösen Büchern. Zuweilen kamen auch Besucher aus dem Heiligen Land. Sie trugen gestreifte Kaftane, die wie Frauenmäntel aussahen, und sprachen Hebräisch (oder war es vielleicht Chaldäisch?). Und noch andere merkwürdige Leute fanden sich ein, die interessante Geschichten zu erzählen hatten.

Am liebsten sah ich bei Ehescheidungen zu. Es kamen nicht nur Ehepaare aus Bilgoraj sondern auch aus Ortschaften, wo es keinen Fluß gab und wo deshalb kein Scheidebrief ausgestellt werden durfte. Das jüdische Gesetz schreibt nämlich vor, daß Scheidebriefe nur in Gemeinwesen ausgestellt werden dürfen, die an einem Fluß liegen.

Zum Glück war ganz in der Nähe von Bilgoraj ein Fluß.

Nachdem der Schreiber und die Zeugen sich an Großvaters Tisch gesetzt hatten, stellte sich das Ehepaar ihnen gegenüber auf. Dann stellte Großvater die althergebrachten Fragen:

»Willst du, Zew Zwi, genannt Wolf Hirsch, dich von Esther Hadassa, genannt Etel Hodel, scheiden lassen?«

»Und ob! Die hängt mir zum Hals raus, Rebbe!«

Daraufhin fuhr Schmul, der Schammes, den Ehemann an: »Beschränkt Euch auf die vorschriftsmäßige Antwort, sonst ist die Scheidung null und nichtig!«

Dann wandte sich Großvater an die Frau, die sich den

Schal übers Gesicht gezogen hatte, wie es sich für eine jüdische Ehefrau in Gegenwart von fremden Männern gehörte. »Bist du, Esther Hadassa, genannt Etel Hodel, bereit, dich von deinem Ehemann Zew Zwi, genannt Wolf Hirsch, scheiden zu lassen, oder wirst du von seinen Verwandten oder sonst jemandem dazu gezwungen? Falls dir Bedenken gekommen sind, falls du auch nur das geringste Bedauern empfindest, dann behalte es nicht für dich, sondern rede, bevor das Scheidungsurteil ergangen ist.«

»Sagt nein, gute Frau!« soufflierte Schmul. »Nichts anderes sagen, sonst ist die Scheidung null und nichtig!«

Sie sagte nein, wie die meisten Frauen.

So glatt ging die Sache aber nicht immer.

Manchmal hielt eine Frau ihre Zunge nicht im Zaum und warf ihrem Mann die ordinärsten Schimpfwörter an den Kopf. Dann mußte mit der ganzen Prozedur wieder von vorne angefangen werden.

Großvater gab sich jedesmal große Mühe, die streitenden Parteien miteinander auszusöhnen. Erst wenn sich herausstellte, daß nichts die beiden wieder zusammenbringen konnte, sprach er die Scheidung aus.

Ein Ehepaar aus einem benachbarten Dorf erschien häufig bei ihm, um sich scheiden und sich dann wieder von ihm trauen und sich dann wieder scheiden zu lassen. Der Mann war Töpfer und verkaufte seine Ware auf dem Markt. Obwohl er und seine Frau schon ziemlich betagt waren und verheiratete Söhne und Töchter hatten, konnten sie einfach nicht aufhören, miteinander zu streiten. Wenn sie zu meinem Großvater kamen, um sich scheiden zu lassen, schickte er sie jedesmal nach Hause, wo sie eine Woche lang darüber nachdenken sollten. Aber prompt erschienen sie danach wieder bei ihm, entschlossener denn je, sich zu trennen.

»Rebbe, nicht einen Tag länger halte ich's mit diesem Hausdrachen aus!« lamentierte der Töpfer.

»Lieber geh' ich betteln als mich von diesem Halunken ernähren zu lassen!« konterte seine Frau.

Es blieb nichts anderes übrig – sie mußten geschieden werden. In diesem Fall brauchte Schmul nicht zu soufflieren. Die beiden konnten die richtigen Antworten auswendig.

Sie erschienen in ihrem Feiertagsstaat. Der Ehemann staffierte sich zu diesem Anlaß immer besonders heraus. Er hielt es zwar für übertrieben, seine mit Töpferton beschmierte Hose gegen eine saubere auszutauschen, aber er trug den Sabbatkaftan, den er seit seiner ersten Hochzeit hatte und der ihm inzwischen zu eng geworden und viel zu kurz war. Aber immerhin war dieser Kaftan gefüttert und mit Elfenbeinknöpfen versehen. Die ganze Ortschaft wußte, daß eine Scheidung bevorstand, wenn der Töpfer seinen Sabbatkaftan angelegt hatte. Und wenn er eine Woche später in demselben Kaftan erschien, dann wußte man, daß er sich wieder mit seiner geschiedenen Frau verheiraten wollte. Schmul, der sich nebenbei als eine Art Heiratsvermittler betätigte, schaffte es immer, die beiden wieder zusammenzubringen.

Wenn er danach bei meiner Großmutter in der Küche saß und ein Glas Tee nach den anderen trank, berichtete er genüßlich, wie er die Aussöhnung der beiden zustandegebracht hatte.

Schmuls Taktik bestand darin, den Töpfer, der am Rand des Dorfes wohnte, ein paar Tage lang in Ruhe zu lassen und dann bei ihm hereinzuschneien. Im Haus herrschte ein fürchterliches Durcheinander, der Ofen war kalt, die Betten waren nicht gemacht. Der Töpfer war einsam, hatte Hunger und fühlte sich miserabel.

»Wie geht's Euch denn?« fragte Schmul ganz bei-
läufig.

»Oi, für einen Mann ist's hart, ohne Frau leben zu
müssen. Niemand kocht mir Kartoffeln, niemand putzt.
Hier sieht's aus wie auf einem Müllabladeplatz.«

»Ihr solltet vielleicht ans Heiraten denken.«

»Welche anständige Frau würde denn so einen armen
Schlucker wie mich nehmen? Und noch einmal eine
solche Kanaille im Haus haben – nein, da hätte ich ja auf
meine alten Tage keine ruhige Minute.«

»Warum nehmt Ihr nicht wieder Eure Alte? Sie ist
hier eingewöhnt, sie weiß, was Ihr mögt und was Ihr
nicht mögt, und sie wird sich schon mit Euren Marotten
abfinden. Und Ihr seid doch an diese Frau gewöhnt. Wo
könnte man zwei Menschen finden, die besser zusam-
menpassen?«

Natürlich sträubte sich der Alte zunächst. Er dächte
gar nicht daran, erklärte er, seine geschiedene Frau
zu bitten, zu ihm zurückzukehren. Doch Schmul, der
Glattzüngige, führte unwiderlegbare Beweise dafür an,
daß der Töpfer und seine Frau füreinander bestimmt
seien. Und schließlich konnte er ihn davon überzeugen.
Genau so geschickt bearbeitete er die geschiedene Frau,
und ein paar Tage später standen sie und der Töpfer im
Sabbatgewand wieder vor meinem Großvater, um sich
trauen zu lassen. Weil die Eheringe schon längst vorhanden waren, brauchte Schmul bloß noch zehn Müßiggänger aus dem Lernhaus zu holen, die das Quorum
bilden mußten. Der Bräutigam, der Kuchen und eine
Flasche Schnaps spendierte, war in Hochstimmung.

»Von nun an soll nur noch Frieden zwischen euch
sein«, sagte Großvater. »Keine Scheidung mehr.«

»Meine Hand drauf, Rebbe!« rief der Töpfer im
Brustton der Überzeugung.

Großvater reichte ihm nicht die Hand, denn er wußte nur zu gut, daß der Töpfer sein Versprechen nicht halten würde. Und tatsächlich konnten die Leute ein paar Wochen später wieder einmal kopfnickend feststellen, daß der Töpfer in seinem Sabbatkaftan zu meinem Großvater ging.

Diese beiden und die anderen Ehepaare, die sich scheiden lassen wollten, waren für mich eine Quelle des Ergötzens. Mit unersättlicher Neugier beobachtete ich ihre Gestik und Mimik, lauschte ich ihren Beschwerden und Beschuldigungen. Ich kann mich an einen Hilfslehrer erinnern, der eines Tages zu meinem Großvater kam und seine Verlobung lösen wollte, weil sein Schwiegervater *in spe* sich nicht an die Vereinbarung bezüglich der Mitgift hielt. Es war ein besonders stürmischer Rechtsstreit. Der Vater der sitzengelassenen Braut tobte, die Braut schluchzte, ihre Mutter lamentierte. Meine Großmutter konnte es nicht ertragen, das Mädchen weinen zu sehen, und mischte sich ein, obwohl dies eine Angelegenheit war, die sie nichts anging.

»Wie kann man eine jüdische Tochter derart beschämen?« schalt sie den Hilfslehrer. »Wie kann ein Jude so einen Frevel begehen?«

Um ihr Argument zu untermauen, führte sie das Beispiel von Jakob und Lea an: Als Laban Jakob betrog und ihm Lea statt Rachel zur Frau gab, da habe – wie von Rabbi Bachja dargelegt worden sei – Jakob davon gewußt, aber nichts gesagt, weil er Lea nicht beschämen wollte. Folglich, so argumentierte meine Großmutter, habe kein Mann das Recht, eine jüdische Tochter zu beschämen.

Der Hilfslehrer brach in Gelächter aus. »Ich bin nicht so dußlig wie Jakob! Mich legt man nicht so leicht herein!«

Großmutter hielt sich die Ohren zu, um derart lästerliche Bemerkungen über den Stammvater Jakob nicht mitanhören zu müssen. »Ihr seid ungehobelt und frech«, sagte sie zu dem Hilfslehrer und ging, begleitet vom Klirren ihres Schlüsselbunds, wieder in die Küche.

Ein andermal hatten Großvater und Schmul fürchterliche Schwierigkeiten mit einer jungen Frau, die den hebräischen Buchstaben Zade (das ist Z) nicht aussprechen konnte. Sie wollte von der Verpflichtung entbunden werden, nach dem Tod ihres Mannes, der keine Nachkommen hinterlassen hatte, eine Schwagerehe mit seinem Bruder eingehen zu müssen. Wochenlang hatte sie sich erbittert mit ihrem Schwager gestritten, einem Halunken, der von ihr Geld dafür verlangt hatte, daß er auf die Ehe mit ihr verzichten würde und sie dann einen anderen heiraten könnte. Die Witwe erklärte, sie sei pleite, weil die Krankheit ihres verstorbenen Mannes den letzten Pfennig aufgezehrt habe. Mein Großvater wies den Schwager darauf hin, daß es eine Sünde sei, Geld für eine gute Tat zu verlangen, durch die eine anständige jüdische Tochter freigegeben werde. Trotzdem bestand der Schwager darauf, daß sie ihn dafür bezahlen müsse. Andernfalls würde er sie nicht freigeben.

Es war ein erbitterter Streit zwischen zwei verarmten, unglückseligen Menschen. Schließlich entschied Großvater, daß die Witwe ihrem Schwager hundert Gulden zahlen sollte – das entsprach, glaube ich, fünfzehn Rubeln. Anfangs hatte der Schwager hundert Rubel verlangt. Dann wurde der Tag festgesetzt, an dem der Ritus stattfinden sollte.

Als Schmul der jungen Witwe beibringen wollte, »*chalitz chonel*« zu sagen, was zu diesem Ritus gehörte, stellte sich heraus, daß sie kein Z aussprechen konnte:

Sie sagte *chalis*. Das genügte, um den Schiedsspruch null und nichtig zu machen. Großvater legte die Tora beiseite, die er gerade mit seinem hochbegabten Schüler Todros studierte, und versuchte, der jungen Frau behilflich zu sein.

»Sagt *chalitz!*« forderte er sie auf. »*Chalitz, chalitz* . . .«

»*Chalis*«, sagte sie.

Schmul wurde wütend. »Sag Grütze, sitzen, schwitzen!«

Diese Wörter sprach sie richtig aus, aber wenn sie *chalitz* sagen sollte, machte sie immer denselben Fehler.

»Dummkopf!« fauchte Schmul sie an. »Wenn du Grütze, sitzen, schwitzen sagen kannst, warum dann nicht auch *chalitz?*«

Großvater beschwichtigte ihn und redete freundlich und vernünftig mit der jungen Frau. »Ihr müßt lernen, dieses Wort richtig auszusprechen, sonst werdet ihr für immer Eurem Schwager verpflichtet bleiben und Euer Leben ruinieren. Es hat mich große Mühe gekostet, ihn überhaupt dazu zu bringen, Euch freizugeben.«

Die junge Witwe wurde schamrot und brach in Tränen aus. Aber sie schaffte es einfach nicht, das Wort *chalitz* richtig auszusprechen.

Anscheinend hatte sie es anfangs nur versehentlich falsch ausgesprochen, sich dann aber durch Schmuls Ausfälligkeiten derart einschüchtern lassen, daß sie Hemmungen bekommen hatte.

Schmul erklärte die Sache auf seine rauhbeinige Art. »Sie ist ein Rindvieh«, sagte er zu meiner Großmutter, die sich bemühte, der jungen Frau weiterzuhelfen. »Ihr verschwendet Eure Zeit, Rebezzin – die bleibt ihr Leben lang Witwe.«

Großvater gab nicht auf. Ihm war immer sehr daran

gelegen, daß jüdische Frauen die Möglichkeit bekamen, sich wieder zu verheiraten. Er befragte Zeugen, er schrieb Briefe und Gutachten, um zu erreichen, daß Frauen, die von ihrem Ehemann verlassen worden waren, nicht ihr Leben lang alleinbleiben mußten.

Er legte also seine Tora beiseite, gab der jungen Witwe tagelang Privatunterricht, beruhigte und ermunterte sie immer wieder, bis sie endlich das Z richtig aussprach.

An dem festgesetzten Tag versammelte sich die Gemeinde in der Synagoge, um dem Ritus beizuwohnen. Der Flickschuster, der größte Pfuscher in ganz Bilgoraj, brachte meinem Großvater den speziellen Schuh, der bei diesem Ritus verwendet wird. Der Schuh mit den Lederzungen war sperrig und unförmig. Zweifellos war dies der einzige neue Schuh, den der Flickschuster jemals angefertigt hatte. Großvater befand, daß der Schuh den rituellen Vorschriften entspreche, und erteilte Anweisung, mit der Zeremonie zu beginnen.

Schmul brachte Seife und ein Becken mit warmem Wasser, dann begann er vor den Augen der ganzen Gemeinde dem Schwager den Fuß zu waschen, an dem er den rituellen Schuh tragen sollte. Als er endlich damit fertig war, schnitt er dem Mann auch noch die Zehennägel, als hätte er einen Leichnam für die Beerdigung herzurichten.

Eigentlich hätten es beide Füße des jungen Mannes nötig gehabt, gewaschen zu werden, aber Schmul konzentrierte sich nur auf den einen. Danach ließ sich der Schwager (dessen einer Fuß jetzt rosarot und dessen anderer nach wie vor schwarz war) stolzgeschwellt den rituellen Schuh anziehen. Er genoß es sichtlich, im Mittelpunkt des Interesses zu stehen.

Dann brachte der Totengräber das bei der rituellen Reinigung Verstorbener benützte Brett herein und stellte es in eine Ecke. Die Menschenmenge erschauerte. Es hieß nämlich, daß die Seele des verstorbenen Ehemannes sich hinter diesem Brett verberge und den Ritus beobachte, der die Witwe von der Verpflichtung zur Schwagerehe entbindet. Die Zuschauer wagten nicht, den Blick auf das Brett zu richten, denn sie befürchteten, es könnte ihnen Unglück bringen.

Mein Hang zum Verbotenen bewog mich – obwohl ich vor Angst bebte – dorthin zu schauen, wohin ich nicht schauen sollte.

Großvater gebot Ruhe und begann mit der Zeremonie. Die junge Witwe, die vor den Männern mit verhülltem Gesicht erschienen war, rezitierte unter Tränen den vorgeschriebenen Text. Einen schrecklichen Augenblick lang stand zu befürchten, daß sie das Wort *chalitz* wieder falsch aussprechen würde, aber zum Glück brachte sie es richtig heraus. Großvater war erleichtert. Dann spuckte die junge Witwe aus, zum Zeichen dafür, daß sie ihren Schwager verachtete. Und dann wurde der rituelle Schuh, den sich ihr Schwager vom Fuß gezogen hatte, in die Luft geschleudert. Alle wichen blitzschnell aus, denn es herrschte der Aberglaube, daß man das Ende des Jahres nicht mehr erleben würde, wenn man mit dem weggeschleuderten Schuh in Berührung käme.

Solche Erlebnisse hatte ich, wenn wir im Sommer bei meinem Großvater in Bilgoraj zu Besuch waren.

Das Reich der Frauen – die Küche

Wie in Großvaters Gerichtszimmer, so fanden sich auch im Reich meiner Großmutter – der Küche – viele Frauen ein, um über ihre Sorgen und Freuden zu reden und ihr Herz auszuschütten. Ich stahl mich oft aus Großvaters Studierzimmer, um mitzuerleben, was sich in dem Teil des Hauses abspielte, der das Reich der Frauen war.

Ein besonders würdevoller Regierungssitz war die Küche zwar nicht, aber Großmutter übte ihre Macht ungemein würdevoll aus.

Der Haushalt, den sie zu führen hatte, bestand immer aus zahlreichen Personen. Da waren Onkel Itsche, seine Frau Rochele und ihre beiden Kinder. Onkel Itsche war ein starker Raucher und konnte ausgezeichnet Russisch. Er war ordinierter Rabbiner und las mühelos die russischen Zeitungen, die er sich von städtischen Beamten borgte. Außerdem führte er für meinen Großvater das Geburtenregister und alle amtlichen Unterlagen, die von den Behörden für notwendig erachtet wurden. Kurzum, er war ein vielseitig begabter junger Mann.

Und dennoch war er ein hoffnungsloser »Schlimasl«, ein Pechvogel, der es einfach nicht schaffte, den Lebensunterhalt für sich und die Seinen zu verdienen. Deshalb wohnten er und seine Familie als ständige Kostgänger in seinem Elternhaus. Weil er das jüngste Kind meiner Großeltern und der Liebling seiner Mutter war, gebärdete er sich wie eine Primadonna – so, als täte er seiner Mutter einen Gefallen, wenn er aß, was sie gekocht hatte.

Zum Haushalt gehörten auch die zwei ledigen Töchter meiner Tante Sara, die verwitwet gewesen und in zweiter Ehe in Tarnogrod verheiratet war. Ihre drei Kinder aus erster Ehe waren in Bilgoraj geblieben, und Großvater hatte die Aufgabe übernommen, die beiden elternlosen Mädchen, Simele und Tojbele, wie seine eigenen Töchter aufzuziehen und junge gelehrte Ehemänner für sie zu finden, die von ihm eine Mitgift und Geschenke erhalten und in seinem Haushalt verköstigt werden sollten. Eli, der unverheiratete Bruder der beiden Mädchen, der die Tora studierte, wohnte ebenfalls im Hause meines Großvaters.

Eine Tochter von Tante Taube, die in Gorzkow wohnte, war oft wochenlang Hausgast bei meinen Großeltern. Und jeden Sommer kam meine Mutter mit meiner Schwester und mir zu Besuch.

All diese Leute mußten ernährt und gekleidet werden. Meiner schmächtigen Großmutter mit dem mächtigen rasselnden Schlüsselbund machte es viel Arbeit und Kopfzerbrechen, alle zu versorgen. Obendrein waren immer alle möglichen Besucher in der Küche: Leute, die Spenden für wohltätige Zwecke sammelten, Fremde, arme Schlucker und ausgesprochene Störenfriede, die meinen Großvater aus irgendeinem Grund – oder ohne jeden Grund – sprechen wollten.

Großvaters Haus gehörte sozusagen der Stadt. Wie die Synagoge, die Lernhäuser, das Armenhaus und andere ehrwürdige Gebäude stand es auf einem Grundstück, das städtisches Eigentum war, und galt deshalb als öffentliche Einrichtung. Wenn jemand Durst hatte, ging er in den Hausflur des Rabbiners, wo ein riesiges Wasserfaß stand. Und wenn er seinen Durst gestillt hatte, ging er in die Küche, um der Rebbezin einen guten Tag zu wünschen. Knurrte einem der Müßiggänger im Lernhaus der Magen, dann zögerte er nicht, die

Rebezzin um ein Glas Tee zu bitten. (Keiner hatte die Chuzpe, Großvaters Studierzimmer unaufgefordert zu betreten.) Diese gewieften Schnorrer brachten entweder ein Stück Zucker mit oder taten so, als wollten sie den Tee ungesüßt trinken. Aber eine solche Unsitte ließ Großmutter nicht zu. »Gott soll schützen!« murmelte sie jedesmal und stellte ihnen auch noch die Zuckerdose hin. Und natürlich blieb es dann nie bei einem einzigen Glas Tee.

Auch völlig fremde Leute kamen herein. In Bilgoraj wimmelte es von Auswärtigen, die aus allen Gegenden Polens kamen und in Großmutters Küche landeten – zerlumpte Bettler, die sich heißhungrig um den Küchentisch scharten und eine Portion Grütze und Borschtsch mit Kartoffeln nach der anderen vertilgten.

An einen dieser fremden Herumtreiber kann ich mich noch gut erinnern. Er hatte dunkle Haare und einen buschigen Bart, trug stets ein großes Bündel auf dem Rücken und stotterte entsetzlich. Er wanderte oft durch Bilgoraj und versäumte es nie, meine Großmutter aufzusuchen. Er war der größte Vielfraß, dem ich je begegnet bin.

Großmutter gab ihm jedesmal zwei bis zum Rand gefüllte Suppenteller – einen mit Borschtsch und einen mit Kartoffeln. Kaum hatte er lautstark zu schlürfen begonnen, da rief er auch schon: »Rrrebb...ezzin, ich h..h...hab k...k...keinen B...B...Borschtsch mehr für m...meine K...K...Kartoffeln!«

Also gab sie ihm noch einen Tellervoll. Kurz darauf verkündete er: »Rrrebb...ezzin, ich h...h...hab k...k...keine K...K...Kartoffeln mehr für m...meinen B...B...Borschtsch!«

Und so ging es stundenlang weiter.

Auch die siechen und bedürftigen Frauen aus dem

Armenhaus fühlten sich verpflichtet, hereinzukommen und sich zu laben. Sie konnten keiner Leckerei widerstehen, und Großmutter lief sich die Füße wund, um ihnen Marmelade und Kirschsaft aufzutischen. Diejenigen, die zwar ihr Hab und Gut, nicht aber ihre Chuzpe verloren hatten, baten um einen Teller Fleischbrühe oder um eine komplette warme Mahlzeit. Diese Frauen konnten einfach nicht aufhören, zu brabbeln, Segenssprüche zu sagen, zu stöhnen und zu ächzen, bis jedermann Ohrensausen bekam.

In Großmutters Küche fand sich aber auch die hochnäsige Hautevolee der Gemeinde ein: Frauen, die seidene Kopftücher trugen und ständig Spenden für werdende Mütter, für die Aussteuer lediger Töchter, für Leichentücher und andere wohltätige Zwecke sammelten. Wegen der gesellschaftlichen Position dieser Damen mußte Großmutter sich mit ihnen unterhalten und ihnen eine Erfrischung anbieten, die sie zwar höflich ablehnten, aber auf Großmutters Drängen dann doch goutierten, was unweigerlich dazu führte, daß die Lobeshymnen, Segenssprüche und Seufzer sich zu einem gewaltigen Crescendo steigerten.

Frauen, deren Männer sich von meinem Großvater beraten ließen, warteten unterdessen in Großmutters Küche, gemeinsam mit der üblichen Anzahl geschiedener Frauen und verlassener Ehefrauen, die gekommen waren, um zu flennen, sich zu beklagen, zu schimpfen, zu lamentieren und sich mit einem Glas Tee zu stärken.

Hausfrauen, die von Großvater klären ließen, ob ihr Geschirr noch koscher war, Jungverheiratete, die mit ihren Frauenproblemen zu ihm kamen – sie alle fühlten sich verpflichtet, meiner Großmutter guten Tag zu sagen. Und sobald sie in der Küche waren, ließen sie sich überreden, dazubleiben und tüchtig mitzutratschen.

Die Badewärterin, die auch Synagogendienerin im Bethaus der Frauen war, kam oft, um Großmutter zu Festlichkeiten einzuladen. Feierlich verkündete sie: »Rebezzin, mein Juwel! Bella Sara Zipe Lea gibt sich die Ehre, Euch zur Hochzeit ihrer Tochter einzuladen.«

Großmutter nahm selten an solchen Festlichkeiten teil, aber sie gab der Synagogendienerin jedesmal eine Kostprobe ihrer Marmelade oder ein paar Groschen »für den Weg«. Die Frau schleckte geräuschvoll die Marmelade und berichtete ausführlich von den Ereignissen im Badehaus und von anderen Gemeindeangelegenheiten, mit denen sie von Amts wegen zu tun hatte. Alle paar Wochen kam diese Frau zu Großmutter, um ihr den Kopf kahlzuscheren, und dann mußte sie natürlich mit einem Imbiß bewirtet werden.

Leidtragende, die von einer Beerdigung kamen, gingen in Großvaters Hausflur, um sich nach alter Sitte die Hände zu waschen und meiner Großmutter zu versichern, daß sie hofften, Gott möge der Stadt weiteres Leid ersparen. Die Frauen seufzten und glucksten und sagten immer und immer wieder: »Auf daß es nicht hier geschehe . . . auf daß es alle jüdischen Häuser verschone und draußen in Wald und Flur passiere . . .« Sie spuckten aus, um den Bösen Blick abzuwehren, dann stärkten sie sich mit heißem Tee.

Aber das alles war noch gar nichts gemessen an dem, was sich in Großmutters Küche abspielte, wenn draußen im Hof eine Hochzeit stattfinden sollte.

Die Trauungen fanden meistens am späten Abend statt und wurden mit viel Aufwand gefeiert. Gimpel der Fiedler und seine Musikanten spielten fröhliche Märsche. Die Brautmutter und die Mutter des Bräutigams trugen brennende Sabbatkerzen und tanzten. In den Fenstern der Häuser, an denen der Hochzeitszug vorbeikam, brannten Kerzen. Meine Großmutter, die ebenfalls Kerzen in die Fenster stellte, band ihr seidenes Kopftuch um, und wenn die Verwandten des Brautpaars hereinkamen, um Großvater zu bitten, die Trauung vorzunehmen, wünschte sie allen *masel tow*. Die Küsserei, die Freudentränen und Segenswünsche schienen kein Ende zu nehmen.

Am meisten Spaß aber machte mir die *laszczyna*. In Bilgoraj war es Brauch, daß Gimpel und seine Musikanten sich am Tag nach der Trauung vor dem Haus der Braut einfanden und sie dann zum Haus ihrer angeheirateten Verwandten und zum Haus des Rabbiners zu begleiten. Die Braut schritt in ihrem Hochzeitsstaat voraus, gefolgt von sämtlichen Verwandten. Meine Großmutter ging in ihrem Sabbatgewand hinaus, begrüßte die Braut aufs Feierlichste und bewirtete die ganze Hochzeitsgesellschaft mit Tee und Kuchen.

Das war eine *laszczyna*.

Ich liebte diesen Brauch, weil ich mich dann jedesmal mit Leckereien vollstopfen konnte. Vergnügen machten mir auch die vielen Gratulationen und Segenssprüche, die allgemeine Hysterie und Gimpels Musik.

Großmutters Küche war Treffpunkt für alle Faulenzer der Stadt, einschließlich des nichtjüdischen Badewärtergehilfen Franciszek, der an die Küchentür kam, um ein Stück Sabbatstriezel und ein Gläschen Schnaps zu schnorren. Er war eine originelle Erscheinung – bekleidet mit der ausrangierten Uniform eines Kosakenobersten, barfuß, das Säufergesicht schmierig von Schmutz und Tabaksaft.

Warum dieser Mann, der die meiste Zeit in einem Badehaus zubrachte, nie auf den Gedanken kam, auch einmal ein Bad zu nehmen, war allen ein Rätsel. Soviel die Leute in Bilgoraj wußten, waren sein Gesicht und sein Körper noch nie mit Wasser in Berührung gekommen. Er machte sich nicht einmal die Mühe, seine wirren Haare und seinen Bart zu kämmen. Aber er stolzierte selbstbewußt in seiner Uniform herum, zumal wenn er mittwochs auf dem Marktplatz die Trommel schlug, um die Bauern und Soldaten daran zu erinnern, daß sie an diesem Wochentag das jüdische Badehaus benützen durften. Franciszek sprach fließend Jiddisch, kannte alle erforderlichen hebräischen Ausdrücke und trieb sich immer nur bei den Juden herum. Er verfluchte die Gojim, weil sie ihn nicht in ihre Wohnungen ließen, wie es die Juden mit ihren armen Schluckern taten. »Gojische Herzen haben die!« sagte er verächtlich über seine christlichen Glaubensgenossen. Das hielt ihn allerdings nicht davon ab, auf die Juden zu schimpfen und ihnen die Rache der Christen anzudrohen, wenn er betrunken war – und das war er jeden Donnerstag und Samstag.

Bei jeder Feier, jeder Hochzeit und jeder *laszczyna* stellte er sich an die Tür, um sofort nach allem grapschen zu können, was ihm die »Kinder der Gnade« eventuell zukommen lassen würden.

Großmutter war nach solchen Festlichkeiten erschöpft, konnte es sich aber nicht leisten, auszuruhen. Der große Haushalt stellte so viele Anforderungen an sie, daß sie immer auf den Beinen sein mußte. Mit ihrem klirrenden Schlüsselbund eilte sie von Schrank zu Schrank, in die Vorratskammer und dann wieder zurück an den riesigen Herd, auf dem immer etwas kochte oder brutzelte.

Was ihr aber am meisten zusetzte, waren der Neid, die Feindseligkeit und die Rivalität, die zwischen ihren Kindern, ihren Enkelkindern und verschiedenen anderen Verwandten herrschten.

Ihre beiden Söhne und deren Familien stritten ständig miteinander und fochten einen verbissenen Konkurrenzkampf aus. Onkel Josef war neidisch auf seinen jüngeren Bruder Itsche, der auf Kosten seines Vaters ein angenehmes Leben führte, während er selber Mühe hatte, Frau und Kinder zu ernähren. Er hatte auch allen Grund dazu, neidisch zu sein: Er war nicht nur älter sondern auch intelligenter und gebildeter als Itsche, der nicht genug Grips für das Bücherstudium hatte, obwohl er ordinierter Rabbiner war.

Onkel Josef war berühmt für seinen scharfen Verstand. Er galt als eine Leuchte der Weisheit und wurde oft um Rat gefragt. Er verfügte über eine gute Allgemeinbildung und hatte auf eigene Faust Russisch gelernt. Außerdem war er ein versierter Mathematiker. Ständig hatte er ein Stück Kreide bei sich, mit dem er schwierige Rechenaufgaben auf Wände, Tische und Bänke kritzelte.

Großmutter vertrat die Meinung, daß es für Josef als dem Erstgeborenen und als Hilfsrabbiner unziemlich sei, sich mit Itsche zu kabbeln, neidisch auf ihn zu sein und sich in seine Angelegenheiten einzumischen. Dergleichen sei wohl eher von Weibsleuten zu erwarten. Onkel Josef jedoch zog die Küche seiner Mutter dem Torastudium vor, mischte sich in jede Haushaltsangelegenheit ein und beklagte sich darüber, daß Itsche schon immer Mutters Liebling gewesen sei.

Großvater war noch viel ärgerlicher über seinen Erstgeborenen, der eines Tages – »in hundertzwanzig Jahren!« – das Rabbinat von ihm erben würde, aber lieber mit den Weibern tratschte als in die Fußstapfen seines Vaters zu treten. »Josef«, rügte er ihn immer wieder, »du bist Rabbiner. Du mußt Würde bewahren!«

Um Würde scherte sich Onkel Josef wenig. Bücherstudium und Gemeindeangelegenheiten konnten ihm keinen Ersatz dafür bieten, in der Küche herumzulungern und Rechenaufgaben zu lösen. Ob wichtig oder unwichtig, er rechnete einfach alles aus, angefangen bei den abstraktesten Gleichungen bis hin zu den alltäglichsten Dingen – zum Beispiel, wieviel Itsche seinen Vater jährlich kostete; wie viele Hühnchen meine Großmutter hatte schlachten lassen, seit Itsche und seine Familie nun schon bei ihr schmarotzten; oder wie viele Eier für all die Pfannkuchen verbraucht worden waren, die Itsche, seine Frau Rochele und ihre Kinder Mosche und Jesekiel in all den Jahren vertilgt hatten.

Beim Kalkulieren und Ausklamüsern pflegte Onkel Josef (der so schmächtig und so lebhaft war wie seine Mutter und eine hohe Stirn hatte) unzählige Zigaretten zu rauchen und nervös auf und ab zu gehen. Egal, ob es sich um einfache oder um komplizierte Berechnungen handelte, immer rechnete er rasch und laut. »Wenn man davon ausgeht, daß es pro Tag mindestens einen Rubel kostet, Itsche und seine Bande zu ernähren, dann beläuft sich das im Lauf von soundsoviel Jahren auf insgesamt soundsoviel. Und wenn man pro Jahr soundsoviel Zinsen berechnet, dann ergibt das soundsoviel. Und mit Zinseszins beläuft sich der Gesamtbetrag auf soundsoviel.«

Aus solchen Zahlenlabyrinthen fand er erstaunlich schnell wieder heraus.

Großmutter war jedesmal außer sich, wenn er Berechnungen anstellte, die ihr Herzblatt Itsche betrafen. »Jetzt reicht's aber, Josef! Hast du nichts Besseres zu tun?«

Onkel Josef aber rauchte ungerührt weiter, runzelte die Stirn und rechnete.

Sein Interesse an Zahlen beschränkte sich nicht auf

Familienangelegenheiten. Es brauchte bloß ein mit Nutzholz beladenes Fuhrwerk vorbeizufahren, und schon begann er zu kalkulieren. »Wenn der Holzhändler pro Tag hundert Klötze aus gefällten Baumstämmen schneidet, und wenn sein Waldstück zwei Werst mal eine halbe Werst groß ist, dann beläuft sich die Gesamtzahl der an einem einzigen Tag gefällten Bäume auf soundsoviel. Und im Verlauf eines Jahres auf soundsoviel.«

Manchmal ging das tagelang so weiter.

Außerdem erkundigte er sich bei Schmul, dem Schammes, nach den geringfügigsten Ausgaben für den Haushalt. Auch Schmul hielt sich die meiste Zeit in der Küche auf, drehte sich Zigaretten, trank Tee und versuchte, sich vor der Arbeit zu drücken.

Seine Amtstracht legte Onkel Josef nur ungern an. Statt im rabbinischen Kaftan und Samthut lief er lieber in einem ganz gewöhnlichen Kaftan und einem zerknitterten Seidenhut herum. Seine Schläfenlocken waren bloß ein mageres Zugeständnis an die Konvention. Beim Gottesdienst in der Synagoge ließ er manche Wörter der Gebetstexte aus. Die besonders frommen Frauen hatten aus all diesen Gründen Bedenken, sich in religionsgesetzlichen Fragen von ihm beraten zu lassen. Sie gingen lieber zu meinem Großvater.

Wenn jedoch ein Rechtsstreit, zumal ein komplizierter, zu schlichten war, kamen die Leute am liebsten zu Josef. Dann saß er, eingehüllt in eine Rauchwolke, mit gefurchter Stirn da – anscheinend ganz vertieft in das zu lösende Problem. Aber nachdem es ihm weitschweifig vorgetragen worden war, sagte er meistens: »Würdet Ihr das bitte wiederholen? Ich war in Gedanken woanders . . .«

Die Leute verziehen ihm das, weil sie wußten, daß er

sich nicht aus Bosheit so benahm, sondern bloß wegen seiner Vorliebe für die Mathematik. Trotz seiner Marotten hielt man ihn für einen guten, hochherzigen Menschen.

»Reb Josef, bitte hört Euch an, was ich vorzubringen habe«, baten ihn die streitenden Parteien. »An wen soll ich mich denn wenden, wenn nicht an einen so gescheiten Mann wie Euch?«

Woraufhin Onkel Josef versprach, sich jedes Wort aufmerksam anzuhören. Er zündete sich eine Zigarette an und furchte die Stirn, aber schon bald war er in Gedanken wieder bei seinen unaufhörlichen Berechnungen.

Meine zwei Onkel und Tanten

Onkel Josef hörte nie, was seine Frau zu ihm sagte. Sie war hochgewachsen und hatte den seltsamen Namen Sara Chiza. Die Kinder der beiden, Buben und Mädchen, waren alle rothaarig, eines immer rothaariger als das andere. Der Haushalt war förmlich in roten Glanz getaucht. Tante Sara Chiza war ständig damit beschäftigt, für ihre vielköpfige Brut zu kochen und zu backen. In der Erinnerung sehe ich sie immer nur am Herd stehen, mit einem Topflappen, einem Schöpflöffel oder einem Schürhaken in der Hand. Sie war dunkel und mager und sah selber wie ein Schürhaken aus.

So eifrig sie mit dem Kochen beschäftigt war, so eifrig waren die Kinder damit beschäftigt, Zigaretten für ihren Vater zu drehen. Sie konnten sie gar nicht so schnell drehen wie er sie paffte. Er rauchte, hustete, rauchte weiter. Immer wenn er eine trockene Kehle bekam, herrschte er seine am Herd stehende Frau an: »He, du Rindvieh, ein Glas Tee!«

Sie nahm ihm das nie übel. Sie wußte, daß es nicht böse gemeint war, sondern daß sich darin nur seine Einstellung zum weiblichen Geschlecht im allgemeinen ausdrückte. Zudem hatte sie ihm gegenüber Minderwertigkeitsgefühle wegen ihrer bescheidenen Herkunft und weil sie seine zweite Frau war. Als Josef sie geheiratet hatte, war er zwar erst zwanzig Jahre alt, aber bereits Witwer und Vater einer Tochter gewesen, die jetzt in Novograd Volynskiy (von den Juden »Zwihil« genannt) bei ihren Großeltern wohnte. Obwohl Tante Sara Chiza genauso alt war wie ihr Mann, dem sie so viele Kinder geboren hatte, sah sie zu ihm auf wie ein Kind zu einem Erwachsenen. Wie die meisten Ehefrauen studierter Männer hatte sie wenig mit ihm gemeinsam. Onkel Josef war ein Gelehrter, und sie war eine einfache Frau mit einfachen Interessen: Kochen, Backen, Familie. Er fand es völlig in Ordnung, sie »Rindvieh« zu nennen, und sie akzeptierte diesen Spottnamen als wäre es ihr wirklicher Name.

Wenn er »Rindvieh! Rindvieh!« schrie, fragte sie gelassen: »Was ist denn, Josef?«

Wenn sie häusliche Angelegenheiten mit ihm besprechen wollte, dachte er gar nicht daran, mit seiner Rechnerei aufzuhören, sondern brummelte bloß: »Hm? Wie? Was?«

Und er hörte auch nicht zu, wenn seine Kinder ihn um Geld für Kleider, Schuhe und andere lebensnotwendige Dinge baten. Eifrig mit seinen Zahlen beschäftigt, jagte er sie weg: »Verschwindet! Los, trollt euch, ihr Kälber!«

Die einzige Frau, mit der er wirklich redete, war seine Schwester, meine Mutter, bei der er sich gern über sein Los beklagte. Er lud sie oft zu sich ein, um alles mögliche mit ihr zu besprechen. Ich war gern mit meinen rothaarigen Vettern und Kusinen zusammen. Tante Sara Chiza tischte mir Brot und Mohnplätzchen auf. Außerdem war Onkel Josef der einzige Mann in der Familie, der mich nicht auszankte, wenn ich nicht lernen wollte. Da er selbst nie gern gelernt hatte, verlangte er es auch nicht von anderen. Und er regte sich auch nicht auf, wenn ich eine Zigarette für mich selber drehte und das Rauchen ausprobierte. Das einzige, was ich ihm übelnahm, war der spöttische Ton, in dem er von meinem Vater sprach. »Nu, nu, Scheba, er weigert sich also, die Prüfung abzulegen, dein Pinchas Mendel?« sagte er und rümpfte verächtlich die Hakennase. »Er sitzt da und kritzelt Kommentare, was? Kommentare, Kommentare . . .«

Aber auch das verzieh ich meinem Onkel Josef, weil er so nett zu meiner Mutter war. Eigentlich war er allem und jedem gegenüber tolerant.

Meinem Onkel Itsche verzieh ich die gleiche Kränkung nicht so schnell. Zugegeben, er hielt mir keine Moralpredigten über die Tora und die Frömmigkeit, aber er war verbittert und neigte zu spitzen Bemerkungen, aus denen hervorging, daß er etwas gegen uns und gegen jedermann in Großvaters Haus hatte. Er tat so, als gehörte das Haus ihm und als wären wir alle Eindringlinge, die sein Geld verpraßten.

Der große, magere Mann mit dem dünnen blonden Bart und den schmalen Lippen, um die ständig ein sarkastisches Lächeln zu spielen schien, wirkte immer so vergrämt, als wäre das Leben für ihn eine einzige große Enttäuschung. Von der Beständigkeit seines Vaters hatte er noch weniger geerbt als Josef. Weil ihm diese unerschütterliche Frömmigkeit fehlte, war er auch nicht so lange wie üblich Kostgänger im Hause seines Schwiegervaters Reb Jesaja Rachewer geblieben, der Rabbiner in Wysokie war – ein fest in der Tora verwurzelter und zutiefst gottesfürchtiger Mann. Reb Jesaja hatte zahlreiche fromme Bücher geschrieben, in denen er nachweisen wollte, daß alles in der Welt verboten sei. Seiner Behauptung nach konnte ein Jude keinen Schritt tun, ohne das heilige Gesetz zu brechen. Die Heiligkeit des Sabbats war für Reb Jesaja ein besonders kostbares Gut. Am Sabbat, so behauptete er, sei es sogar eine Sünde, in den Schnee zu pissen, denn dies sei dem Pflügen am heiligen Tag vergleichbar. Kurzum: Reb Jesaja riet den Juden, sich am Sabbat an Händen und

Füßen zu fesseln, um den Feiertag nur ja nicht zu entheiligen. Völligen Schutz könne aber auch dies nicht gewährleisten.

Itsche hatte es in einem solchen Haushalt natürlich nicht lange aushalten können und war in sein Elternhaus geflohen. Seine Frau Rochele, die so fromm wie ihr Vater war, hatte ihn dorthin begleitet. Hier, im Hause seines Vaters, hatte Itsche sein erstes und sein zweites Kind gezeugt. Seine Mutter verwöhnte ihn, tischte ihm die leckersten Süppchen auf und buk ihm die köstlichsten Plätzchen. Er gewöhnte sich rasch ans Faulenzen und tat den ganzen Tag nichts anderes als essen, trinken, rauchen und sich im Turisker Lernhaus mit seinen chassidischen Kumpanen (über die er sich hinter ihrem Rücken lustig machte) die Zeit vertreiben. Und er stritt sich mit seinem älteren Bruder und mit all jenen Haushaltsmitgliedern, die ihn um sein angenehmes Leben beneideten. Obwohl er es eigentlich verabscheute, ein Müßiggänger zu sein, und obwohl er es als demütigend empfand, ständig den Schnorrer zu spielen, brachte er nicht die Willenskraft auf, sich selbständig zu machen. Statt dessen spielte er in der Lotterie und suchte eifrig in den Gewinnlisten, ob er vielleicht einen Haupttreffer gelandet hatte, der ihn finanziell unabhängig machen würde. Er spielte und spielte und hoffte auf ein Wunder.

Meine Großmutter mußte dafür leiden, daß sie so sehr an Itsche hing. Obzwar sie sich große Mühe gab, die Kraftbrühe und die Butterplätzchen, die nur für ihn bestimmt waren, vor Onkel Josef und den anderen zu verstecken und ihren Itsche nur heimlich mit solchen Leckerbissen zu verwöhnen, kamen die anderen dahinter und kochten vor Ärger.

Aber auch von ihrem jüngsten Sohn erntete Großmutter keinen Dank für all ihre Fürsorglichkeit.

Rochele war noch streitsüchtiger und griesgrämiger als ihr Mann. Diese dunkelhaarige Frau, die ihr seidenes Kopftuch immer sittsam bis hinunter zu den Augen zog, war eine schreckliche Person – unglaublich ungeschickt, fanatisch fromm und furchtbar eingebildet darauf, daß sie die Tochter des berühmten Jesaja Rachewer war. Im Gegensatz zu ihrer quecksilbrigen Schwiegermutter bewegte sie sich entsetzlich träge. Sie hatte die Angewohnheit, immer nur beschönigende Ausdrücke und Verkleinerungsformen zu gebrauchen. Ein großer Teller Suppe hieß bei ihr »ein Löffelvoll«, einen Laib Brot nannte sie »ein Käntchen«, ein Glas Tee »ein Tröpfchen«, einen Teller Grütze »ein Leckerchen«. Sie hatte nie Hunger sondern immer bloß »Appetit auf einen Bissen«. Sie aß nicht, sondern »nahm ein Häppchen zu sich«. Sie schlief nicht sondern »machte ein Nickerchen«. Zu allem, was sie sagte, fügte sie ein »Gewalt geschrien!« und einen andächtigen Seufzer hinzu. Wenn ihr Mann einen Teller Suppe und ein Hühnerviertel weggeputzt hatte, sagte sie mit bebender Stimme: »Mein armer Itsche hat sein Essen kaum angerührt...« Sie war heimlichtuerisch und aß nie vor aller Augen sondern immer in irgendeinem Winkel. Sogar beim Teetrinken schirmte sie sich mit einem Schal ab. Eine Welt voller Geheimnisse verbarg sich in ihren dunklen Augen mit dem frommen Blick, den sie immer wieder auf ihren Mann richtete, nach dessen Zuneigung und Liebe sie vergeblich trachtete.

Ihre Frömmigkeit, ihre tiefen Seufzer, ihre andächtige Miene und die Art, wie sie mit dem kahlgeschorenen, von einem grauen Tuch bedeckten Kopf nickte – das alles konnte Onkel Itsche nicht ausstehen. Je deutlicher er sich seinen Spott und seine Verachtung anmerken ließ, um so eifriger suchte sie seinen Blick, lief sie ihm nach, steckte sie ihm Leckerbissen zu, die sie heimlich für ihn aufbewahrte, und nuschelte immer wieder: »Itschele, magst du vielleicht ein Plätzchen knabbern?«

Wir lachten alle über Tante Rochele und gingen ihr aus dem Weg, weil sie jeden verdächtigte, ein Neidhammel und ihr feindlich gesinnt zu sein. Auch mit ihrem Sohn Moschele, der ein Abklatsch seiner Mutter war, wollte ich lieber nichts zu tun haben. Wenn man ihn anfaßte, rannte er davon und schrie, er sei massakriert worden. Oft geriet ich mit ihm wegen Stachelbeeren und Himbeeren in Streit.

Neben den Schuppen und Verschlägen in Großvaters Hof stand eine »Sukka«, eine jener Hütten, in denen sich die Juden beim Laubhüttenfest versammeln. In dieser Sukka, die nur zeitweilig mit einem Dach versehen wurde, war Holz gestapelt. Dort, in dem vollgepferchten Hof, wuchsen an verkrüppelten Sträuchern Himbeeren, Stachelbeeren und Johannisbeeren. Das Gesträuch war sehr stachlig. Zudem stand es dicht beim Aborthäuschen und bei dem Gitterzaun, an dem Menschen und Tiere ihre Notdurft verrichteten. Mich hielt das allerdings nicht davon ab, nach den hinter Blättern verborgenen Beeren zu suchen.

Weil Moschele ebenfalls darauf erpicht war, kam es zwischen uns beiden zu einem lebhaften Wettstreit um die verbotenen Früchte. Des öfteren zerkratzten wir uns gegenseitig das Gesicht und zogen uns an den Schläfenlocken. Moschele lief dann jedesmal zu seiner Mutter, die mir das Leben schwermachte mit ihren Vorwürfen, ich hätte mit meinen Bauernpratzen die zarte Haut ihres kleinen Lieblings verunstaltet.

Noch mehr Groll als gegen jeden anderen im Haus hegte Tante Rochele gegen meine Großmutter. So viel diese auch für ihren Itschele und seine Familie tat, in

Tante Rocheles Augen war es nie genug. Sie und Großmutter fochten schreckliche Fehden aus, wenn es darum
ging, wer beim Kochen neben dem Besen stehen sollte.
Der Besen stand nämlich immer in der Ecke neben dem
Herd, und keine von beiden wollte eine so untergeord-
nete Position einnehmen. Nicht zu Unrecht argumentierte Großmutter, daß ihr als der Rebezzin und der
Älteren – unberufen! – der beste Platz am Herd zustehe.
Tante Rochele hingegen begründete ihren Anspruch
einzig und allein damit, daß sie, die Tochter des berühmten Autors und Rabbis, Reb Jesaja Rachewer, es
nicht nötig habe, sich von irgend jemandem auf den
zweiten Platz verweisen zu lassen.

Diese Kabbelei zog sich jahrelang hin. Eines Tages, als
sie gerade in voller Blüte stand, offerierte ich eine Lösung des Problems: Wenn der Besen nicht mehr in der
Küche stände, gäbe es keine Zänkereien mehr. Großmutter schien verblüfft über diese einfache Lösung, auf
die sie selber nicht gekommen wäre. Dann aber sah sie
mich höchst mißbilligend an. Wie konnte ich, ein kleiner Junge, es wagen, ein so schwieriges Problem, das
schon so lange existierte, zu lösen?

»Lern deine Lektionen und misch dich nicht in Kü-
chenangelegenheiten ein!« fuhr sie mich an. »Der Besen
steht schon jahrelang in der Küche und da bleibt er
auch!«

Der Streit wegen des Besens begann also von neuem.
Und das Problem wurde nie gelöst.

Eine fromme Katze, der die Tora lieber war als das Mäusefangen

Werktags hatte Großmutter schon genug damit zu tun, den Haushalt zu führen und ihren Verpflichtungen gegenüber der Gemeinde nachzukommen, am Vorabend des Sabbats aber und an den Feiertagen mußte sie noch emsiger sein.

In ihrem Haushalt begannen die Vorbereitungen für den Sabbat nicht, wie üblich, am Freitag, sondern schon am Donnerstagabend.

Gleich nach dem Essen schleppte Etel Nehe, die Dienstmagd, zwei volle Mehlsäcke in die Küche und schüttete das Mehl in zwei große Backtröge. Der eine war für das Sabbatbrot – die »Chale« – bestimmt, der andere für das in der kommenden Woche benötigte Brot und Gebäck.

Dann nahm Großmutter eine Handvoll Mehl, rubbelte es zwischen den Fingern, roch daran, probierte, wie es schmeckte, und beklagte sich jedesmal darüber, daß der Müller sie betrogen habe und das Mehl nicht mehr so fein und rein wie früher sei.

Nach diesem Ritual schätzte sie ab, wieviel Mehl in den Backtrögen war, und befand, das Quantum sei zu groß für den wöchentlichen Bedarf. Dann warf sie eine Handvoll Mehl wieder in den Sack. Aus ihrer selbstzufriedenen Miene hätte man schließen können, daß sie soeben ein Vermögen gespart hatte.

Dann nahm sie eine halbe Handvoll Mehl aus dem Sack, warf es wieder in den Backtrog und sagte: »Nu, soll sein – dem Schabbes zu Ehren.«

Etel Nehe krempelte die Ärmel hoch und goß Wasser

auf das Mehl. Großmutter half ihr beim Hinzufügen der Hefe und betete um gutes Gelingen.

Den ganzen Donnerstagabend roch es in der Küche nach Hefeteig. Im Herd loderte das Feuer, und Etel Nehe verrichtete, von Großmutter unterstützt, wahre Herkulesarbeiten mit Schürhaken, Topflappen und Schöpflöffeln. Sabbatstriezel, Semmeln, Mohnkuchen, Eierplätzchen und andere Backwaren wurden in Hülle und Fülle aus dem Backrohr geholt.

Um Mitternacht gingen die Frauen zu Bett. Bei Tagesanbruch waren sie schon wieder auf den Beinen. Gleich nach der Morgenandacht in der Frauensynagoge ging Großmutter wieder in die Küche, um das Freitagessen zuzubereiten: Schmorfleisch und warmes Weißbrot. Als wäre es gesetzlich vorgeschrieben, gab es dieses Gericht jeden Freitag. Ich jedenfalls hätte eine solche Vorschrift für sehr weise gehalten, denn bei dieser Mahlzeit fühlte ich mich immer wie im siebten Himmel.

Großmutter wollte mir aber nie ein Stück vom »Wyskrobek« geben, einem aus Teigresten gebackenen Brot, auf das ich ganz versessen war. Dieser Laib Brot gehörte nach altem Brauch dem Wasserträger Chaim, der dafür sorgte, daß das riesige Faß im Flur immer gefüllt war.

Dieser Chaim war so strohdumm, daß er nicht einmal zusammenzählen konnte, wie viele Eimer Wasser er im Lauf einer Woche gebracht und wieviel Geld er dafür zu bekommen hatte.

»Das weiß ich nicht mehr, Rebezzin«, sagte er jedesmal und steckte sich den Laib Brot unters Hemd.

Großmutter fragte dann immer bei seiner Frau nach, aber die war genau so dußlig wie er.

»Eine Frau muß doch wissen, wieviel Geld ihr Mann zu bekommen hat!« sagte Großmutter entsetzt. »Ihr könntet ja betrogen werden.«

»Was kümmert's mich?« entgegnete Chaims Frau achselzuckend und lachte. »Sein Rücken kostet mich doch kein Geld. Wenn er schon Wasser schleppen muß, dann kann er auch ein paar Eimer mehr tragen.«

Obwohl ich Chaim gern hatte, weil er immer so gutmütig war, konnte ich ihm nicht verzeihen, daß er das Brot mitnahm, nach dem es mich jeden Freitagnachmittag mit jungenhafter Gier gelüstete. Meine Enttäuschung wurde allerdings wettgemacht durch die köstlichen Plätzchen, die mir Großmutter nach dem Essen zum Knabbern gab.

Sobald wir gegessen hatten, begann sie, alles im Haushalt für den Sabbat blitzsauber zu machen. Zuerst mußte eine ganze Menge Silbergerät poliert werden: Leuchter, Bestecke, Salzstreuer und Gewürzbehälter. Etel Nehe schrubbte Tische und Bänke, wischte Staub und fegte. Und jedesmal bemühten sich die beiden, die Hauskatze, die so gern neben Großvaters Lehnstuhl saß, aus dem Studierzimmer zu scheuchen. Aber diese Katze war einfach nicht zu bewegen, ihren Platz neben Großvater zu verlassen. Großmutter wollte, daß sie sich, wie es sich gehörte, in der Küche aufhielt und auf Mäusefang ging, doch diese merkwürdige Katze fand den Geruch von Hühnermägen, Milch und Rahm kein bißchen verlockend. Aus einem rätselhaften Grund blieb sie lieber im Studierzimmer bei den heiligen Büchern, der Tora und den Gerichtsverfahren. Sie hockte sich unweigerlich auf den Stuhl neben Großvaters Sessel, schnurrte zufrieden und lauschte der überlieferten Kunde von der Tora und der Jüdischkeit.

»In die muß die Seele eines Verstorbenen gewandert sein!« murmelte Großmutter, wenn sie versuchte, die eigensinnige Katze vom Stuhl zu scheuchen, damit er für den Sabbat geschrubbt werden konnte.

Was Großmutter dieser Katze noch übler nahm, war, daß Großvater ihr mehr Zuneigung entgegenbrachte als seiner eigenen Frau. Obzwar er die Katze nie berührte – er erachtete es als unschicklich für einen Juden, ein Tier zu streicheln –, erlaubte er niemandem, sie von seiner Seite zu verjagen. Großmutter hingegen wurde (ausgenommen beim Sedermahl an Pessach) nie die Ehre zuteil, neben ihrem Mann sitzen zu dürfen. Das Studierzimmer betrat sie nur am Vorabend des Sabbats, um gemeinsam mit ihren Töchtern und Enkelinnen den gesegneten Wein zu trinken.

Ich liebte den Sabbat in Bilgoraj. In dieser frommen, altmodischen Gemeinde spürte man die Heiligkeit dieses Tages bereits am Freitagmorgen. Auf dem Marktplatz boten die Marktfrauen in festlicher Stimmung Fisch, Obst und Gemüse feil. Der Badewärter schlug eifrig die Trommel, um die Juden aufzufordern, in die *mikwe* zu gehen. Die Männer schlenderten an Großvaters Haus vorbei, jeder mit einem Bündel frischer Unterwäsche. Die Ärmeren unter ihnen gingen sofort nach dem Dampfbad in den Laden von Jechiel, dem Frauenlehrer, um zu Ehren des Sabbats ihre Stiefel einzuölen. Von dem Lebertran, den sie dazu benutzten, wurden die Stiefel blau.

Die Frauen und Mädchen waren eifrig mit Vorbereitungen für den Sabbat beschäftigt. Kurz vor Sonnenuntergang ging der Schammes von Haus zu Haus, klopfte mit einem Holzhammer an die Fensterläden und skandierte: »Männer, Frauen, Zeit zum Kerzenanzünden!«

Der dumpfe Klang des Holzhammers ließ die Hausfrauen erwartungsvoll erschauern.

Meine Großmutter zog ein seidenes Kleid an, das in allen Regenbogenfarben schimmerte: gelb, dann grün, dann blau, dann wieder gelb. Statt ihres Wochentagskopftuches trug sie eine Satinhaube, die mit Kirschen, Johannisbeeren, Weintrauben und anderen Früchten sowie mit Schleifen dekoriert war. An ihren Ohrläppchen baumelten brillantenbesetzte Gehänge. Sie schlang sich eine Perlenkette um den Hals, die, wie man munkelte, ein Vermögen wert sein sollte, und steckte sich Spangen, Broschen und andere Schmuckstücke an, die sie seit ihrer Hochzeit besaß.

Und sie stellte viele silberne Kerzenleuchter auf, über die sie zahlreiche Benediktionen und Gebete sprach.

Großvater kam aus dem Badehaus zurück – sein Gesicht war gerötet und glänzte, seine Schläfenlocken waren noch feucht und deshalb doppelt so lang wie sonst. Sein weitärmeliges Hemd war nicht zugeknöpft sondern am Kragen mit einer Schleife aus Schnur zugebunden. Seine Kniestrümpfe waren blendend weiß, genau wie sein Hemd, dessen strahlendes Weiß durch das Tiefschwarz des seidenen Sabbatkaftans und durch den dunklen, pelzverbrämten Hut betont wurde.

»Schabbes! Schabbes!« murmelte er immer wieder und trieb die Mitglieder seines Haushalts zur Eile an, bevor er selbst zum Gottesdienst eilte.

Die alte Synagoge mit ihren Stützpfeilern, Messingkandelabern und Wandleuchtern erstrahlte im Kerzenlicht. Um die geöffneten Fenster hoch oben in der Decke flatterten Vögel, tschilpten und zwitscherten. Die zwölf Tierkreiszeichen (an Stelle der nackten »Jungfrau« war eine Blume abgebildet) blickten von den Wänden herab und wirkten genau so festlich wie die den Toraschrein bewachenden Löwen. Koppel, der Kantor, ein stämmiger Mann, der von Beruf Seiler war, und sein Männerchor begrüßten jubilierend den Sabbat. Jedes Wort des Kantors hallte von den Wänden des alten Gebäudes wider. Die Menge der Gläubigen stimmte ein, und ihr

Singsang klang wie Blätterrascheln im Sturmwind. Ich weiß nicht, ob der Kantor ein guter Sänger war, aber noch heute höre ich den süßen Widerhall seines »Gepriesen seist Du, Herr, unser Gott.«

»Vierzig Jahre lang war Ich betrübt über dieses Geschlecht und sagte, es ist ein Volk, das auf Abwege gerät und Meine Wege nicht erkannt hat . . .« kantillierte er leidenschaftlich, und die dichten Reihen der Gläubigen, deren Gesichter vor freudiger Erregung über den Sabbat glühten, respondierten: »Singet dem Herrn ein neues Lied . . .« – so lebhaft und kraftvoll, daß die Wände, die Pfeiler, die Kandelaber und sogar die Löwen über dem Toraschrein zu erzittern schienen. Am lautesten und inbrünstigsten psalmodierte mein Großvater. Obwohl er ein *mitnagged* und von Natur aus wortkarg war, versetzte ihn die Heiligkeit dieser Stunde in Ekstase. Er betete mit einer so leidenschaftlichen Freude, als wären der Gottesdienst, die Synagoge und die frommen Juden, deren Hirte er war, für ihn die Quintessenz des Lebens.

Nach den Gebeten rezitierte Koppel den Kiddusch, die Heiligung des Sabbats, und dann ließ Schmul, der Schammes, alle Jugendlichen ein Schlückchen Wein aus dem großen Silberbecher trinken. Die kleinen Jungen rauften sich darum wie Gassenbengel. Mir, dem Enkel des Rabbiners, wurde diese Ehre natürlich als erstem zuteil. Danach ging Großvater in der Synagoge umher und ließ sich von den Männern »Guten Schabbes« wünschen.

Daheim in Großvaters Studierzimmer war der Tisch bereits gedeckt. Im Schein der Petroleumlampe und der zahlreichen Kerzen schimmerten die gelben Blätter auf den Wandteppichen. Alles auf dem Tisch – der Wein in der Karaffe, die Tücher über den Sabbatstriezeln, die

Bestecke und die Becher – spiegelte das Kerzenlicht wider. Großmutters Perlenkette, Ohrgehänge und Broschen funkelten farbenprächtig.

Großvater sprach den Kiddusch, dann reichte er seiner Frau, den anderen weiblichen Familienmitgliedern und Etel Nehe den Becher mit Wein. Und dann brachte ich ihm den schweren kupfernen Schöpflöffel für das rituelle Händewaschen.

Zwischen dem Kiddusch und dem Segensspruch über das Sabbatbrot führte Großmutter jedesmal eine Art Pantomime auf. Sie betrachtete die Weißbrotstriezel, dann nickte sie den anderen Frauen zu. Alles an ihr schien vor Stolz zu strahlen, wenn die *chaless* gelungen waren, oder aber vor Verzweiflung zu vergehen, wenn die Sabbatstriezel nicht ganz so ausgefallen waren, wie sie es sich vorgestellt hatte. Mir schmeckten sie sogar besser, wenn sie nicht ganz durchgebacken waren. Großmutter aber war darüber immer tief bekümmert. Zum Glück gelangen ihr die Sabbatstriezel meistens tadellos.

Wenn Großvater das Sabbatbrot gesegnet und jedem weiblichen Familienmitglied eine Scheibe gegeben hatte, zogen sich die Frauen in die Küche zurück, um dort zu essen. Ins Studierzimmer kamen sie nur zurück, um meinem Großvater, mir, meinem Vetter Eli und den Männern, die Großvater zum Sabbatmahl eingeladen hatte, die verschiedenen Gänge aufzutragen. Der Gäste wegen mußten sie getrennt von uns essen, denn Großvater war strikt dagegen, daß Frauen gemeinsam mit fremden Männern am Eßtisch saßen.

Großmutter wurmte es, daß sie, ihre Töchter und ihre Schwiegertöchter durch die Anwesenheit von Bettlern gezwungen waren, wie Dienstboten in der Küche zu essen. Das ärgerte sie allerdings weniger, wenn achtbare Männer zu Gast waren, etwa ein Autor, ein Jeschiwastudent, ein Magnat oder ein Besucher aus Jerusalem. Sie sah ein, daß Frauen in Gegenwart solcher Persönlichkeiten nicht mit am Eßtisch zu sitzen hatten. Aber sie war erbost, wenn sie sich wieder einmal wegen irgendeines Fleischhauers oder Hausierers zurückziehen mußte, den Großvater am Sabbat aus der Synagoge mit nach Hause gebracht hatte.

Großvater suchte absichtlich immer die verlottertsten Bettler und die abstoßendsten Krüppel und Sonderlinge aus, die kein anderes Familienoberhaupt ins Haus gelassen hätte. Großmutter konnte die verdreckten, krätzigen Stromer nicht ausstehen, die das schneeweiße Tischtuch besudelten und Wein aus den Silberbechern schlabberten. Wenn sie das Studierzimmer betrat, zählte sie jedesmal das Tafelsilber nach. Und wenn sie wieder in der Küche war, brummelte sie: »Nichts Sündhaftes soll mir über die Lippen kommen, aber mein Haus wird zur Kaschemme gemacht ...«

Großvater wollte keine Einwände gegen seine Lumpensammler hören. »Eßt, Leute!« drängte er sie. »Wartet nicht, bis euch etwas angeboten wird!«

Sie warteten nicht. Wie ausgehungerte Schweine am Futtertrog machten sie sich über Großmutters leckere Gerichte her. Sie schmatzten, schlürften, rülpsten, sabberten. Sie tunkten Brot in die Fischbrühe, die Hühnersuppe, den Wein, den Kren, das Zwetschgenmus. Sie wischten ihre Teller mit Brot aus und vertilgten sogar die Krumen, die aufs Tischtuch gefallen oder in ihren Bärten hängengeblieben waren. Ihre schmutzigen Fingernägel und blutunterlaufenen Augen, ihr muffiger Geruch und ihre abscheulichen Eßgewohnheiten ekelten mich derart an, daß mir der Appetit auf Großmutters köstlichen Fisch, die leckere Suppe und das Huhn mit Mohrrüben verging. Wenn sie statt des Bestecks ihre rostigen, schmutzigen Taschenmesser benutzten, um das Essen aufzuspießen und in sich hineinzustopfen, mußte ich wegsehen.

Aber zum Ausgleich dafür machte es mir großen Spaß, wenn sie wie verrückt gestikulierten und allerlei Geschichten und Anekdoten zum Besten gaben. Sie erzählten fabelhafte Geschichten über ihre Erlebnisse in fernen Städten, über die Familien, bei denen sie Mahlzeiten geschnorrt hatten. Das war ihr Lieblingsthema – die knauserigen oder freigebigen Gastgeber, bei denen sie auf ihrer Wanderschaft am Sabbat verköstigt worden waren.

»Und ob ich in Turobin deftig zu futtern bekommen habe!« sagte ein Stromer prahlerisch zu einem anderen. »Dort tischen sie einem nicht bloß Fisch und Fleisch auf, sondern auch Kalbsfußsülze und Zwiebeln mit Schmalz und obendrein Borschtsch und Kartoffeln. Nicht für zwei Gulden würde ich dir diesen Honigtopf überlassen!«

Worauf der andere sagte: »Mein Mistkerl in Izbica soll in der Hölle schmoren! Eine einzige Scheibe Sabbatstriezel und dann bloß noch gewöhnliches Brot! Keine dritte Mahlzeit! Seine Gedärme sollen brandig werden und verdorren!«

Großvater war entsetzt, am Sabbat solche Schimpfwörter und Flüche mitanhören zu müssen, aber er brachte es nicht über sich, die Bettler durch eine Rüge zu beschämen. »Eßt, Leute, eßt!« sagte er, um sie daran zu erinnern, daß sie zum Schmausen und nicht zum Diskutieren hier waren.

Die Bettler scherten sich nicht um ihn, sondern redeten weiter und beklagten sich über alles mögliche.

Ich hatte meinen Spaß an ihren derben Ausdrücken,

ihren gepfefferten Geschichten und an der Art und Weise, wie diese Stromer, obwohl Sabbat war, ihre Geschäfte am Eßtisch abwickelten. Sie verscherbelten den Zucker, den sie von geizigen Familienvätern an Stelle von Geld bekommen hatten. Und es kam sogar vor, daß sie, während sie am Tisch saßen, einen Handel abschlossen, bei dem es um Lumpen, alte Stiefel und anderen Trödel ging.

Endlich überwand sich Großvater dazu, sie zurechtzuweisen. »Jetzt reicht's aber, Leute! Heute ist doch Schabbes!«

Aber sie hörten nicht auf. Und sie waren auch nicht bereit, Großvater die Beutel mit Münzen, die sie sich um den Hals gehängt hatten, zur Aufbewahrung zu geben. Es grämte ihn, daß sie ihm die paar Groschen nicht bis Sabbatausgang anvertrauen wollten.

»Von mir habt ihr doch, gottlob, nichts zu befürchten! Die wohlhabendsten Leute im Schtetl lassen mich ihre Wertsachen aufbewahren.«

Das war keine Aufschneiderei. Ein großer Teil der Wertsachen, um die in Bilgoraj bei Gerichtsverfahren oder anderweitig gestritten wurde, war in einer großen, mit Fell bezogenen Truhe eingelagert, die in Großvaters Schlafzimmer unter Verschluß gehalten wurde.

Er versicherte den Bettlern, daß ihre Münzen bei ihm gut aufgehoben wären und wies sie darauf hin, daß Juden am Sabbat kein Geld bei sich tragen dürfen.

»Wir haben doch gar kein Geld bei uns«, erwiderten sie und schüttelten argwöhnisch den Kopf. »Wir schwören es bei unserem Leben, Rebbe.«

»Das solltet ihr nicht tun«, ermahnte sie mein Großvater. »Juden dürfen nicht schwören … Eßt, Leute, eßt!«

Woraufhin sie alles wegputzten, was noch übrig war.

Noch gefräßiger wurden sie, wenn die warme Kalbsfuß-sülze mit Eigelbscheiben und Brot, das Hühnerfett mit Zwiebeln, der »Kugl«, die »Kischkess«, die geschmorten Mohrrüben und andere Leckerbissen aufgetragen wurden. Die Bärte der gesättigten Bettler glänzten vor lauter Fett.

Die fromme Katze, die so gern Großvaters Sabbathymnen lauschte, öffnete das eine Auge, warf dieser widerwärtigen Bande einen grimmig-verächtlichen Blick zu und kuschelte sich dann um so selbstgefälliger auf ihren Platz neben Großvaters Rabbinerstuhl.

Frajdel, das schwarze Schaf der Familie

Gleich nach dem Segensspruch machte Großvater ein Nickerchen, und ich ging hinüber in Onkel Josefs Wohnung, wo der Sabbat nicht so ernst genommen wurde und wo ich mit meinen Vettern und Kusinen spielen konnte. Egal, was wir trieben und welche Spiele wir trotz des Sabbats spielten, Onkel Josef ließ uns immer gewähren. Durch den heiligen Tag seines liebsten Zeitvertreibs – Rauchen und Zahlenkritzeln – beraubt, vergnügte er sich so gut es ging damit, literweise Tee in sich hineinzuschütten, den Tante Sara Chiza ihm brachte, und damit, jeden über alles auszufragen. Selbst die unwichtigsten Dinge interessierten ihn. Scharfzüngig spottete und stichelte er. Sein Lieblingsthema war Frajdel, seine Tochter aus erster Ehe.

Frajdel, im Gegensatz zu ihren rothaarigen Stiefgeschwistern ein brünetter Typ, besuchte das Gymnasium in Novograd Volynskiy. Sie staffierte sich gern heraus und sprach mit Vorliebe Russisch. Von Zeit zu Zeit besuchte sie ihren Vater in Bilgoraj, aber sobald sie da war, begann auch schon die Streiterei.

Diese Frajdel galt als das schwarze Schaf der Familie. Die Chassidim, die meinem Großvater feindlich gesinnt waren, behaupteten, er sei, weil er ihre Heiligen verachte, mit einer ketzerischen Enkelin bestraft worden, einer Abtrünnigen, die gojische Sprachen spreche und Lackschuhe trage. Mir kam das junge Mädchen aus der fremden Stadt wie eine Besucherin von einem fernen Planeten vor. Ich gaffte sie an, wenn sie sich eine Zigarette aus Onkel Josefs Dose nahm, den Rauch gleichzeitig aus Mund und Nase ausstieß und sich währenddessen heftig mit ihrem Vater zankte – wegen einer geheimnisvollen Erbschaft, die ihre Mutter ihr hinterlassen und die er angeblich verplempert hatte; oder wegen der Tatsache, daß er sie nicht leiden konnte.

Onkel Josef tadelte seine Tochter wegen ihres unjüdischen Benehmens nicht. Aber er sagte, sie vergeude doch bloß ihre Zeit damit, zur Schule zu gehen. Sie sollte lieber in Bilgoraj bleiben und einen akzeptablen jungen Mann heiraten.

Daraufhin zeterte Frajdel, wie es kein anständiges Mädchen in Bilgoraj gewagt hätte. »Irgendeinen Itsche Meier heiraten und in diesem Kaff versauern? Ich nicht! Lieber spring' ich in den Fluß!«

»Was willst du eigentlich?« fragte ihr Vater und blies ihr Rauch ins Gesicht.

»Studieren und Zahnärztin werden«, fauchte sie ihn an und blies ihm Rauch ins Gesicht.

Das Wort »Zahnärztin« erfüllte mich derart mit Ehrfurcht, daß ich kaum zu atmen wagte. Ich konnte dieses erstaunliche Geschöpf mit der wippenden Zigarette zwischen den Lippen nur anstarren und mich darüber wundern, daß wir Blutsverwandte waren.

Am Sabbat gerieten Vater und Tochter immer besonders heftig aneinander, weil sie dann keine Zigaretten schmauchen durften. Aber in Onkel Josefs Wohnung hatten selbst die Zänkereien etwas Spielerisches an sich, und ich verbrachte dort so manchen vergnüglichen Sabbat. Tante Sara Chiza, hochgewachsen und wie eine Bäckerei duftend, häufte immer wieder Kuchen und Plätzchen auf meinen Teller, und ich war mit der ganzen Welt versöhnt.

Für die letzte Mahlzeit am Sabbat kehrte ich stets in den von meinen Großeltern bewohnten Teil des Hauses zurück. In der Abenddämmerung saß Großmutter in ihrer riesigen Küche und sagte ihre Gebete auf. Sie rezitierte sie in Hebräisch und Jiddisch und war mit Leib und Seele bei der Sache. Noch heute höre ich ihre psalmodierende Stimme: »Gott Abrahams, Isaaks und Jakobs, bewahre die Kinder Israel vor allem Bösen . . .«

Danach sang sie ein Lied über den Propheten Elias, der das Kommen des Messias ankündigen wird.

Ein Vers lautete ungefähr so:

> »Auf einem Berg in weiten Fernen,
> sein Gipfel ragt bis zu den Sternen,
> steht eine Leiter, und auf ihr steht,
> posaunend, Elias der Prophet.
> Für das Volk Israel tönt die Posaune . . .
> Elias aus Gilead, blase, blase!
> Laß diese Woche Wahrheit werden,
> daß der Messias erscheint auf Erden . . .«

Danach sang sie:

> »Hanna trug sieben Töchter im Schoß,
> doch Hungers zu sterben war deren Los.
> Behüte uns, o Herr der Not,
> Bewahre uns vor frühem Tod . . .
>
> Eine glückliche Woche sei uns beschieden,
> Segen und Wohlstand schenk uns hienieden,
> und die Erlösung, die unsere Weisen
> den Kindern Israel verheißen . . .
>
> Elias, spute dich, großer Prophet,
> damit es jetzt in Erfüllung geht!«

Obwohl ihre Söhne sich darüber lustig machten, versäumte sie nie, jede Woche vor Sabbatausgang diese simplen Verse zu singen. Simele und Tojbele, meine

elternlosen Kusinen, stimmten leise ein Lied über die
Liebe zwischen einem König und einer Prinzessin an:

»Das Vöglein flog ohne Rast und Ruh,
ja, ohne Ruh,
ins Königreich, doch da waren
die Fensterläden zu,
ja, zu.

Steh auf, steh auf, du schöne Maid,
Botschaft vom König bring ich dir heut! ...«

Obzwar es in Großvaters Haus den Frauen üblicherweise nicht erlaubt war, zu singen, wurde in diesem Fall
eine Ausnahme gemacht, weil es sich nicht um ein
gewöhnliches Liebeslied handelte, sondern um eine Pa-
rabel über Gott und die Kinder Israel. Mit dem König
war Gott gemeint, mit der Prinzessin das Volk Israel
und mit dem Vogel ein Bote des Allmächtigen, der die
Botschaft von der Erlösung überbringt. Ob die beiden
Mädchen sich über den tieferen Sinn des Liedes im
klaren waren, ist fraglich. Jedenfalls aber sangen sie es
sehr ergreifend.

Lieder ganz anderer Art waren in Großvaters Studierzimmer zu hören, wo die Armen der Gemeinde,
zumeist Siebmacher, sich in der anbrechenden Dunkel-
heit versammelten und die Hymnen zum Sabbatausgang sangen.

Das Hauptgewerbe in Bilgoraj war die Siebmacherei.
Die Siebe wurden in alle Gegenden Rußlands und auch
in andere Länder geliefert. Die Bauern stellten nur in
den Wintermonaten Siebe her, aber die ortsansässigen
jüdischen Siebmacherfamilien (etliche hundert) arbeiteten jahrein, jahraus. Die Frauen sammelten das Roßhaar, aus dem die Siebe gemacht wurden, reinigten und

wuschen es. Die Männer saßen an den Webstühlen –
wie Spinnen, die zwischen Stangen und Seilen in der
Falle sitzen – und webten das Roßhaar. Es war eine
ungesunde Arbeit, die nach zwanzig Jahren oder schon
früher zu Schwindsucht führte. Die meisten Siebmacher begannen schon vor Tagesanbruch mit der Arbeit
und schafften bis spätabends. Ständig über ihre Web-
stühle gebeugt, wurden sie allmählich bucklig und halb-
blind. Ihre Lunge wurde vom Husten zermürbt, ihr
Gesicht wurde blutleer. Und auch ihre Frauen siechten
dahin. Trotz harter Arbeit verdienten die Siebmacher
kaum genug, um ihre Familien zu ernähren. Die wenigen wohlhabenden Vertragslieferanten, die ihnen die
Aufträge erteilten, zahlten nur einen geringen Lohn für
die lange Arbeitszeit. Oft blieb einer Siebmacherfamilie,
nachdem sie sich eine Woche lang abgerackert hatte,
kein bißchen Geld übrig, um den Sabbat zu feiern, so
daß sie gezwungen war, an den Haustüren zu betteln.
Ich erinnere mich noch daran, wie beschämt sie wirkten, wenn sie in Großmutters Küche kamen. Großmutter verschenkte einen Laib Brot nach dem anderen, und
die Siebmacher bedankten sich und wünschten ihr
Gottes Segen. Danach zog Großmutter über die Chassidim her, zu denen jene Vertragslieferanten und einige
der schlimmsten Ausbeuter und Blutsauger im Schtetl
gehörten.

Die Straße, in der die Siebmacher wohnten, war ein
Elendsviertel, in dem Krankheiten grassierten. Die Vertragslieferanten hingegen wurden von Tag zu Tag fetter
und geschniegelter.

Es waren also die Siebmacher, diese armseligen, körperlich zerrütteten Männer, die ins Studierzimmer
meines Großvaters kamen, um die letzte Mahlzeit am
Sabbat mit ihm zu teilen, sich an gutem Brot und sau-

rem Hering zu laben und die Hymnen zu singen – gemeinsam mit ihrem verehrten Rabbiner, der sie um sich scharte, damit sie Leib und Seele stärken konnten. Er sprach ihnen Trost zu, hatte Erbarmen mit ihnen, sammelte Spenden für sie. Er redete jeden von ihnen, auch den Armseligsten, mit dem Ehrentitel »Reb« an, und hieß sie alle in seinem Studierzimmer willkommen. Sie kamen zu ihm, um sich an seiner Schulter auszuweinen und um ihre Arbeitgeber zu verklagen, insbesondere Reb Josua Maimon, den Ortsmagnaten, für den nahezu das ganze Schtetl arbeitete.

Die Gerichtsverhandlungen fanden zumeist samstagsabends nach Sabbatausgang statt. Großvater beauftragte Schmul, die streitenden Parteien vorzuladen. »Geh zu Reb Josua und lade ihn zu einem *din-tojre* vor!«

Schmul wußte sofort, welcher Reb Josua gemeint war, aber was die Gegenpartei – die Siebmacher – betraf, so gab es jedesmal Schwierigkeiten: Niemand wußte die Familiennamen dieser armen Teufel, jedermann kannte sie nur bei ihren Spitznamen, die ihnen von Spaßvögeln angehängt worden waren. Da es meinem Großvater widerstrebte, jemanden unter seinem Spitznamen zu einem *din-tojre* vorzuladen, sagte er zu Schmul nur: »Hol Berl, den Siebmacher.«

»Rebbe, hier gibt's wahrscheinlich genug Siebmacher namens Berl, um ein Quorum zu bilden.«

»Er wohnt in der Siebstraße.«

»Die wohnen alle in der Siebstraße, Rebbe.«

»Er ist ein armer Schlucker, ein ausgemergelter, zerrütteter Mann.«

»Die sind alle ausgemergelt und zerrüttet, Rebbe.«

»Ich meine den Berl, der für Reb Josua arbeitet.«

Der Schammes sah ein, daß sie auf diese Weise nicht weiterkamen, und begann herumzuraten: »Berl Nudel? Berl Buckel? Berl Geißbock? Berl Eunuche? Berl Krätze?«

»Nu geh schon!« brummelte Großvater, woraufhin Schmul annahm, daß Berl Krätze gemeint war.

Bei den Gerichtsverhandlungen ging es ziemlich laut zu. Die armen Siebmacher schluchzten, tobten, forderten Gerechtigkeit, Redlichkeit und Jüdischkeit. »Ist das gerecht?« jammerten sie. »Wir haben keine Kraft mehr zum Arbeiten und verdienen nicht genug, um unsere Familien zu ernähren.«

»Meinen gojischen Arbeitern zahle ich noch weniger«, erklärte Reb Josua ungerührt.

Großvater sprach über die Jüdischkeit. »Reb Josua, die Gojim haben als Rückhalt ihr eigenes Stück Land. Die Gojim essen nicht koscher, die Gojim brauchen für ihre Kinder keine Privatlehrer anzustellen, die Gojim arbeiten am Sabbat. Juden können, Gott soll schützen, nicht mit Gojim verglichen werden.«

»Als Geschäftsmann muß man Mittel und Wege finden, die Kosten zu senken«, erklärte Reb Josua, ohne auf die empörten Zwischenrufe der Arbeiter zu achten.

Reb Josua sah keineswegs wie ein reicher Mann aus. Sein Kaftan war schon ganz abgewetzt, sein Mützenschirm war fleckig. Er trug gestopfte Strümpfe und schlechtsitzende chassidische Schuhe. Aber so schäbig er auch wirkte – es hieß, daß er stinkreich sei.

Seine schlagfertigen Argumente waren so logisch und strotzten derart von Frömmigkeit und Toraweisheit, daß die armen, ungebildeten und so gar nicht zungenfertigen Siebmacher bei dem Versuch, ihre Argumente zu formulieren, in Verzweiflung gerieten.

Während eines solchen *din-tojre* regte sich ein Siebmacher derart auf, daß er zu schreien und zu stottern begann. »Rrr ... Rebbe, als ich n ... noch im Ch ...

Cheder war, hab' ich sch . . . sch . . . schon für Reb Josua gearbeitet – zusammen m . . . mit Frau und Kindern.«

Reb Josua kräuselte die Lippen. »Dummkopf! Als du im Cheder warst, hast du noch gar keine Frau und Kinder gehabt«, erklärte er mit unwiderlegbarer Logik und schüttelte gekünstelt salbungsvoll seinen Bart und seine Schläfenlocken.

Der Arbeiter brach vor lauter Verwirrung in Tränen aus. Großvater sprang auf und nahm ihn wie ein Kind in die Arme. »Gott ist der barmherzige Vater«, flüsterte er ihm zu und strich ihm über den ausgefransten Ärmel.

Um die mittellosen Parteien nicht in Verlegenheit zu bringen, nahm Großvater für solche Gerichtsverhandlungen kein Honorar, auch nicht von den wohlhabenden Parteien.

Nach einem solchen Rechtsstreit begann ich mit Gott zu hadern, weil er zuließ, daß die Armen so viel erdulden mußten. »Großvater«, rief ich, »warum macht Gott nicht alle Menschen gut?«

Großvater versuchte, mich mit allerlei Erklärungen zu beschwichtigen, aber damit wollte ich mich nicht abspeisen lassen. Da sah er mich mit seinen großen Augen durchdringend an und sagte: »Du bist noch zu jung, um das zu verstehen. Sag deine Gebete auf und geh zu Bett. Vertrau auf Gott und darauf, daß Er das Richtige tut.« Bei diesen Worten blickte er zum Himmel empor und seufzte tief. Dann rief er inbrünstig: »Ich glaube, Herr der Welt! Ich glaube!«

Aus der Art und Weise, wie er nach seiner Gemara griff und sich wieder in seine Studien vertiefte, konnte ich schließen, daß er sich grüblerischer Gedanken und quälender Fragen entledigen wollte.

Ich sagte nichts mehr. Ich beobachtete nur von meiner Schlafbank aus, wie er, über die Gemara gebeugt, am Tisch saß. Eine Art unbeugsame Kraft schien von diesem hochgewachsenen, strengen, ehrfurchtgebietenden Mann auszugehen, der offenbar für das Amt des Hirten einer Gemeinde geboren war. Er führte ein weises und gerechtes Regiment, fürchtete sich vor nichts und niemandem, achtete auf jede Kleinigkeit und gestand keinem Sonderrechte zu, egal, wie reich oder wie fromm oder wie mächtig jemand war.

Ich kann mich noch an den Tag erinnern, an dem einer der Gemeindevorsteher starb. Er war ein sehr wohlhabender und bei den Behörden sehr einflußreicher Mann gewesen. Ich glaube, er hieß David Lubliner. Als die Söhne des Verstorbenen zu meinem Großvater kamen und ihn baten, eine Lobrede auf ihren Vater zu halten, lehnte er ab. Seines Erachtens nach hatte der Verstorbene, auch wenn er ein angesehener und einflußreicher Jude gewesen war, nichts getan, was es gerechtfertigt hätte, ihn bevorzugt zu behandeln. Die Söhne fühlten sich vor den Kopf gestoßen. Sie boten meinem Großvater zuerst hundert und dann zweihundert Rubel, falls er seine Meinung ändern würde. Damals war das ein Vermögen, zumal für jemanden, der so große finanzielle Belastungen hatte wie Großvater. Trotzdem blieb er bei seiner Weigerung, wenngleich man ihn darauf hinwies, daß er sich dadurch Schwierigkeiten mit den Behörden einhandeln werde. Und obendrein hielt er am selben Tag eine Lobrede auf einen anderen Verstorbenen, der bettelarm, aber als gelehrter und gottesfürchtiger Jude bekannt gewesen war. Die Söhne des reichen Mannes waren darüber erst recht entrüstet, wagten es aber nicht, meinem Großvater Vorwürfe zu machen. Auch die Chassidim opponierten nicht öffentlich gegen ihn, obwohl er über ihre Heiligen und Wunderrabbis spöttelte.

Ich erinnere mich an einen heftigen Disput, der zwischen den Anhängern des Rabbis von Radzyn und jenen Chassidim entbrannte, die entweder dem Rabbi von Zgierz oder dem von Turisk, von Belz, von Gorlitz, von Rudnik, von Nowy Sacz oder anderen Rabbis Treue gelobt hatten. Es ging um die Weigerung der Beerdigungsbruderschaft, einen Radzyner Chassiden in einem Gebetsmantel mit blauen Quasten zu bestatten.

Der Radzyner Rabbi, Reb Gerschon Henich, war tiefbesorgt darüber, daß die Juden in der Diaspora die Quasten ihrer Gebetsmäntel nicht purpurblau färbten, wie es die Tora vorschreibt und wie die Juden es getan hatten, als sie noch im Land Israel ansässig waren. Er stellte eingehende Nachforschungen an und fand heraus, daß das Blut einer im Mittelmeerraum heimischen Schneckenart einen solchen purpurblauen Farbstoff enthält. Etliche dieser Schnecken brachte er mit nach Radzyn, wo er ihnen das Blut abzapfte, um damit die Quasten an den Gebetsmänteln seiner Anhänger zu färben. Gleichzeitig ließ er an alle anderen chassidischen Rabbis und Mystiker die Aufforderung ergehen, das von ihm eingeführte Verfahren zu übernehmen und ihren Anhängern zu befehlen, ihre Gebetsmantelquasten blau zu färben.

Daraufhin wurden die rabbinischen Höfe von einem heftigen Sturm gebeutelt. Rabbis und Mystiker behaupteten, die richtige Farbe der Quasten werde man erst beim Kommen des Messias erfahren, und es stehe keinem Lebenden zu, darüber zu entscheiden. Der Radzyner Rabbi, ein geübter Polemiker, warf seinen Gegnern vor, sie mißgönnten ihm die Ehre, die ihm gebühre, und erlaubten ihren Anhängern, in rituellen Gewändern zu beten, deren Quasten nicht purpurblau seien, was der Tora zufolge das gleiche bedeute, wie überhaupt keine

Quasten zu tragen. Die Chassidim anderer rabbinischer Höfe behaupteten, daß der Radzyner Rabbi aus purer Gehässigkeit heiligmäßige Juden einer derartigen Sündhaftigkeit zeihe. Außerdem ließen sie durchblicken, daß er nur aus Gewinnsucht so handle, da er ein Monopol auf die blauen Quasten habe und für den Farbstoff einen himmelschreiend hohen Preis verlange.

Dieser Streit tobte schon jahrzehntelang zwischen den polnischen Juden. Die gegnerischen Parteien zogen übereinander her, und manchmal kam es sogar zu Handgreiflichkeiten. Wegen der blauen Quasten wurden Verlobungen gelöst und Ehen geschieden.

Zu dem Zeitpunkt, von dem ich spreche, war gerade ein Radzyner Chassid gestorben, und die Mitglieder der Beerdigungsbruderschaft, die Anhänger anderer chassidischer Rabbis waren, weigerten sich, ihn in seinem Gebetsmantel mit den blauen Quasten zu bestatten, obwohl die Söhne und Verwandten des Verstorbenen darauf bestanden. Zwietracht brachte das ganze Schtetl durcheinander, während der Leichnam unbeachtet dalag. Mein Großvater zitierte die Mitglieder der Beerdigungsbruderschaft zu sich und befahl ihnen kurz und bündig, den Toten in seinem Gebetsmantel mit den blauen Quasten zu bestatten.

Für die Mitglieder der Bruderschaft war das ein schwerer Schlag. Gleichwohl versuchten sie, Einwände zu erheben.

»Rebbe, was Ihr von uns verlangt, ist eine Sünde wider Gott.«

»Eine viel schlimmere Sünde wider Gott ist es, wenn Juden miteinander streiten«, entgegnete Großvater. »Ich nehme die Sünde auf mich.«

Die erbitterten Chassidim fügten sich dem Rabbiner, dem niemand in Bilgoraj, nicht einmal die schamlosesten Ketzer, zu widersprechen wagte. Sogar ein Spitzel, den Großvater immer wieder wegen seiner üblen Machenschaften geißelte, wagte keine Widerrede, sondern hörte sich Großvaters Warnungen und Vorwürfe schweigend an.

Eines Tages kamen einige Leute zu Großvater und berichteten, daß auf der Hochzeit des Sohnes des Stadtmusikanten und der Tochter des Baders Männer und Frauen miteinander tanzten.

Musikanten und Bader gehörten damals zwar dem niedersten Stand an, aber Großvater duldete nicht, daß irgend jemand im Schtetl gegen die guten Sitten verstieß. Er zog schleunigst seinen Sabbatkaftan an, setzte seinen Samthut auf und ging zusammen mit Schmul zum Haus des Baders, um nachzusehen, ob man sich dort wirklich so unschicklich aufführte. Als die jungen Musikanten und ihre Liebchen hörten, daß der Rabbiner im Anzug war, löschten sie flugs die Lampen und entwischten durch die Fenster.

Die Leute von Bilgoraj zitterten vor dem Zorn ihres Rabbiners.

An zwei Erlebnisse, die ich im Haus meines Großvaters hatte, kann ich mich besonders lebhaft erinnern.

Eines Tages hielt vor dem Haus ein mit Stroh aufgeschüttetes Fuhrwerk, aus dem eine zusammengekauerte Gestalt spähte, die einen Rabbinerhut trug und ein breites Halstuch umgebunden hatte. Der Kutscher hob einen zwergenhaft kleinen Mann herunter, der, obwohl es ein heißer Tag war, mehrere Kaftane übereinander angezogen hatte.

Plötzlich kam Tante Rochele aus der Küche gestürmt, kniff sich vor Aufregung in die Wangen und rief: »Papa! Papa! Itschele, schau, wer da ist! Papa höchstpersönlich!«

Es war der berühmte Reb Jesaja Rachewer, Rabbi von Wysokie und Verfasser unzähliger Traktate, in denen alles Erdenkliche für verboten erklärt wurde.

Sobald er sich aus seinen Halstüchern und Kaftanen geschält und sich gründlich die Hände gewaschen hatte, verkündete er die neuesten von ihm formulierten Verbote.

»Wißt Ihr, *m'chutn*, ich habe in Kartoffeln eine Spur Hefe entdeckt – deshalb dürfen an Pessach keine Kartoffeln mehr gegessen werden«, sagte er voller Genugtuung. Und sogleich zitierte er aus der Tora, um seine Feststellung zu erhärten.

Großvater erlaubte sich ein leichtes Lächeln. »Was sollen dann die Juden an Pessach essen, Reb Jesaja?«

Ohne darauf zu antworten, zählte Reb Jesaja all die anderen Verbote auf, die einzuhalten für die Juden eine Ehrensache sei.

Großvater hörte ihm schweigend zu, dann lächelte er wieder sein strahlendes Lächeln. »Etwas Neues zu finden, das Juden *nicht* tun dürfen, ist leicht. Es wäre besser, etwas zu finden, das Juden *tun* dürfen ... Arme Leute müssen essen, Reb Jesaja.«

Als Reb Jesaja weitere Beweise auskramte, bat ihn Großvater, den Imbiß einzunehmen, den Großmutter aufgetischt hatte. »Eßt und laßt auch die anderen Juden essen!« sagte er anzüglich.

Doch der bornierte alte Fanatiker nahm gar keine Notiz davon, sondern schwafelte weiter über seine Theorien, die darauf hinausliefen, daß für Juden einfach alles verboten sei.

Onkel Itsche machte sich immer über seinen Schwiegervater lustig. Er erzählte uns einmal, Reb Jesaja sei eines Tages mit Rochele nach Lublin gefahren. Um nur ja keinen Verdacht aufkommen zu lassen, daß er mit einem fremden weiblichen Wesen im selben Wagen sitze, habe er alle paar Meter verkündet: »Juden, ihr müßt wissen, daß dies meine eigene Tochter ist . . . Juden, ihr müßt wissen . . .«

Es machte mir großen Spaß, dem Meinungsaustausch zwischen Reb Jesaja und meinem Großvater zuzuhören.

Ein anderes Erlebnis, das mich sehr beeindruckte, war die Begegnung meines Großvaters mit einem angeblichen chassidischen Heiligen.

Dieser war der Sproß einer Tschernobyler Dynastie – ein gewisser Reb Mottele Kasimirer, der nach Bilgoraj gekommen war, um bei seinen Anhängern Spenden zu sammeln. Wie es Brauch war, machte er einen Höflichkeitsbesuch beim Rabbiner. Obzwar mein Großvater ein *mitnagged* war, empfing er den berühmten Besucher mit großem Zeremoniell und bot ihm den Ehrenplatz an. Der Heilige ließ sich neben Großvater nieder. Seine Anhänger und Konsorten scharten sich um ihn.

Großmutter brachte Schüsseln mit Äpfeln, Birnen und Pflaumen herein, und Großvater sprach, wie üblich, sofort über hochgeistige Dinge. Doch der Heilige, der allem Anschein nach kein großer Gelehrter war, wollte sich auf eine solche Diskussion nicht einlassen. Statt dessen begann er zu summen, zu singen, zu gestikulieren und allerlei Heiligenmätzchen zu treiben. Außerdem spielte er sich damit auf, daß er in der Gematrie versiert war, einer Methode zur Deutung hebräischer Wörter mittels des Zahlenwertes ihrer Buchstaben. Großvater, der solche Salonkunststückchen nicht ausstehen konnte, verzog ungeduldig das Gesicht.

Dann begann der *gabbaj* des Heiligen das Obst, das dieser auf seinem Teller übriggelassen hatte, zu versteigern.

»Einen Silberrubel für eine Pflaume!« rief er in einer Art Singsang, als handelte es sich um den Verkauf von Ehrenämtern in der Synagoge. »Ein Rubel ist geboten worden ... eineinhalb ... zwei!«

Immer wieder erhöhten die Chassidim ihre Gebote. Dann stürzte sich ein ganzer Schwarm Frauen und Kinder auf den Heiligen, um sich von ihm segnen zu lassen. Großzügig erteilte Reb Mottele seinen Segen, sein *gabbaj* jedoch verlangte, daß für jeden Segen im voraus bezahlt werden müsse.

Bevor der Heilige das Studierzimmer meines Großvaters verließ, versteigerte der *gabbaj* das Privileg, den berühmten Mann hinausbegleiten zu dürfen. Da Reb Mottele hinkte und geführt werden mußte, berappten die Chassidim viel Geld dafür, daß ihr Idol sich beim Hinausgehen auf ihren Arm stützte.

Als der Heilige und seine Horde draußen waren, wischte Großvater das Tischtuch so sorgfältig mit seinem Taschentuch ab, als wollte er jede Spur von Korruption beseitigen. Gleichzeitig warf er Todros, seinem hochbegabten Schüler, einen vielsagenden Blick zu. Todros hatte dem ganzen Spektakel mit verschmitztem Lächeln zugeschaut.

»Genug Zeit verplempert – jetzt wird wieder studiert!« brummelte Großvater und setzte sich mit dem jungen Mann, den er so sehr schätzte, an den Tisch mit den heiligen Büchern.

Gegen Ende des Sommers, zu Beginn des Monats Elul, traf meine Mutter Vorbereitungen für unsere Rückfahrt nach Leoncin. Großmutter gab uns eine Menge frischgebackene Plätzchen und Kuchen als Reiseproviant mit und bestand darauf, daß wir auch Obstsaft, Gelee und Marmelade einpackten.

Wieder kämpfte ich darum, neben dem Kutscher

sitzen zu dürfen. Wieder sprang ich, wenn der Wagen bergauf zuckelte, vom Kutschbock herunter und lief pfeifend neben den Pferden her. Mutter schimpfte mich: Es schicke sich nicht für den Enkel des Rabbiners von Bilgoraj, sich so zu benehmen. Als wir durch Janow fuhren, deutete sie auf das Gefängnis mit den vergitterten Fenstern und sagte, wenn ich mich nicht anständig benähme, würde ich eines Tages da drinnen landen – bei einem anderen Bilgorajer Halunken namens Itschele Schmul Fonje. Mit dem habe es ein böses Ende genommen, weil er sich immer bei Pferden und Pferdedieben herumgetrieben habe. Von da an wurde ich von meiner Mutter jedesmal, wenn sie mein Benehmen unjüdisch fand, Itschele Schmul Fonje genannt.

Wieder fuhren wir durch »König Habenichts' Ländereien«; durch jüdische Ortschaften, die zu Zeiten des gefürchteten Bogdan Chmielnicki entstanden waren; durch Städtchen, die Namen wie Zamosc, Szeczebrzeszyn, Goraj und Jozefow hatten, Städtchen mit uralten Friedhöfen, Synagogen, Kirchen und Türmen und mit großen, runden Marktplätzen, gesäumt von Holzbuden, in denen die Händler und Marktfrauen saßen; durch Städtchen, wo die Juden noch vom Schammes vor Anbruch der Dämmerung zum Gebet gerufen wurden; wo Hilfslehrer die Kinder mit Gesang zum Cheder begleiteten; wo Ausrufer auf dem Marktplatz die Trommel schlugen und die neuesten Verordnungen sowie ein paar andere Neuigkeiten bekanntgaben; wo kleine Jungen und Mädchen die jüdischen Häuser für die Feiertage mit Papierlöwen und -hirschen schmückten; wo die Juden jüdischer und die Christen christlicher waren als irgendwo sonst in Polen.

In keiner anderen Gegend sah man Bauern, deren Haar bis zu den Schultern reichte, und die so farbenprächtige Hüte mit Troddeln an den Ecken trugen; und so lange, bestickte Mäntel aus handgewebtem Tuch, so farbenfrohe Schärpen, so fremdartig wirkende Sandalen. Nirgendwo sonst in Polen trugen die Frauen solch einen turbanähnlichen Kopfschmuck und solche bunten, kunstvoll geschlungenen Halstücher. Keine andere Gegend in Polen war so stark von ruthenischen Eigenheiten geprägt. Die Bauern trugen kittelartige Blusen, hatten Schuhe aus Bast oder überhaupt keine Schuhe an und sprachen einen Dialekt, den die Juden »Iwanisch« nannten.

Die jüdischen wie auch die nichtjüdischen Einwohner von »König Habenichts' Ländereien« waren fromme, urwüchsige, altmodische Leute. Weit entfernt von der Eisenbahn und den Vormarschstraßen der Zivilisation, durch große Wälder von der Außenwelt getrennt, hatte sich diese Region eine Art Altertümlichkeit bewahrt.

Nachdem wir zwei Tage lang in Planwagen, Eisenbahnwaggons und Bauernkarren durcheinandergerüttelt worden waren, trafen wir in Leoncin ein. Dort wurden wir vom durchdringenden Klang des Widderhorns begrüßt, das junge Männer im Bethaus bliesen, um die Bußtage des Monats Elul anzukündigen.

Wie jemand zu Ehren seines Vaters unsere Fenster einschlägt und dann in Strümpfen um Verzeihung bittet

Die Armut, Abgeschiedenheit und provinzielle Beschränktheit in Leoncin empfand ich nach einem Besuch in Bilgoraj immer als besonders kraß. Dann kam mir das Kaff noch kleiner vor als es tatsächlich war. Meine Mutter, die in ihrem Elternhaus jedesmal auflebte, wurde in Leoncin wieder wortkarg. Sie hatte die Hoffnung noch nicht aufgegeben, Vater dazu bewegen zu können, die vorgeschriebene Prüfung abzulegen und Rabbiner einer florierenden Gemeinde zu werden. Als wir durch Warschau gefahren waren, hatte sie zwei Rubel für einen Sprachkurs ausgegeben, der einem dazu verhelfen sollte, fließend Russisch zu sprechen und die Grammatik zu beherrschen. Dieser Sprachkurs bestand aus mehreren Dutzend Übungsbänden, auf denen das Porträt des Verfassers prangte. Er hatte einen adrett gestutzten Bart, trug einen Zwicker und ein winziges Käppchen, so ähnlich wie das Käppchen von Spaßmachern auf Hochzeiten. Unter dem Porträt stand: Naftali Herz Neimonowitz. Ich war fasziniert vom Namen und vom Porträt des Verfassers und begann, nach seiner Methode Russisch zu lernen. Die Lektionen bestanden aus kurzen Geschichten, die alle eine Moral hatten und die mir – besonders aber meiner Schwester – gut gefielen. Meinen Vater ließen sie kalt. Eine Zeitlang versuchte meine Mutter, ihn mit logischen Argumenten und mit ihrer ganzen Überredungskunst zu bewegen, seine heiligen Bücher beiseitezulegen und den Sprachkurs zu absolvieren. Um ihm die Sache zu erleichtern, lernte sie die jeweilige Lektion und ging sie dann mit ihm durch. Ich kann mich noch gut daran erinnern, wie verzweifelt er sich bemühte, so kuriose Wörter wie *podajosch, suschtschestwennych, skasyjemych* und *tschegol* richtig auszusprechen.

Bald hatte er das alles satt. Er lehnte es entschieden ab, ein russisches Lied zu lernen, das Verszeilen wie diese enthielt:

>»Struppige Katze,
>bärtiger Geißbock . . .«

»Es hat keinen Zweck. Ich werde mich nie mit dem Generalgouverneur unterhalten. Und damit basta!« erklärte er und widmete sich wieder seinen heiligen Büchern.

Mutter schaffte den Sprachkurs in einer Rekordzeit. Hätte sie an Stelle von Vater die Prüfung ablegen müssen, dann hätten wir keine Probleme mehr gehabt. Aber sie war ja bloß eine Frau, und ihre rasche Auffassungsgabe galt eher als Nachteil denn als Vorzug. Meine Schwester und ich schmökerten in den Übungsbänden, und es dauerte nicht lange, bis wir auf russisch drauflosplapperten. Unsere Aussprache war sicher nicht astrein, aber immerhin lernten wir die russischen Sinnsprüche und Fabeln auswendig.

»Recht so! Fleißig lernen!« spornte Mutter mich an. »Damit du, wenn es bei dir so weit ist, die Prüfung mit Leichtigkeit bestehst.«

Sie zweifelte nicht im geringsten daran, daß ich Rabbiner werden würde, und zwar, wie sie hoffte, einer von denen, die sich nicht scheuten, dem Generalgouverneur gegenüberzutreten.

Auf die Frage meiner Schwester, was *sie* denn einmal werden sollte, antwortete meine Mutter mit der Frage: »Was kann ein Mädchen denn schon werden?«

Meine Schwester, die von Kind an eifersüchtig war, wollte sich nicht damit abfinden, daß *ihre* Begabungen nicht gewürdigt wurden. Das war einer der Gründe dafür, warum es ständig Reibereien zwischen uns beiden gab.

Vater verbrachte die meiste Zeit damit, seine neuesten Erkenntnisse und Auslegungen niederzuschreiben. Wenn er in der Tora oder in der Gemara eine neue Nuance entdeckte, bekam er jedesmal rote Backen. Seine blauen Augen funkelten, und er sonnte sich im Glanz der neuen Entdeckung und Offenbarung. Weil er sonst niemanden hatte, mit dem er seine Freude teilen konnte, zog er Mutter ins Vertrauen. Aber er, der ewige Enthusiast, er, der nach Wärme und Zustimmung trachtete, stand ihren Unmutsäußerungen hilflos gegenüber.

»Kannst du Frau und Kinder mit Offenbarungen ernähren?« fragte sie ihn.

Damals war meine Mutter hochschwanger. In unserem Haus wimmelten tratschende, tuschelnde Frauen herum, die mich oft aus dem Zimmer schickten.

Eines Morgens begann Mutter zu stöhnen. Die Frauen drapierten ein Laken um ihr Bett und schickten mich zur Hebamme, einer Nichtjüdin namens Pakacowa. Trajteleche gab mir einen kräftigen Schubs. »Los, beeil dich!« schnauzte sie mich an. »Schnell!«

Ich hatte es gar nicht nötig, angespornt zu werden: Für kleine Jungen ist es etwas ganz Selbstverständliches, zu rennen. Diesmal allerdings rannte ich wie der Teufel. Ich traf die Hebamme nicht zu Hause an, sondern draußen auf dem Feld, wo sie die letzten Kartoffeln für den Winter grub. Die vierschrötige Bauersfrau legte die Hacke beiseite, zog eine Schürze an und eilte – mit schmutzigen Händen und trotz des kalten Wetters barfuß – ans Bett meiner Mutter.

Ein paar Stunden später brachte Mutter ein Mädchen zur Welt, das genau so rote Haare hatte wie sie selber.

Im Bethaus grinsten die Chassidim spöttisch, als mein Vater dem Neugeborenen den Namen Sara gab. Es galt als eine Schmach, weiblichen Nachwuchs zu zeugen, und zuweilen peitschten die Chassidim einen jungen Vater deshalb mit ihren Gürteln aus. Bei uns zu Hause wurde die Geburt natürlich nicht gefeiert. Den paar Männern, die sich zu einem kurzen Besuch bemüßigt fühlten, wurden lediglich Eierplätzchen und Schnaps angeboten. Das genügte, wenn ein Mädchen zur Welt gekommen war.

Mutter hatte nicht genug Milch, um das Neugeborene zu stillen. Es schrie oft, und ich stand oft vor Tagesanbruch auf, schaukelte die Wiege, die neben Mutters Bett stand und scheuchte Scharen von Fliegen vom Gesicht des Babys.

Die Lebensumstände bei uns zu Hause wurden jetzt noch schwieriger. Zum ewigen Einerlei unseres Daseins kam jetzt auch noch das ständige Plärren des Säuglings. Plötzlich aber wurde Leoncin durch eine heftige Fehde aus seiner Lethargie gerissen. Es ging, wie in jüdischen Schtetln üblich, um eine religiöse Angelegenheit. Diesmal betraf sie Reb Itsche, den Schächter.

Dieser Reb Itsche war ein frommer, gelehrter Mann, dem es eigentlich zugestanden hätte, in einer großen Stadt zu amtieren. Er war ein guter Freund meines Vaters und kam oft zu uns, nicht nur, um seine Messer überprüfen zu lassen, sondern auch als Privatbesucher. Am Sabbat und an den Feiertagen trug er einen pelzverbrämten Hut, der genau so aussah wie der meines Vaters. Er klärte auch religionsgesetzliche Fragen, wenn Vater nicht da war. Ich ging oft zu Reb Itsche, weil er nicht nur das Schächten von Tieren und das Beschneiden von Säuglingen aus dem Effeff beherrschte, sondern auch die Kunst, den Bösen Blick abzuwehren. Niemand im Schtetl konnte so seltsame Beschwörungsformeln deklamieren wie er. Die Leonciner Frauen schworen, er brauchte bloß mit dem Finger zu schnippen, um einen bösen Geist auszutreiben. So gut Reb Itsche sich darauf verstand, den Bösen Blick abzuwehren, so gut verstand sich seine Frau darauf, jemandem böse Blicke zuzuwerfen.

Sara war eine alte Vettel, deren verrunzeltes Gesicht so braun war wie das Gesicht einer Zigeunerin. Sie hatte kohlschwarze Augen und ein haariges, warziges Kinn. Ständig verzog sie den Mund, knurrte und nuschelte unverständliches Zeug. Über ihre schmierige Satinhaube hatte sie immer einen Schal geknüpft. Ihre Selbstgespräche unterbrach sie nur, um andere Leute zu beschimpfen und zu verfluchen.

Vielleicht wegen ihres Benehmens, vielleicht auch wegen ihres Aussehens wurde sie für eine Art Hexe gehalten. Junge Mütter versteckten ihre Sprößlinge, wenn sie vorbeikam. Und sobald ein Kind krank wurde, beschuldigte man Sara, es verhext zu haben.

Das Gegenmittel, das in solchen Fällen angewandt wurde, bestand darin, daß eine heimlich von Saras Schal abgerissene Franse in einem irdenen Topf verbrannt wurde, der über glühende Kohlen gehalten werden mußte.

Sara war ständig auf der Hut vor denen, die darauf lauerten, die letzten paar Fransen ihres schäbigen Schals zu stibitzen.

»Kleider sollen über euch zerrissen werden!« verfluchte sie ihre Peiniger.

Wenn nicht einmal das Fransenverbrennen etwas nützte, ersuchte man Reb Itsche, den Bösen Blick abzuwehren, den seine eigene Frau auf die Kinder geworfen habe. Sara wurde fuchsteufelswild, wenn ihr Mann von den Frauen belagert wurde.

Es war allgemein bekannt, daß sich immer dann, wenn Reb Itsche nach dem Aufsagen der Beschwörungsformeln gähnte, untrüglich erwiesen hatte, daß jemand tatsächlich vom Bösen Blick befallen gewesen war. Und Reb Itsche versäumte es nie, zu gähnen.

Sara, die ihren Mann verehrte, warnte ihn oft davor, daß er sich durch sein häufiges Gähnen noch den Mund verrenken werde.

»Fort mit euch!« schrie sie die Frauen an. »Er ist nicht der einzige Geisterbeschwörer im Schtetl!«

Aber die Frauen wollten zu keinem anderen gehen, und Reb Itsche wies niemanden ab. Er wusch sich jedesmal die Hände und beschwor dann ein phantastisches Aufgebot von Engeln, von guten und auch von bösen. Er sagte eine Formel nach der anderen auf, wobei er des öfteren ausspuckte. Und am Ende gähnte er, zum Zeichen dafür, daß seine Bemühungen nicht umsonst gewesen waren.

»Es *war* der Böse Blick!« verkündete er dann im Brustton der Überzeugung.

Obwohl meine Mutter einigermaßen aufgeklärt war, weil sie schon so viele philosophische Bücher gelesen hatte, glaubte sie immer noch an den Bösen Blick. Wenn das Baby zu schreien begann, schickte sie mich sofort zu Reb Itsche. Und jedesmal keuchte ich atemlos: »Reb Itsche, befreit die kleine Sara, Tochter von Bathseba, vom Bösen Blick!«

Ich freute mich auf jeden Botengang, der mich in Reb Itsches Haus führen würde. Ich sah ihm gern beim Schleifen der rituellen Messer zu und auch beim Anspitzen der Federkiele, die er, genau wie mein Vater, mit

Vorliebe dazu benützte, Randbemerkungen in Bücher zu schreiben. Am meisten Spaß aber machte es mir, im Eisenwarenladen seiner Frau herumzulungern, der vollgestopft war mit Sägen, Nägeln, Hämmern, Schrauben und allerlei Gerätschaften, mit denen Sara, wie es in Leoncin hieß, »Reibach machte«. Ich hatte von jeher eine Schwäche für Gegenstände aus Metall, besonders für Nägel, und verbrachte in diesem Laden glückliche Stunden.

Allerdings konnte ich mir einfach nicht vorstellen, weshalb jemand darauf aus sein sollte, meiner kleinen Schwester einen bösen Blick zuzuwerfen. Sie war so wunderhübsch, daß kein anderes Kind in unserer Familie es mit ihr aufnehmen konnte und daß andere Mütter vor Neid erblaßten. Aber ich tat, was mir aufgetragen wurde und sorgte um meiner Schwester Sara willen dafür, daß der Weg zwischen unserem und Reb Itsches Haus arg strapaziert wurde. Reb Itsche kniff mich jedesmal in die Wangen und schenkte mir frischgespitzte Federkiele.

Nachdem er ausgiebig gegähnt hatte, sagte er zu mir: »Es war tatsächlich der Böse Blick! Geh nach Hause, Josua, und sag deiner Mutter, daß ich dem Kind baldige Genesung wünsche.«

»Unfug!« knurrte mich seine Frau an, obwohl ich noch nie versucht hatte, Fransen von ihrem Schal abzureißen.

Eines Tages aber brach zwischen meinem Vater und seinem Freund Reb Itsche eine Fehde aus.

Es begann während einer Beschneidung, bei der mein Vater das Kind hielt, während Reb Itsche seines Amtes waltete. Meinem Vater fiel auf, daß die Hände seines Freundes zitterten.

Eingedenk der strengen Vorschrift, daß Schächter

eine ruhige Hand haben müssen, weil andernfalls die von ihnen geschlachteten Tiere als unrein gelten, nahm Vater ihn beiseite und brachte ihm so schonend wie möglich bei, daß er sein Amt aufgeben müsse.

»Reb Itsche, wir dürfen nicht eine ganze Gemeinde und auch nicht Euch selbst gefährden«, sagte er und wurde rot vor Verlegenheit. »Wir dürfen es nicht, wenn auch nur die geringste Gefahr besteht, daß Juden trejfe Speisen essen. Eure Frau hat, gottlob, ein gutgehendes Geschäft, und Eure Kinder sind bereits verheiratet. Warum also solltet Ihr weiterhin ein solches Risiko eingehen?«

Reb Itsche brauste auf.

»Rebbe, meine Hand ist so kräftig und ruhig wie eh und je! Ich gebe mein Amt nicht auf! Wenn ich mir meiner selbst nicht völlig sicher wäre, würde ich dann meine Seele aufs Spiel setzen?«

Kein Argument meines Vaters konnte ihn dazu bewegen, seine Meinung zu ändern. Vater war darauf gefaßt, ihm die Freundschaft aufkündigen zu müssen. Während des Sabbatgottesdienstes verkündete er der Gemeinde, daß jeder sich einer Sünde schuldig machen würde, der Fleisch von einem Tier äße, das von Reb Itsche geschächtet worden sei.

Daraufhin stieg Reb Itsche, der seinen Gebetsmantel und den pelzverbrämten Hut trug, auf die Estrade und rief schallend: »Männer, der Rebbe verleumdet mich! Ich bin ein gelehrter und gottesfürchtiger Mann und habe für euch auch schon religionsgesetzliche Fragen geklärt. Kein jüngerer Mann könnte das, was ich tue, so gut verrichten wie ich mit meiner großen Erfahrung.«

Die Gemeinde spaltete sich sofort in verschiedene Lager. Stimmen wurden laut. Am lautesten gellte Saras Stimme von der Frauengalerie herab. »Juden, das Blut meines Mannes wird vergossen, aber ich lasse das nicht zu! Eher stelle ich die ganze Welt auf den Kopf!«

Meine Mutter sagte kein Wort. Sie rannte nach Hause, um diesem Skandal zu entgehen.

Der Streit tobte tagelang. Männer versammelten sich in unserem Haus. Die gegnerischen Lager warfen einander Verleumdungen und Beschuldigungen an den Kopf. Fleischhauer liefen in blutbeschmierten Kaftanen umher und lamentierten, weil sie kein Geld mehr einnahmen. Besprechungen wurden abgehalten. Sara spukte vor unserer Haustür herum, zeterte, schimpfte, drohte. Sie behauptete, mein Vater sei bestochen worden, Reb Itsches Amt neu zu besetzen. Ihren Wutausbrüchen stand Vater hilflos wie ein Kind gegenüber.

»Männer, ich schwöre bei meiner Ehre, daß es mir einzig und allein darum geht, die Gemeinde vor Unreinheit zu bewahren! Ich bin dafür, daß ein aus drei Rabbinern bestehendes Komitee eingesetzt wird, das Reb Itsche bei der Arbeit beobachten und entscheiden soll, ob seine Hand zittert oder nicht.«

Sara drohte ihm mit der Faust. »Rothaariger Schwindler!« schrie sie gellend. (Mit »rothaarig« meinte sie die Farbe von Vaters Bart.)

Entsetzt über diese Schmähung, kauerte sich meine Mutter in einen Winkel.

Sara fuhr in die benachbarten Ortschaften, in denen ihre erwachsenen Söhne wohnten, und brachte diese zu Reb Itsches Verteidigung mit nach Leoncin. Sie störten den Gottesdienst, um sich für ihren Vater einzusetzen. Einer von ihnen, ein dunkelhaariger Mann, dessen eines Auge durch den grauen Star getrübt war (was ihm den Spitznamen Jonkel Balaam eingebracht hatte), geriet derart in Rage, daß er meinen Vater in aller Öffentlichkeit beschuldigte, Bestechungsgelder von denen angenommen zu haben, die als Reb Itsches Nachfolger in Frage kamen.

Vater schwor beim Vorlesepult, auf dem die Tora lag, das sei eine Lüge. Trotzdem warf ihm Jonkel Balaam weitere Beschuldigungen an den Kopf – bis Vater zu ihm sagte, er benehme sich so unverschämt wie ein *schejgez*.

»Du bist selber ein *schejgez!*« schrie der aufgebrachte Kerl.

Der Gemeinde stockte der Atem. Mosche Mendel, der Fleischhauer, der einen Satinkaftan trug und sich wie ein waschechter Chassid vorkam, vergaß seine neue Vornehmheit, besann sich seines blutigen Handwerks und ging mit geballten Fäusten auf den Fremden los – drauf und dran, ihn abzumurksen.

»Hau ihn in Stücke!« schrien die einfachen Leute. »Schlag ihn grün und blau!«

Mit seinen roten Pratzen, die so gar nicht zu dem feinen Satinkaftan paßten, hätte Mosche Mendel vermutlich Hackfleisch aus diesem Jonkel Balaam gemacht, wenn mein Vater ihn nicht daran gehindert hätte. »Reb Mosche Mendel, denkt an den Schabbes! Die Tora liegt aufgeschlagen auf dem Pult!«

Am Abend, als Vater zu Hause die Gebete zum Sabbatausgang rezitierte, zerbrach mit lautem Klirren eine Fensterscheibe, und ein Stein flog ins Zimmer.

Vater war sehr erschreckt, murmelte aber trotzdem: »Nichts kann mich davon abhalten, meine Pflicht zu tun.«

Mittlerweile war im Schtetl alles zum Stillstand gekommen. Die Juden gingen nicht mehr ihrer Arbeit nach, machten keine Geschäfte mehr und redeten nur noch von der Fehde. Der Haß auf Sara erreichte einen neuen Höhepunkt. Man gab ihr die ganze Schuld an den

Streitigkeiten, man warf ihr vor, ihren Mann aufgehetzt und einen Stein ins Haus des Rabbiners geworfen zu haben. Frauen beschuldigten sie der Hexerei. Bald traten Augenzeugen auf und erklärten, Sara verwende für ihren bösen Zauber tote Katzen und Krähen, die sie auf dem Dach des Lagerraumes verstecke. In diesem Raum waren allerlei Geräte eingelagert, auf denen sie sitzengeblieben war.

Offenbar hatte sie vor einiger Zeit aus Warschau eine Wäschemangel importiert. Da die Leonciner Hausfrauen ihre Wäsche aber lieber selbst auswrangen, wie es seit Generationen üblich war, verrostete die Mangel im Lagerraum. Chederschüler warfen im Vorbeigehen alles mögliche auf das Dach – Steine, Flaschen, tote Vögel und Katzen. Wenn Sara schimpfte, geiferte, Grimassen schnitt und mit den dürren Armen fuchtelte, hielten die Frauen dies für einen Hexenzauber, der eine Plage über das Schtetl bringen sollte. Bald kam auch den Nichtjuden dieser Tratsch zu Ohren, und nun kursierte bei ihnen das Gerücht, Sara sei schuld daran, daß ihre Kühe keine Milch gäben, ihre Hühner keine Eier mehr legten, und so weiter, und so weiter. Eines Tages wurde Sara von einigen Bauersfrauen, die dazu abgeordnet worden waren, in die Enge getrieben und verprügelt. Dann schwor Mosche Mendel, der Fleischhauer, bei seinem Bart und seinen Schläfenlocken, er habe mit eigenen Augen Sara auf einem Besenstiel reiten gesehen. Er sei an einem Feld vorbeigegangen, wo Sara Kräuter gesammelt habe. Plötzlich habe sie sich rittlings auf einen Besen gesetzt und sei davongeflogen. Trotz der heftigen Einwände meiner Mutter blieb er bei dieser Behauptung.

Die Leute gingen nachts nur ungern an Saras Lagerraum vorbei. Die Frauen zogen Schürzen zum Schutz gegen Saras böse Zauberkräfte an, und die kleinen Jungen berührten die Fransen ihrer rituellen Gewänder und murmelten dreimal einen Spruch, in dem die Reihenfolge der Wörter jedesmal verändert wurde:

»Keine Hexe sollst du am Leben lassen . . .
Du sollst keine Hexe am Leben lassen . . .
Am Leben lassen sollst du keine Hexe . . .«

Unsere Nachbarn schärften vor allem mir immer wieder ein, mich von Sara fernzuhalten, damit sie mir nicht den grauen Star anhexen könnte, wie sie es bei Jonkel Balaam, ihrem eigenen Sohn, getan habe.

Ein paar Tage nach jenem Vorfall erschien Jonkel Balaam vor unserem Haus. Schweigend zog er seine Stiefel aus und stand in Strümpfen da – wie ein *kojhen,* bevor er den Priestersegen spricht. Mit gesenktem Kopf schlurfte er auf meinen Vater zu. »Rebbe, bitte vergebt mir, daß ich Euch vor der Gemeinde geschmäht habe.«

Vater errötete und streckte ihm die Hand hin.

Noch heute sehe ich Jonkels Socken vor mir, die an den Zehen und Fersen Löcher hatten.

Danach verlief die Fehde im Sand. Reb Itsche legte seine rituellen Messer für immer beiseite und nahm auch keine Beschneidungen mehr vor. Er und Vater söhnten sich aus, wurden aber nie mehr so gute Freunde, wie sie vorher gewesen waren. Nur Sara grollte meinem Vater auch weiterhin und nannte ihn hinter seinem Rücken einen rothaarigen Schwindler.

Als meine Mutter ein paar Jahre später noch ein rothaariges Mädchen zur Welt brachte, schickte sie mich wieder zu Reb Itsche und ließ ihn bitten, den Bösen Blick von dem Baby abzuwehren, das ebenfalls ständig schrie – anscheinend aus dem gleichen Grund wie vorher meine andere kleine Schwester.

Wieder deklamierte Reb Itsche seinen Hokuspokus, wieder gähnte er, wieder ließ er meiner Mutter beste Wünsche für die Genesung des Säuglings ausrichten. Sara jedoch lief schimpfend hinter mir her. »Fürs Schächten ist er euch nicht mehr gut genug, aber um für eure Familie zu gähnen und sich den Mund zu zerreißen – dafür ist er euch recht!«

In einem Spätsommer brach in Leoncin eine Scharlachepidemie aus, und meine beiden jüngeren Schwestern wurden angesteckt. Als Reb Itsches Künste nichts fruchteten, wurde Pawlowski, der Bader, geholt. Er pinselte die Kehlen der kranken Mädchen mit Jod ein, aber auch das half nichts. Ein paar Tage später wurde ein Fuhrwerk nach Zakroczym jenseits der Weichsel geschickt, um den Arzt abzuholen. Als er – ein Nichtjude, der einen Zylinder aufhatte – bei uns eintraf, waren viele Leute da. Die Männer zogen den Hut, mein Vater behielt sein Samtkäppchen auf. Der Arzt musterte Pawlowski, seinen »Konkurrenten« in unserer Gegend, und fragte ihn scherzhaft, ob er »der Weise von Leoncin« sei. Worauf Pawlowski seine Mütze lüftete und sich vor dem noblen Besuch verbeugte.

Unser Haus begann nach Arzneien zu stinken. Mutter betete und weinte. Vater versammelte im Gotteshaus die Männer um sich und betete für die Kranken. Aber die Mädchen wurden immer schwächer.

An einem Sabbatmorgen, als mein Vater, wie üblich, die Morgenandacht in die Länge zog, kam eine Frau in die Synagoge gestürmt und überbrachte die Nachricht, daß die Kinder im Sterben lägen. Vater eilte nach Hause, ich lief hinterher. Obwohl Sabbat war, ließ Vater einen Wagen anspannen, mit dem er und Mutter – beide einem Nervenzusammenbruch nahe – meine Schwestern zum

Spezialisten nach Nowidwor fuhren. Das ganze Schtetl weinte, und alle Leute gingen ein Stück Weges mit, als meine Eltern den verzweifelten Versuch unternahmen, ihre kleinen Töchter den Fängen des Todesengels zu entreißen.

Eine Nachbarin sorgte für mich und meine ältere Schwester und gab uns Leckerbissen von ihrem Sabbatmahl. »Eßt, Kinder! Eure Mame und euer Tate kommen bald zurück, und dann wird alles wieder so sein wie immer . . .«

Ihre gütigen Worte ließen mich alles vergessen. Da ich jetzt nicht mehr unter Aufsicht stand, tollte ich die ganze Zeit mit meinen Freunden herum.

Nach acht Tagen kamen meine Eltern zurück.

Mutter wollte mir einreden, daß die beiden Kleinen noch eine Zeitlang in Nowidwor bleiben müßten, aber ich wußte sofort, was geschehen war, und diese zweifache Tragödie traf mich mit voller Wucht. Mutter begann verzweifelt zu weinen. Ich kann mich noch gut daran erinnern, wie sie Gott anflehte, ihr zu sagen, warum ihr die beiden Kleinen am selben Tag genommen worden waren. »Warum?« rief sie mit emporgereckten Händen. »Vater im Himmel, womit habe ich das verdient?«

Der Vater im Himmel gab keine Antwort, aber mein Vater antwortete ihr. »Offenbar hat es so sein sollen«, sagte er mit gebrochener Stimme. »Man darf den Ratschluß des Herrn nicht in Frage stellen. Gott ist gerecht . . . Gott ist gütig . . .«

»Nein, Gott ist bös!« schrie ich. Vater war entsetzt. »So etwas darf ein Jude nicht sagen«, erwiderte er zitternd vor Angst. »Gott ist gerecht . . .«

»Er ist bös!« schrie ich. »Bös!«

Ein Gott, der meine kleinen Schwestern dem Todesengel auslieferte, *konnte* nicht gerecht sein – das paßte nicht zu meiner Vorstellung von Gerechtigkeit. Vor lauter Groll auf Gott stritt ich mich auch mit meinem Lehrer, als wir das Buch Hiob durchnahmen: Ich ergriff die Partei Hiobs, des Opfers, des Aussätzigen, statt mich auf die Seite seiner Freunde zu stellen, die ihn mit Worten trösteten, oder auf die Seite Gottes, der mit Seiner Allmacht und Seinem wunderbaren Walten prahlte, um die harte Bestrafung zu rechtfertigen. Ich haderte so hartnäckig mit Gott, daß fromme Leute sich die Ohren zuhielten und mir androhten, ich würde für meinen Hochmut noch bitter büßen müssen.

Aber schon bald darauf tröstete ich mich damit, daß für uns ein neues Haus gebaut wurde.

Zu meinem Vater kamen auch Juden, die in den nahen Wäldern arbeiteten: Holzhändler, Schätzer, Kontrolleure, Kassierer und Rendanten. Diese wetterharten Männer, die nach Bäumen, Erde, Wind und Sonne rochen, waren freundliche, immer zu Späßen aufgelegte Kerle. Die Holzhändler kamen zu meinem Vater, um sich »Verkaufsurkunden« ausstellen zu lassen, in denen sie ihre gesamte Habe dem »Schabbesgoi« Schmidt überschrieben. Auf diese Weise umgingen sie das hebräische Gesetz, das ihnen untersagte, nichtjüdische Angestellte am Sabbat arbeiten zu lassen. Andere kamen zu Vater, um religionsgesetzliche Fragen klären zu lassen oder um sich zu erkundigen, wie lange beim Tod von Verwandten die Trauerzeit dauern müsse.

An den Bußtagen kamen diese Wäldler ins Schtetl, um mit anderen Juden ein Quorum zu bilden und in einem richtigen Gotteshaus zu beten. Sie kamen mit Frau und Kindern in Fuhrwerken nach Leoncin und brachten den jüdischen Familien, bei denen sie an den Feiertagen zu Gast waren, Geschenke mit: Obst, Gemüse und lebendes Geflügel. Jedesmal wurden sie von den Dörflern mit einem Witz begrüßt: »Willkommen, ihr überreifen *jengolkes!*« Das bezog sich auf eine Birnensorte, die ungefähr um diese Zeit reif wurde.

Alle freuten sich über das Wiedersehen mit den Wäldlern, ganz besonders die kleinen Jungen, deren Väter eine dieser Familien zu Gast hatten. Ich beneidete diese Jungen und war jedesmal erbost über meinen Vater, weil er keine Wäldlerfamilie zu uns einlud.

Die ortsfremden Gäste spendeten erkleckliche Beträge für unser Gotteshaus. Etliche waren wohlhabend, gebildet und großzügig und brachten etwas von dem Frohsinn mit, den unsere Gemeinde so nötig hatte. An einen von ihnen kann ich mich besonders gut erinnern: Reb Jair. Er hatte einen silberweißen Bart, ein schönes, sonnengebräuntes Gesicht und einen eleganten Spazierstock. Auf seinen Gebetsmantel und auch auf sein weißes Feiertagsgewand waren silberne Kronen genäht, und sein weißes Samtkäppchen wie auch seine grünen Samtpantoffeln waren mit silbernen Blättern bestickt. Und zu alledem trug er auch noch eine Brille mit Goldrand. Und er las mit so melodiöser Stimme aus der Tora vor, daß man an die Milch und den Honig denken mußte, die im Land Kanaan flossen, welches Gott den Kindern Israel zugedacht hatte.

Noch heute kann ich ihn kantillieren hören: »Und der Herr suchte Sara heim, wie er verheißen hatte, und der Herr tat an Sara, was er vorausgesagt hatte ...«

Reb Jair versäumte es nie, meinem Vater seine Aufwartung zu machen. Eines Tages sah er sich etwas genauer bei uns um, dann sagte er in dem ihm eigenen klangvollen Ton, es gezieme sich für einen Rabbiner nicht, in einem so kleinen Haus zu wohnen, das noch dazu gemietet sei.

»Ihr habt zweifellos recht, Reb Jair«, räumte mein Vater ein, »aber die Ortschaft ist so klein, daß die Leute es sich nicht leisten können, ihrem Rabbiner ein Haus zu bauen.«

Reb Jair zog an seiner Zigarre, deren würziger Geruch sich rasch im Zimmer verbreitete. »Überlaßt das mir, Rebbe. Ich spendiere das Bauholz für die Wände und das Dach. Was sonst noch nötig ist, müßt Ihr selber irgendwie beschaffen.«

Nachdem er Leoncin wieder verlassen hatte, dauerte es nur ein paar Tage, bis mehrere Fuhrwerke, beladen mit Baumstämmen, Balken, Bohlen, geharzter Pappe und Schindeln ins Schtetl ratterten. Die gojischen Fuhrleute luden das Baumaterial direkt neben der Synagoge ab. »Hier unterschreiben, Panje Rabbi!« sagten sie und zogen die Lieferscheine aus ihren Kappen.

Vater, der sich wegen eines Grundstücks mit dem Gutsherrn Christowski ins Benehmen setzen sollte, bat die Männer, die gelegentlich zu Besuch im Herrenhaus waren, die Angelegenheit dort zur Sprache zu bringen. Eines Tages kam der Gutsherr höchstpersönlich in seiner Kutsche angefahren, um mit ihm zu reden. Vater stand da und hörte ihm zu, obwohl er kein Wort Polnisch verstand. Mit Hilfe der paar Brocken Jiddisch, die der Gutsherr konnte, erklärte er meinem Vater, er dürfe das Haus auf dem Grundstück errichten, ohne für die Baugenehmigung etwas bezahlen zu müssen.

»Ein Richter nimmt kein Geld von einem anderen Richter«, sagte er lächelnd.

Nach diesem Gespräch sagte Vater zu Mutter, der Gutsherr Christowski sei unter den Christen ein Heiliger. Und dann erteilte er nichtjüdischen Zimmerleuten den Auftrag, uns ein Haus zu bauen.

Ich war begeistert. Die Bretter und Balken dufteten

verlockend nach frischgehobeltem Holz. Die Zimmerleute hämmerten, sägten, nahmen mit Schnüren Maß und zeichneten mit Kohlebrocken Markierungen auf das Bauholz. Sie hoben den Baugrund aus und legten das Fundament. Ich patrouillierte dort wie ein Wachmann und hielt Feiweschl und Schlomele in Schach, diese Nichtsnutze, die sich bei der Baustelle herumtrieben, um Schindeln oder ein Stück geharzte Pappe zu klauen. Das Haus wuchs so schnell in die Höhe wie Hefeteig. Ehe ich mich versah, waren die Wände hochgezogen, die Dachbalken zusammengezimmert, die Öffnungen für Türen, Fenster und Schornstein ausgesägt. Meine Begeisterung wuchs mit dem Haus. Weil ich vor lauter freudiger Erregung gar nicht ans Lernen denken konnte, ließ ich mir allerlei Ausreden einfallen, um den Cheder zu schwänzen.

Aber so rasch wie unsere Freude, so rasch kam die Enttäuschung. Für den Schornstein, den Backofen und die Küche wurden Backsteine benötigt. Türklinken, Nägel, Fensterscheiben und hundert andere Dinge mußten gekauft, Maurerarbeiten mußten durchgeführt werden. Aber wir hatten keinen Groschen mehr. Vater hatte bereits Schulden machen müssen, um die Zimmerleute und die Dachdecker zu entlohnen. Dazu kam, daß es zu regnen und zu schneien begann. Die Handwerker sagten, falls das Haus ohne Verputz bliebe, würden die Wände die Feuchtigkeit aufsaugen.

Wie stets blieb Vater zuversichtlich. »Mit Gottes Hilfe wird alles gut«, versicherte er uns immer wieder.

Mutter jedoch, die Pragmatikerin und Schwarzseherin, schlurfte mürrisch und bedrückt umher. Wie immer in solchen Notfällen schrieb sie an ihren Vater und bat ihn um Hilfe. Mein Vater wiederum schrieb an seine Mutter in Tomaszow. Von beiden bekamen wir ein bißchen Geld geschickt. Auch Reb Josua, der Holzhändler, half uns aus. Nach langem Hin und Her konnte die Arbeit an dem Haus wieder aufgenommen werden. Als wir im Jahr darauf endlich einziehen konnten, stand bereits das Neujahrsfest – Rosch Haschana – vor der Tür. Das Haus schimmerte einladend, und ich konnte es kaum erwarten, mich darin einzunisten.

Nach dem Laubhüttenfest nahm ich einen Spaten und hob, wie jeder andere Hausbesitzer, rund um das Fundament einen Graben aus, der das Haus vor Regen und Schnee schützen sollte. Da ich an körperliche Arbeit nicht gewöhnt war, mir meine Schwäche aber nicht anmerken lassen wollte, wurde mir allmählich übel und schwindlig. Weil ich es als beschämend empfand, in diesem Zustand von jemandem gesehen zu werden, legte ich mich flach auf die Erde, wo ich schließlich von Mutter entdeckt und – fast bewußtlos – ins Haus getragen wurde.

Mit der Zeit gewöhnte ich mich an die körperliche Arbeit und erledigte alles, was rund ums Haus zu tun war. Mein Vater – schwächlich, empfindlich und unfähig, einen Nagel in die Wand zu schlagen – war entsetzt. »Pfui, das ist doch nichts für dich! Wir müssen jemanden bitten, das für uns zu tun.« Mutter hingegen spornte mich an. »Tu, was getan werden muß – vorausgesetzt, du vernachlässigst deswegen die Tora nicht. Aus *dir* soll nicht so ein hilfloser Träumer werden.«

Auf wen sie damit anspielte, war mir klar.

Sie erlaubte Vater auch nicht, mir bei kaltem Wetter ein Tuch um den Hals zu wickeln – eine Vorsichtsmaßnahme, auf die er großen Wert legte. »Deine Mutter hat dich mit solchen Halstüchern ruiniert«, sagte sie verbittert zu ihm. »Und deswegen müssen die Kinder und ich unser Leben lang leiden . . .«

Ich verliebe mich in eine doppelt so alte verheiratete Frau

Trotz aller Hoffnungen meiner Eltern und der führenden Gemeindemitglieder, die ausgerechnet von mir erwarteten, daß ich mich zu einem Musterknaben entwickeln würde, nahm mein Leben einen Verlauf, der einem wirbelnden, sich schlängelnden Gebirgsbach glich.

Nicht, daß ich dumm gewesen wäre. Als Zehnjähriger hatte ich bereits die Gemara und alle Ergänzungen dazu durchgeackert. Ich war jetzt der Schüler gelehrter Männer, die mir kostenlos Unterricht erteilten. Aber obwohl es sie Zeit und Mühe kostete, war ich ihnen nicht dankbar dafür. Mich langweilten die endlosen Ergänzungen und Kommentare, die sie mir eintrichtern wollten.

Mein erster Privatlehrer war Reb Berischl Hinde. Daß er unter dem Namen seiner Frau bekannt war, deutete bereits darauf hin, wer das tägliche Brot für die Familie verdiente. Berischl hatte keine Ahnung davon, wie der Schnittwarenladen seiner Frau betrieben wurde. Er konnte mit den nichtjüdischen Kunden kein Wort Polnisch oder Deutsch reden und hatte schreckliche Angst vor den Frauen. Um das Geschäft kümmerte sich Hinde, seine Ehefrau, die eine blendend weiße Haut hatte und eine blonde Perücke trug. Sie strotzte vor Gesundheit, hatte rosige Wangen und volle rote Lippen. Sie war beliebt bei der Kundschaft und ungemein tüchtig. Alle paar Wochen fuhr sie nach Warschau, um Waren auf Kredit einzukaufen.

Im Gegensatz zu seiner vitalen, lebenstüchtigen Frau war Berischl ein kränklicher, dürrer Knilch mit einem enorm großen Adamsapfel und einem schütteren Bart, der aussah, als wäre er büschelweise angeklebt worden – schlecht angeklebt noch dazu. Berischl hatte eine Piepsstimme. Er war ein schrecklicher Schlemihl, der beim Herumlaufen an Wände prallte, an Möbelstücke stieß und über einen Strohhalm stolperte. Sogar bei den Gebeten hinkte er immer nach: Wenn die anderen bereits schwiegen, sagte er noch den letzten Abschnitt auf. Sein Falsett-Singsang brachte uns Buben jedesmal zum Lachen. Beim Beten stand Berischl immer in einer Ecke, wiegte den Oberkörper wie verrückt und schlug sich – ein typischer Jammerlappen! – heftig an die Brust. Dabei rutschte ihm jedesmal der Gebetsmantel von den Schultern und die Schärpe von den dürren Hüften; und sein Käppchen saß dann immer ganz schief.

Nur Eltern aus einer vergangenen Generation konnten auf die Idee kommen, ein lebenslustiges Bauernmädchen mit einem so musterhaften Jeschiwastudenten zu verheiraten. Ich war noch zu jung, um dahinterzukommen, wie diese so gar nicht zueinanderpassenden Ehepartner miteinander auskommen konnten, jedenfalls aber hatten sie zwei Kinder, deren Altersunterschied nur ein Jahr betrug und die hauptsächlich vom Vater aufgezogen wurden, weil die Mutter genug damit zu tun hatte, den Lebensunterhalt für die Familie zu verdienen. Wenn sie in Warschau war oder ihre Kundschaft bediente, schaukelte Berischl mit dem Fuß die Kinderwiege und las gleichzeitig in dem Band der Gemara, den er Tag und Nacht vor sich liegen hatte.

Es genügte ihm nicht, für sich allein zu studieren – er wollte ein gutes Werk tun und seine ehrenvolle Aufgabe mit anderen teilen. Darum bewog er meinen Vater dazu, mich von ihm unterrichten zu lassen. Vater war hocherfreut, weil er selber keine Zeit für mich hatte.

»Reb Berischl ist ein gottesfürchtiger Jude und ein Schriftgelehrter. Du solltest dankbar dafür sein, daß er dich als Schüler annehmen will.«

Ich war kein bißchen dankbar dafür. Es war mir völlig egal, daß es vor Jahrtausenden Priester gegeben hatte, die das Fleisch ihrer Opfer verbrannten und verzehrten. Mir hingen all die Fragen und Antworten und Haarspaltereien zum Hals heraus. Und es war natürlich alles andere als hilfreich, daß meine Privatlehrer beim Unterricht nicht systematisch vorgingen, sondern logische und zeitliche Zusammenhänge außer acht ließen. Das wurde mir erst später klar, als ich *Die Generation und ihre Führer* von dem Talmudisten Isaak Hirsch Weiss und ähnliche Werke las. Aber schon als Zehnjähriger merkte ich, daß meine Lehrer sich in der Gemara verhedderten, daß sie unsicher waren, abschweiften und fast alles für sich selber und für ihre Schüler kompliziert machten.

Bei allem Lerneifer war Reb Berischl offenbar begriffsstutzig. Bei schwierigen Abschnitten geriet er ins Schwitzen und flehte mich an: »Ai wai geschrien – langsamer, langsamer!«

Von mir aus hätten wir ganz damit aufhören können. Ich schaffte es zwar, die Gemara zu studieren, aber es war, wie wenn man eine bittere Arznei schlucken muß. Ich sehnte mich danach, hinaus in die Sonne zu gehen, sehnte mich nach dem Gras, den Bäumen, den Menschen und Tieren, dem Leben.

Reb Berischl wiegte seine greinenden Kinder. »Schlaft, schlaft! Lenkt mich nicht von der Tora ab . . .«

Die Kleinen scherten sich nicht um die Tora, sie wollten bloß das Deckbett wegstrampeln. Ihr Vater stopfte ihnen den Mund mit Milchfläschchen, mit Stofffetzen, die er in Zucker getaucht hatte, mit allem, was gerade greifbar war. Wenn sie sich naßmachten, goß er Wasser über ihre Windeln, weil es verboten war, neben einem unreinen Kinderbett die Tora zu studieren – und nur darum ging es ihm. Wenn die Kinder lauthals zu schreien begannen, hob er sie ungeschickt aus der Wiege und trällerte wie ein altes Weib: »Ah, ah, ah, ah . . . liu, liu, liu, liu . . .«

Wenn Hinde im Laden war, rief er nach ihr. Dann wickelte sie die Kinder, legte frische Laken in die Wiege, knöpfte vor meinen Augen ihre Bluse auf, entblößte ihre prallen, schneeweißen Brüste und spritzte den Kleinen aus den geschwollenen Brustwarzen ein bißchen Milch in den Mund, bevor sie mit dem Stillen begann. Der Anblick von so viel Weiberfleisch beunruhigte mich, obwohl ich in puncto Sexualität noch völlig ahnungslos war. Hinde, über ihren Sprößlingen ausgespreizt wie ein feistes Mutterschwein, sagte dann jedesmal zu ihrem Mann: »Kümmre dich um die Kundschaft!«

Reb Berischl ging also hinüber in den Laden, aber das war reine Zeitverschwendung. Er konnte nicht mit den Kunden reden. Er konnte sich nicht dazu überwinden, einer Bauersfrau ein Umhängetuch umzulegen, sondern warf es ihr aus einiger Entfernung zu, worauf sie sich gekränkt fühlte, weil es ihm so offensichtlich widerstrebte, sie zu berühren. Die Frauen lachten ihn aus, die Männer machten sich über ihn lustig und bellten wie Hunde, was Berischl in Angst und Schrecken versetzte.

Wenn Hinde ihn wieder zu den Kindern geschickt hatte, stimmte sie in das Gelächter der Kunden ein. Berischl kehrte schleunigst zurück zu seinen Texten über Opfertiere, die für ihn etwas Realeres waren als die rotbackigen Heiden im Laden seiner Frau.

»Ai wai geschrien! Jetzt also weiter mit unserer Lektion! Langsamer! Langsamer!«

Wie er es schaffte, sich sein Essen zu kochen, wenn Hinde in Warschau war, kann ich mir einfach nicht vorstellen. Ich habe nie erlebt, daß er sein Bücherstudium lange genug unterbrochen hätte, um eine Mahlzeit einzunehmen. Da er obendrein erpicht darauf war, alle möglichen guten Werke zu tun, gesellte er sich zu jedem Männerquorum, das in der Synagoge betete. Ein zusätzliches spirituelles Verdienst erwarb er sich dadurch, daß er im Gotteshaus den Fußboden kehrte. Er übernahm diese fromme Aufgabe, weil Eber, der Badewärter, mit dem bißchen Geld, das er für religiöse Gelegenheitsarbeiten bekam, seinen Lebensunterhalt nicht bestreiten konnte und deshalb nebenbei mit Gemüse hausierte. Genau so ungeschickt wie bei allem anderen stellte sich Reb Berischl auch beim Fußbodenkehren an: Hinterher war mehr Staub da als vorher.

Eines Tages traf ganz unerwartet der Natschalnik aus Sochaczew ein. Da Berischl befürchtete, daß der Beamte das Bethaus inspizieren würde, kehrte er rasch den Fußboden. In aller Eile benützte er den Rock seines Kaftans dazu, den zusammengekehrten Staub hinauszutragen. Ausgerechnet in diesem Moment kam der Natschalnik herein. Vor lauter Schreck ließ Berischl den ganzen Staub auf dessen blankgewichste Stiefel fallen. Um diese schwere Beamtenbeleidigung auszubügeln, mußte Reb Josua, der Dorfmagnat, dem Stellvertreter des Zaren natürlich ein hübsches Sümmchen Schmiergeld zustecken.

Wegen Berischl mußte ich die Höllenqualen der Verdammten erleiden. Weil er am liebsten nachts studierte, mußte ich mich zu später Stunde mit den Verzwicktheiten der Gemara herumschlagen. Erst als ich das lange Aufbleiben nicht mehr verkraften konnte und dagegen rebellierte, schickte mich Vater zu einem anderen Privatlehrer, einem gewissen Mattes Warschauer. Damals hatte mein Vater gerade damit begonnen, dem Hof des Radzyminer Rabbis Besuche abzustatten – zunächst nur probeweise. Weil er sich die lange Reise zu seinem Rabbi in Galizien nicht leisten konnte, hatte er es bereits mit verschiedenen heiligen Männern in der näheren Umgebung versucht, auch mit Reb Leibele Alter, dem Rabbi von Ger, der als der bedeutendste chassidische Rabbi in ganz Polen galt. Warum mein Vater sich dann nicht mehr am rabbinischen Hof von Ger blicken ließ, weiß ich nicht. Vielleicht war er, der Rabbiner einer so kleinen Gemeinde wie Leoncin, dort nicht pompös genug empfangen worden. Oder vielleicht war der Rabbi von Ger zu gewieft und streitbar für ihn, dessen Empfindsamkeit und Begeisterungsfähigkeit eher den galizischen Wesenszügen entsprachen.

Jedenfalls stattete Vater dem Radzymer Rabbi, Reb Mendele, probeweise einen Besuch ab. Dieser Rabbi war damals ein aufgehender Stern in der Welt des Chassidismus. Seine Anhängerschaft war viel kleiner als die des Rabbis von Ger, und zudem ziemlich undistinguiert – sehr zum Leidwesen Reb Mendeles, der viel lieber wohlhabende Juden, Gelehrte und Rabbiner als Gefolgschaft gehabt hätte. Deshalb empfing er meinen Vater mit offenen Armen. Er konnte ihn rasch auf seine Seite ziehen, denn Vater war und blieb ein naiver Mensch. Möglich, daß die Radzyminer Chassidim viel Getue um ihn machten, weil er der einzige Rabbiner unter den Anhängern ihres Rabbis war.

Der Radzyminer Rabbi war nicht so intellektuell wie der Rabbi von Ger. Er betete, psalmodierte und gebärdete sich so inbrünstig wie die galizischen Heiligen. Als mein Vater sich verabschiedete, erstattete ihm Reb Mendele die Reisekosten und bat ihn, recht oft wiederzukommen. Außerdem versprach er, ihm eine Anstellung in einer jener Gemeinden zu verschaffen, in denen er einen gewissen Einfluß ausübte.

Als Vater aus Radzymin heimkehrte, strahlte er Zuversicht und Begeisterung aus. Und er brachte dreierlei mit nach Hause: einen Rabbinerhut, den ihm der Rabbi geschenkt hatte; ein goldenes Fünfrubelstück, das von der Kostenerstattung übriggeblieben war; und einen Jeschiwaschüler namens Mattes.

Voller Gefühlsüberschwang sang Vater ein Loblied auf den Radzyminer Rabbi: auf seine Heiligmäßigkeit, Vornehmheit, Freundschaftlichkeit und Erhabenheit. Mutter zuckte nicht mit der Wimper. Sie interessierte sich nur für den Rabbinerhut. Wie bereits erwähnt, scheute sich Vater, in Leoncin rabbinische Kleidung zu tragen, weil die Russen dies nur den ordinierten Rabbinern erlaubten. Deshalb trug er seinen Rabbinerhut nur zu Hause und in der Synagoge. Ansonsten trug er ein Samtkäppchen (die Schläfenlocken schob er sich hinter die Ohren) und eine Art Kaftan, der, obwohl er hinten Taschen hatte, kein richtiges Rabbinergewand war.

Mutter fragte ihn, weshalb der Radzyminer Rabbi ihm diesen Hut geschenkt habe. Vater versicherte ihr, er habe den Hut bekommen, um ihn am Hofe des Rabbis zu tragen, weil es sich für einen Rabbiner nicht schicke, einen gewöhnlichen Hut aufzusetzen.

Mutter lächelte vielsagend. »Hab' ich's mir doch gedacht! Er hat den Hut nicht für dich, sondern für sich selber gekauft! Er möchte der Welt zeigen, daß zu seinen Anhängern ein Rabbiner gehört.«

Vater war entrüstet über diese Verleumdung seines Idols.

Wie sich später herausstellte, hatte Mutter recht. Mit ihrem Scharfblick hatte sie einen Charakterfehler des heiligen Mannes entdeckt. Für seine Loyalität mußte mein Vater später teuer bezahlen, zunächst aber verschaffte sie ihm tiefe Befriedigung. Bestärkt wurde er in seiner Gefolgschaftstreue von Mattes, der mit nach Leoncin gekommen war, um bei ihm zu studieren.

Mattes war kleinwüchsig, aber so massiv und kräftig wie ein Baumstamm. Er war tatsächlich breiter als lang. Sein Bart und seine Schläfenlocken waren flaumig und blond, seine Finger kurz und dick. In seinen blauen Augen glühte das Feuer des Fanatismus. Als er mir zum ersten Mal gegenüberstand, ergriff er meine Hand, preßte sie wie ein Schraubstock und sagte: »Fürchte Gott, Josua – hörst du?«

Und mit diesen Worten stemmte er mich bis zur Decke hinauf, als wäre ich federleicht.

Ohne meine Mutter eines einzigen Blickes zu würdigen, verschlang er den Imbiß, den sie aufgetragen hatte, wobei er die Brotscheiben in Salz tunkte, bevor er sie in den Mund stopfte.

»Der Radzyminer Rabbi ist ein Engel«, erklärte er immer wieder. »Eines Tages wird alle Welt seine Größe erkennen, wie ich sie erkannt habe . . .«

Er starrte in die Luft, als könnte er bereits sehen, wie sich die Herrlichkeit des Rabbis in der Welt ausbreitete.

Sobald er fertig gegessen hatte, bat er mich, ihm den Weg zum Lernhaus zu zeigen, und kurz darauf waren wir in Traktate über eheliche Beziehungen vertieft. Während des Abendgottesdienstes wurde Mattes von meinem Vater den verschiedenen Haushalten zugeteilt, wo er abwechselnd Kost und Logis erhalten sollte. Ich mußte ihn jedesmal dorthin begleiten, weil er sich scheute, mit einer Hausfrau, deren Mann vielleicht nicht daheim war, allein zu sein. Mit viel Gusto aß er alles, was ihm aufgetischt wurde, tunkte das Brot in Salz und würdigte die Frauen, die ihn verköstigten, keines Blickes. Weibliche Wesen existierten für ihn überhaupt nicht.

In die heilige Tora war Mattes genau so vernarrt wie Berischl Hinde. Abgesehen von den vier Stunden, die er nachts schlief, verbrachte er seine ganze Zeit mit Beten und Studieren. Aber statt zu lamentieren wie Berischl betete er voller Freude und Begeisterung. »Oj, oj, die Tora ist süß!« rief er oft mitten in einer Lektion. »Hörst du, Josua? Es gibt nichts Schöneres als das Studium der Tora!«

So groß wie Berischls Vorliebe für die Texte über Opfergaben, so groß war Mattes' Vorliebe für alles, was mit Ehe, Scheidung und den Beziehungen zwischen Mann und Frau zu tun hatte. Besonders gern befaßte er sich mit dem Brauch der Schwagerehe.

Möglich, daß sich in dieser Vorliebe ein unterdrückter Sexualtrieb ausdrückte. Jedenfalls befaßten wir uns nahezu ausschließlich mit diesem Thema.

Oft wurde Mattes mitten in einer Lektion von leidenschaftlicher Liebe zu Gott ergriffen. Dann redete er den Allmächtigen so zärtlich an wie ein Liebender seine Geliebte. »Süßer, herrlicher, begehrenswerter Schatz . . .«, flüsterte er wie besessen, streckte die Arme gen Himmel und klatschte in die feisten Hände. Er kannte nichts anderes als die Tora.

Einmal fiel sein Blick zufällig auf eine Reihe Heuschober. Er betrachtete sie eine Weile, dann fragte er mich: »Wozu braucht denn eine so kleine Ortschaft so viel Heu? Wie viele Säuglinge gibt es denn in Leoncin?«

Er dachte, Heu werde nur zum Auspolstern von Kinderbettchen verwendet.

Mein Vater war natürlich begeistert von Mattes. Jetzt hatte er jemanden, mit dem er über die Tora palavern und dem er seine neuesten Entdeckungen und Auslegungen präsentieren konnte. Ich teilte Vaters Begeisterung nicht. Mattes zermürbte mich mit seinem Geseire über das Verhalten von Ehemännern und Ehefrauen. Wieso hätte ich mich denn für die Frage interessieren sollen, ob eine Braut noch Jungfrau sei, wenn sie behauptet, durch einen unglücklichen Zufall und nicht auf die übliche Art und Weise entjungfert worden zu sein? Ich konnte die Argumente bezüglich dieser Streitfrage auswendig, aber worum es dabei eigentlich ging, war mir schleierhaft, denn Mattes hielt es nicht für nötig, mir so etwas näher zu erklären. Schließlich wurde ich von meinem Freund Abraham aufgeklärt, von dessen Familie Mattes an bestimmten Wochentagen verköstigt wurde.

Abrahams Vater, Herschel, hatte jahrelang ein Stück Land bewirtschaftet, das er vom Gutsherrn gepachtet hatte. Später war er nach Leoncin gezogen und hatte einen Kramladen eröffnet. Außerdem besaß er Weideland, Rinder, Pferde und Federvieh. Er war ein kraftstrotzender Kerl, und sein Sohn Abraham geriet ihm nach. Obwohl er nur zwei Jahre älter war als ich, war er ungewöhnlich groß und kräftig. Da Herschel fest entschlossen war, aus seinem Sohn einen Gelehrten zu machen, ließ er ihm, gemeinsam mit mir, von Mattes Unterricht erteilen. Doch Abraham hatte für die Gemara noch weniger übrig als ich und zog es vor, die Pferde seines Vaters zu hüten, Fuhrwerke zu kutschieren, Holz zu hacken und das Vieh zu füttern. Mit diesem vernünftigen Jungen freundete ich mich natürlich sofort an. Und prompt erklärte er mir alles, was Mattes übersprungen hatte. Er nahm mich sogar mit, um zuzuschauen, wie die Kühe seines Vaters vom Bullen eines Bauern »bedient« wurden.

»Die Menschen machen's auch so«, sagte er. Ich war

baff. In einer solchen Situation konnte ich mir meine Eltern und die Stammväter und Stammmütter aus der Tora einfach nicht vorstellen. Abraham machte sich über meine Naivität lustig.

»Sogar Moses hat's getan«, versicherte er mir.

Mir eröffnete sich eine ganz neue Welt. Jetzt ergaben die Gesetze der Gemara, die Mattes mir eingetrichtert hatte, allmählich einen Sinn.

Von Abraham lernte ich noch andere wichtige Dinge: wie man sich einem Pferd nähert, ohne daß es ausschlägt; wie man reitet; wie man Zugtiere anschirrt und ein Fuhrwerk kutschiert. Einmal kostete es mich fast den Kopf, als eine Stute, auf der ich ausgeritten war, plötzlich Heimweh bekam und zum Stall zurückgaloppierte. Um ein Haar wäre ich mit dem Kopf an den oberen Balken der Stalltür geprallt. Und als ich einmal das Hinunterspringen vom Heuboden übte, stürzte ich und wurde ohnmächtig. Aber ich gab Abraham nie die Schuld an solchen Vorfällen. Wir beide nutzten jede Gelegenheit, um uns von Mattes wegzustehlen und im gemütlichen Stall in Sicherheit zu bringen. Das Klirren einer Kette am Widerrist eines Pferdes, das gedämpfte Geräusch des Wiederkäuens, der Geruch des Heus, ja sogar des Dungs – das alles fand ich himmlisch. Abraham erzählte mir phantastische Geschichten über Riesen, Helden, Zigeuner und Pferdediebe, meistens aber redete er über die Bärenkräfte seines Vaters. Ich war fasziniert. Wir lagen im Heu und äfften Mattes' wilde Gefühlausbrüche und heftige Gestik beim Beten nach.

Vorsichtiger waren wir an den Tagen, an denen Mattes von Abrahams Familie verköstigt wurde. Mit der Ehrfurcht des Ungebildeten starrte Herschel den gelehrten jungen Mann an und las ihm jedes Wort von den Lippen ab.

»Lea, noch etwas Sauerrahm für Reb Mattes!« sagte er immer wieder zu seiner halbwüchsigen Tochter. »Und reichlich Butter auf die Kartoffeln! Reb Mattes braucht seine ganze Kraft für die heilige Tora.«

Lea begegnete dem jungen Schriftgelehrten aus der großen Stadt mit der ganzen Schüchternheit des einfachen Landmädchens. Die Anwesenheit eines so gebildeten Gastes brachte sie derart durcheinander, daß ihre lange Schafsnase noch länger wurde.

Es dauerte nicht lange, bis Herschel mit dem Vorschlag zu meinem Vater kam, Lea mit Mattes zu verheiraten.

»Rebbe, ich werde ihn von Kopf bis Fuß ausstatten. Er bekommt von mir Kost und Logis so lange er will, eine Mitgift und Geschenke. Es wäre mir eine Ehre, wenn Reb Mattes in meinem Haus wohnen und studieren würde. Meine Lea kann sich um den Laden kümmern, während ihr Mann die heiligen Bücher studiert.«

Vater sprach mit Mattes, der sofort einwilligte. Er war weniger an der Mitgift interessiert als an Herschels Zusage, ihn auf unbegrenzte Zeit zu verköstigen. Die einzigen Geschenke, die er sich wünschte, waren die mehrbändige Wilnaer Talmudausgabe und ein pelzverbrämter Hut. Herschel erfüllte ihm diese Wünsche und übernahm auch die Reisekosten für Mattes' Familie, die zu arm war, um die Fahrt aus eigener Tasche zu bezahlen.

Nach der Trauung wechselte Mattes bloß zwei Worte mit seiner jungen Frau. Mit der Besessenheit, mit der er alles tat, steckte er seine Nase in die Talmudausgabe und ging gar nicht zu Bett. Lea – jetzt mit einer großen Perücke auf dem Kopf, die so gar nicht zu ihrem jungen Gesicht paßte – ging auf Zehenspitzen, um ihren gelehrten Ehemann nur ja nicht zu stören. Sie war zu schüchtern, um ihn mit seinem Namen anzureden. Genau so schweigsam brachte sie ein Jahr später ein Kind zur Welt, und es dauerte nicht lange, bis sie wieder einen dicken Bauch hatte.

Herschel war überglücklich, doch seine Freude sollte nicht lange dauern. Nach einigen Jahren verließ Mattes, ohne ein Wort zu sagen, Frau und Kinder, um fortan als Einsiedler zu leben.

Und nun möchte ich von meinem dritten Privatlehrer, Jossele Roizkes, berichten, der Jossele Litwak genannt wurde.

Er kam aus Zabludow, einem Städtchen in der Nähe von Bialystok, und war der einzige Litwak in Leoncin.

Vor ihm hatte es hier schon andere Litwaks gegeben, aber keiner war dageblieben. Einer war als Melamed angestellt worden, hatte sich aber wegen seiner Litwak-Gewohnheiten nicht lange in Leoncin halten können. Ein anderer war Vertreter einer Feuerversicherung gewesen. Er hatte einen modernen Hut und einen neumodischen Mantel getragen, Kleidungsstücke, in denen sich ein Leonciner Jude nicht einmal als Toter hätte blicken lassen. Als er im Gotteshaus das Totengebet rezitierte, paßten alle genau auf, wie er als »Deutscher« die hebräischen Wörter aussprechen würde. Wir Buben bezweifelten sogar, ob wir danach »Amen« sagen sollten; wir waren überzeugt, daß Gott nur polnisches Jiddisch sprach.

Zu alledem nahm der Fremde dann auch noch einen Band der Gemara aus dem Regal und psalmodierte andächtig: »Wer folgendes Gelübde ablegt: ›Ich bin ein Eremit, ich bin ein Einsiedler, ich bin ein Anachoret‹, der wird ein Eremit, ein Einsiedler . . .«

Er sprach die hebräischen Wörter entsetzlich falsch

aus – für uns Grund genug, in höhnisches Gelächter auszubrechen.

Wo dieser Litwak auch hinging, immer liefen einige von uns hinter ihm her und hänselten ihn wegen seines Akzents. Wegen unserer Frotzeleien sah er sich gezwungen, das Schtetl vorzeitig zu verlassen. Die einzigen Litwaks, die in Leoncin geduldet wurden, waren jene, die von Ort zu Ort zogen, um Spenden für Talmud-Tora-Schulen zu sammeln und Predigten zu halten. Fast alle Spendensammler waren Litwaks. Erschien ausnahmsweise einmal ein polnischer Jude zum Spendensammeln, dann beachtete man ihn gar nicht. Wer Spenden sammelte, hatte ein Litwak zu sein, genau wie jemand, der Bären abrichtete, ein Zigeuner zu sein hatte.

Der erste Litwak, der tatsächlich in Leoncin ansässig wurde, war jener Jossele Roizkes. Er hatte die Tochter von Reb Josua, dem Dorfmagnaten, geheiratet, und niemand wagte es, den Schwiegersohn des reichen Holzhändlers zu provozieren.

Warum Reb Josua bis nach Bialystok reisen mußte, um einen Mann für seine Tochter zu finden, war allen ein Rätsel. Dieser Jossele war ein schmächtiges Bürschchen mit einem schmalen, spitzen Gesicht und blasser, glatter Haut. Seine junge Frau hingegen hatte eine üppige Figur, rote Backen, schwarze Haare, schwarze Augen und lachende Lippen. Diese lebenssprühende Schönheit schien ständig Heiterkeit auszustrahlen. Jedem, ob jung oder alt, lächelte sie zu, sogar den rüpelhaften Bäckerjungen, die bei Jeheskel arbeiteten und die sie kaltschnäuzig hätte abfertigen können, weil sie gesellschaftlich tief unter ihr standen.

Obwohl das junge Paar allem Anschein nach überhaupt nicht zusammenpaßte, war Reb Josua ungeheuer stolz auf seinen Schwiegersohn aus dem fernen Bialystok, das für die Leonciner Juden ebenso gut St. Petersburg hätte sein können.

Die Hochzeit war pompös gefeiert worden. Mosche, der Zimmermann, errichtete eine Festhalle, in der Platz für die vielen Verwandten und anderen Gäste war. Reb Josua engagierte eine Musikkapelle aus Zakroczym und einen Spaßmacher mit gestutztem Bart und allem Drum und Dran. Die Kellner trugen kurze Jacken. Von überallher kamen Bettler, um mitzuschlemmen und saftige Almosen einzuheimsen. Es gereichte Reb Josua zur Ehre, daß er alle Dorfbewohner zur Hochzeitsfeier einlud – angefangen bei meinem Vater (den er für den Traugottesdienst gut bezahlte) bis hinunter zum Ärmsten der Armen. Anläßlich der Hochzeit kaufte er sogar eine neumodische Lampe, die strahlendes Licht verbreitete. Die Leonciner konnten den Blick nicht von den Verwandten des Bräutigams abwenden, die kurze Gehröcke trugen und vor lauter Bildung nur so sprühten. Der Bräutigam hielt eine höchst eindrucksvolle Rede in gepflegtem litauischem Jiddisch.

Wegen seines gebildeten Schwiegersohns wollte nun auch Reb Josua in gelehrten Kreisen verkehren. Er gewöhnte sich an, einen Seidenkaftan zu tragen und sein Jiddisch mit hebräischen Ausdrücken zu garnieren. Diese paßten zwar nicht immer in den Gesprächszusammenhang, aber natürlich wagte niemand, über den reichsten Mann im Schtetl zu lachen. Reb Josua gewöhnte sich ein so affektiertes Getue an, daß er sich an Rosch Haschana vor der Gemeinde aufpflanzte und Benediktionen rezitierte, die nur für den Privatgebrauch bestimmt sind. Obwohl er einen entsprechend feierlichen Ton anschlug, klang jedes Wort so ohrenbetäubend laut, wie wenn ein Schreiner Nägel einschlägt. Die gelehrten Juden lachten hinter vorgehaltener Hand und fühlten sich kaum bemüßigt, »Amen« zu sagen. Trotzdem nahm man das alles schweigend hin, denn niemand spendete so viel Brennholz für das Bethaus und so viele Kartoffeln für die Armen wie Reb Josua. Wenn er an den Feiertagen aufgerufen wurde, aus der schönen, edelsteinverzierten Torarolle vorzulesen, die er selbst gestiftet hatte, rezitierte er jedesmal zahlreiche Segenssprüche für seine Frau und seine Kinder und gelobte, der Gemeinde großzügige Spenden zukommen zu lassen, wofür er dann mit Lob überhäuft wurde.

Besagter Jossele, der einen kurzen Kaftan, einen gestärkten Kragen und über die Stiefel herabfallende Beinkleider trug, wurde also mein neuer Privatlehrer. Mattes hatte mich fast verrückt gemacht mit seinem Fanatismus und seinen von Rabbi Akiba Eger formulierten Fragen und Antworten. Das waren langatmige, mühsame Lektionen gewesen, die den Verstand eines kleinen Jungen überforderten. Mattes hatte mich derart gezwiebelt und verwirrt, daß Mutter sich Sorgen um meine Gesundheit machte und deshalb bei Vater durchsetzte, daß ich einen anderen Privatlehrer bekam.

Für mich brach eine neue, glückliche Zeit an. Jossele neigte dazu, alles auf die leichte Schulter zu nehmen, auch die Tora. Er ruhte sich gern vom Unterricht aus. Bevor eine neue Seite aufgeschlagen wurde, brachte man uns einen Imbiß aus der Küche, in der alles reichlich vorhanden war. Mein Lehrer bewirtete mich mit allerlei leckeren Marmeladen und Kuchen. Danach streckte er sich auf dem Sofa aus, während ich die Kostbarkeiten dieses luxuriösen Hauses bestaunte: die Wandteppiche, die Servietten mit den eingewebten Silberfäden, die geschnitzten Löwenköpfe auf den Eichenschränken – und vor allem die wunderschöne Hendl.

»Warum starrst du mich so an, Josua?« fragte sie lächelnd.

Beschämt darüber, daß sie mich dabei ertappt hatte, sah ich weg.

»Du guckst wohl lieber hübsche Frauen an, als deine Nase in die Gemara zu stecken?« fragte sie und kniff mich in die Wange.

Noch heute kann ich ihre Finger auf meinem glühenden Gesicht spüren. Ich glaube, daß Hendl trotz all ihrer Heiterkeit nicht glücklich war. Sie sorgte für ihren Jossele, brachte ihm frische Taschentücher, mit denen er seine Brille putzte, tischte ihm Leckerbissen auf und schob ihm, wenn er ein Nickerchen machte, gestickte Kissen unter den Kopf. Sie war stolz darauf, daß er so gute Manieren hatte und immer wie aus dem Ei gepellt aussah. Alles an Jossele war blitzblank – seine Brille, sein goldener Uhranhänger, seine Schuhe, sein gestärkter Kragen, sein seidener Hut, sein kurzer Alpakakaftan. Seine Stimme war so kultiviert wie alles an ihm. Er benützte sogar parfümierte Seife, die einen betörenden Duft hinterließ. Im Bethaus verzogen die Chassidim, angewidert von diesem fremdartigen, gojischen Geruch, das Gesicht. Ja, dieser Jossele Roizkes war wirklich ein piekfeiner Schwiegersohn, aber mir fiel auf, daß die bildschöne Hendl eher ein Kind als einen Ehemann in ihm sah. Sie war an Männer anderen Schlages gewöhnt: Ihre Brüder Chaim und Herschel waren hünenhafte Mannsbilder, und ihr Vater war, obwohl groß und schlank, ein sehr kräftiger Mann, der früher einmal Förster gewesen war.

Aber ganz gleich, wie die Jungverheirateten zueinander standen – in diesem wohlhabenden Hause herrschte immer eine ruhige, angenehme Atmosphäre. Jossele las gern die Zeitung *Hazfira*, und während er damit beschäftigt war, konnte ich mich mit meinen Freunden herumtreiben.

Mein Mitschüler bei Jossele war Nathan David, Reb Josuas Enkel, ein Junge in meinem Alter, der aus der Fabrikstadt Leszno zur Hochzeit seiner Tante Hendl gekommen und dann bei seinem Großvater geblieben war, um unter Anleitung seines Litwak-Onkels die Gemara zu studieren.

Er war ein hübscher Junge, der, wie alle Enkelkinder Reb Josuas, schwarze Haare und glänzende schwarze Augen hatte. Seine Mutter war Reb Josuas Tochter, sein Vater war Holzhändler in Leszno, wo sich die Zuckerfabrik des Millionärs Mathias Berson befand.

Leszno war eine aufgeklärte Gemeinde, deren wohlhabende Einwohner – die Holzhändler und Zuckerkommissionäre – sich von der gojischen Lebensart des Millionärs Berson hatten anstecken lassen. Nathan David stolzierte in Stiefeln aus Sämischleder umher und trug ein Käppchen aus glänzender Seide. In den Taschen seines gutsitzenden Kaftans hatte er Klappmesser mit Perlmuttgriffen, Bleistifte und allerlei hübschen Krimskrams stecken.

Er erzählte gern vom Leben in seiner Heimatstadt: von den prächtigen Kutschen, in denen der Magnat Berson umherfuhr; von seinem Vater, dem Holzhändler, und all den anderen wohlhabenden und weltlich gesinnten Bürgern von Leszno. Mir kam das alles unglaublich und phantastisch vor.

Nathan David sprach auch gern über Frauen – vor allem über die nichtjüdischen Dienstmädchen in seinem Elternhaus – und über die Holzfäller, die in den Wäldern seines Vaters arbeiteten.

Bei der Hochzeit seiner Tante Hendl machte er mich auf höchst sonderbare Gepflogenheiten aufmerksam.

Nachdem das Brautpaar ins Schlafzimmer geführt worden war, vergnügte sich die weltläufige Verwandtschaft aus Leszno auf ihre Weise. Sobald die anständigen, einfachen Leonciner Hochzeitsgäste gegangen waren, löschten die aus Leszno die Lampen aus und tanzten paarweise Polka und Walzer. Nathan David zog mich beiseite und dann beobachteten wir, wie die Paare sich küßten und umarmten, sich über die anderen Gäste mokierten und allerlei obszöne Bemerkungen über Braut und Bräutigam machten. Ein hochaufgeschossener Bursche mit funkelnden schwarzen Augen und einer zigeunerhaft dunklen Hautfarbe schlug sogar vor, daß sich die ganze Gesellschaft zum Schlafzimmer des Brautpaars schleichen und die Fensterläden aufreißen sollte. Die anderen lachten und klatschten Beifall. Wie so oft bei Hochzeiten breitete sich unter den Gästen Lüsternheit und Hemmungslosigkeit aus. Nathan David erzählte mir, wer mit wem ein Techtelmechtel habe, und weihte mich in allerlei Geheimnisse dieser Männer und Frauen ein, die fast alle mit ihm verwandt waren.

Die Freundschaft zwischen uns beiden gedieh prächtig. Ständig schwatzten wir und vertrauten einander alles mögliche an. Obwohl Jossele Roizkes ein frommer Mensch war, sah er fast immer über unser Benehmen hinweg. Er war keiner von denen, die sich selber in schwierige Situationen bringen. Mir wurde mein Privatlehrer immer sympathischer, und seine Frau war meine erste große Liebe – mein Jugendschwarm. Wenn ich sie sah, wurde ich jedesmal rot, zumal wenn sie das Mohairkleid an hatte, das ihre weiblichen Reize betonte. Hendl bog sich dann immer vor Lachen. »Warum schlägst du immer die Augen nieder, wenn ich dich ansehe, Josua?« hänselte sie mich und weidete sich an meiner Verlegenheit.

Ich litt unbeschreibliche Qualen. Als ich einmal allein im Zimmer war, schlich ich mich zu dem Stuhl, auf dem das Mohairkleid lag, küßte den Stoff und drückte ihn mit zitternden Händen leidenschaftlich an mich. Plötzlich kam Hendl herein. »Was machst du denn da?«

»Das Kleid ist heruntergefallen . . . Ich hab's aufgehoben . . .« sagte ich verdattert.

Sie fixierte mich mit ihren funkelnden, dichtbewimperten schwarzen Augen unter den kräftigen Brauen. Dann begann sie zu lachen. »Du bist wirklich ein Rakker, Josua, Sohn des Rabbiners!«

Dann musterte sie mich von Kopf bis Fuß. »Bist du ein Geißbock?«

So nannte man in Leoncin einen Schürzenjäger.

Mein Gesicht glühte. Am liebsten wäre ich in den Erdboden versunken.

Wenn die Erwachsenen doch nur wüßten, wie heftig Kinder lieben und leiden können . . .

Wie Juden für eine »kranke Jungfrau« beten, die einen Bankert zur Welt bringt

Daß ein Bankert geboren wurde, war in unserer Gegend nichts Neues. Viele nichtjüdische Mädchen, vor allem solche, die für den Grundherrn arbeiteten, brachten einen Bankert zur Welt. Davon wurde nicht viel Aufhebens gemacht, schon gar nicht, wenn das Kind ein Knabe war. Passierte so etwas aber einem jüdischen Mädchen, dann war der Teufel los.

So kam es denn in Leoncin zu einem Skandal, als ein Mädchen namens Pesa an einem Sabbatabend ein uneheliches Kind zur Welt brachte.

Vorher hatte niemand auch nur vermutet, daß sie schwanger war. Sie hatte als Dienstmädchen in Warschau gearbeitet und nach ihrer Rückkehr alle Anzeichen ihrer Schwangerschaft so geschickt kaschiert, daß sogar ihre Eltern darauf hereingefallen waren.

Als sie sich dann eines Abends nach dem Essen stöhnend ins Bett legte und über Krämpfe klagte, glaubte man, es handle sich bloß um Magenbeschwerden. Als die Schmerzen nicht nachließen, rief ihr Vater, Herschel Stok, im Bethaus ein Quorum zusammen, das für die Genesung seiner Tochter beten sollte. Die Männer begannen, die üblichen Gebete für Kranke aufzusagen. Plötzlich kam eine Horde Frauen hysterisch schreiend ins Gotteshaus gestürmt. »Männer, hört auf, für eine Hure zu beten! Pesa hat gerade einen Bankert zur Welt gebracht!«

Die Männer hörten mitten im Satz auf, und Herschel rannte hinaus, die Fäuste geballt vor Zorn auf die Tochter, die ihm solche Schande gemacht hatte.

Sieben Tage lang war das Schtetl in Aufruhr. In der Synagoge, in der *mikwe,* auf dem Marktplatz, in den Fleischerläden, ja sogar im Cheder wurde über Pesa und den Bankert, den sie sich in Warschau eingeheimst hatte, hergezogen.

Nicht, daß Pesas Eltern einen musterhaften Lebenswandel geführt hätten. Herschel Stok war fast so etwas wie der Dorfganove. Man brauchte ihn bloß scheel anzusehen, und schon wurde man von ihm zusammengeschlagen. Es hieß auch, er scheue sich nicht, Hühner bei Zigeunern zu kaufen, obwohl er wußte, daß das Federvieh höchstwahrscheinlich woanders herstammte. Der Familie Stok wurden allerlei üble Machenschaften nachgesagt. Aber Herschel war immerhin ein Jude, der die Sabbatgebote einhielt, seine Gebete aufsagte und sich bemühte, seine beiden Lümmel, Feiweschl und Schlomele, in den Cheder zu schicken. Außerdem betete er voller Inbrunst in der Synagoge und schlug sich an den Bußtagen so heftig an die Brust, daß es im Gotteshaus widerhallte. Und er zwang seine beiden Söhne, gemeinsam mit ihm zu beten. Wenn ein Spendensammler ins Schtetl kam und eine feurige Predigt über die Höllenqualen hielt, seufzte Herschel steinerweichend.

Er war also trotz seiner Unarten und trotz der Verfehlungen, die er beging, um das tägliche Brot für seine Familie zu beschaffen, ein gottesfürchtiger Jude geblieben, der über die Missetat seiner Tochter tief bekümmert war. Seine Schande war abgrundtief: Die Frauen tratschten, schimpften und verfluchten seinen Namen, die Männer höhnten, und wir Chederschüler machten uns sogar einen Spaß daraus, bei den traditionellen Gebeten, die wir für Pesa vor dem Laken rezitierten, hinter dem sie im Wochenbett lag, die richtigen Wörter durch Frivolitäten zu ersetzen.

»Allmächtiger Gott«, blökten wir,

> »Kater im Kompott,
> Für mich: Brot,
> Für dich: tot.
> Leckerbissen für mich,
> Bauchgeschwür für dich ...«

Normalerweise hätten Herschel und seine Söhne uns wegen dieser Verhohnepiepelung ihrer Familie grün und blau geschlagen, aber die Schande lastete so schwer auf Herschel, daß er keinen Mumm mehr hatte und nur noch verbiestert herumhocken konnte.

Nachdem er sich einige Tage lang abgekapselt hatte, erschien er mit gesenktem Kopf bei meinem Vater. Sein Bart und sein Schnurrbart, sonst so widerborstig, hingen schlaff herunter. Er wirkte völlig gebrochen und erniedrigt.

»Rebbe, das Neugeborene ist ein Knabe ... Ist es ... ist es erlaubt, einen Juden aus ihm zu machen?«

»Er muß natürlich beschnitten werden. Ich komme morgen mit dem *mojhel* und einem Männerquorum zu Euch.«

»Rebbe, laßt mich Eure Hand küssen!« stammelte Herschel. »Ich bin es nicht wert ...«

»Schweigt!« rief mein Vater. »Gott soll schützen – ein Jude darf einem anderen Juden nicht die Hand küssen. Und weint nicht, Reb Herschel – ich werde mich um alles kümmern.«

Ich ging als interessierter Beobachter mit. Hinter dem Laken verborgen lag die junge Mutter in der armseligen Behausung, deren ganze Einrichtung aus einem Tisch, ein paar Stühlen und zwei ungestrichenen Betten sowie einigen Fotografien bestand, die Herschel in der zaristischen Soldatenuniform zeigten. Das Männerquorum, das die Angelegenheit möglichst schnell hinter sich bringen wollte, war sich nicht klar darüber, ob es nach solch einer »gojischen« Beschneidung angebracht war, »Amen« zu sagen. Als der Bankert einen Namen bekommen sollte, starrte Herschel hilflos vor sich hin. Mein Vater schlug den Namen Abraham vor, der häufig für Konvertiten und andere Außenseiter gewählt wurde.

»Und sein Name soll sein Abraham, Sohn von . . . von . . . von . . .«. Der *mojhel* stockte und wartete darauf, den Namen des Vaters gesagt zu bekommen.

»Abraham, Sohn von Sale!« platzte Herschel heraus. »Ja, ja, der Sohn von Sale!«

Sale war der junge Mann, mit dem Pesa verlobt worden war, bevor sie nach Warschau ging. Er war Schneider – ein kleinwüchsiger, stämmiger Bursche, der Soldat gewesen war; ein dunkler Typ, dessen Kinn auch nach dem Rasieren noch bläulich aussah. Sein Vater war Benjamin, der Schneider, der wegen seiner dunklen Hautfarbe »Zigeuner« genannt wurde. Pesa hatte geschworen, Sale sei der Vater ihres Kindes. Sale bestritt das heftig und wollte die Verlobung lösen, weil Pesa, wie er behauptete, dieses »Bündel« aus der großen Stadt mit nach Hause gebracht habe.

Zwischen den Stoks und den »Zigeunern« brach ein erbitterter Streit aus.

Zunächst wurde ein *din-tojre* anberaumt, der unter Vorsitz meines Vaters kurz nach dem Laubhüttenfest im Anschluß an die Abendgebete stattfand. Alle erwachsenen Mitglieder beider Familien waren zugegen. Auf der einen Seite saß Herschel Stok in einem kurzen Kaftan, den er von Reb Josua, dem Holzhändler, bekommen hatte. Da Herschel korpulenter als Reb Josua war, spannte der Kaftan an den Schultern; der Rockschlitz fing schon dicht unter Herschels Schulterblättern an, und die Ärmel reichten ihm nur bis zu den Ellbogen.

Bei ihm saß seine Frau Etta, ein verrunzeltes, abgearbeitetes altes Weib, ganz ausgemergelt von zu vielen Schwangerschaften und von bitterster Armut. Pesa saß zwischen ihren Eltern. Sie hatte eine üppige Figur, dichtes blauschwarzes Haar, strahlend weiße Zähne und einen schönen, hellen Teint. Sie hatte sich herausgeputzt – ganz im Gegensatz zu ihrer Mutter, die ständig Pesas Puffärmel streichelte und offenbar zärtlich besorgt war um ihr armes Herzblatt, das dieser gerissene Verführer vom rechten Weg abgebracht hatte.

Diesem Trio gegenüber saß Benjamin, der Schneider – schwarzbärtig, mit schokoladebraunem Gesicht und flammenden schwarzen Augen, die alles ringsum zu versengen schienen. Sein Sohn Sale saß mit einer ganzen Anzahl von Brüdern neben seiner Mutter, die vergeblich versuchte, ihre hitzige Mischpoke in Zaum zu halten.

Draußen drängten sich Frauen um die Fenster, erpicht darauf, etwas von der Verhandlung mitzubekommen. Die jüngeren Mitglieder der streitenden Parteien – Feiweschl und Schlomele auf der einen, die kleinen »Zigeuner« auf der anderen Seite – kamen immer wieder ins Haus gestürmt und wurden jedesmal hinausgeworfen.

»Keine Gewalttätigkeiten im richterlichen Amtszimmer!« ermahnte Vater beide Parteien. »Wenn ihr hierher kommt, dann ist es, als stündet ihr vor Gottes Angesicht. Darum müßt ihr euch respektvoll benehmen.«

Benjamins Frau bemühte sich nach Kräften, das aufbrausende Temperament ihres Mannes und ihrer Söhne zu dämpfen.

»Ihr hängt meinem Sohn keinen Mühlstein um den Hals!« wetterte Benjamin. »Die hat sich den kleinen

Bankert in dieser deutschen Küche in Warschau machen lassen – mein Sale hat nichts damit zu tun!«

Mit »deutsche Küche« war ein jüdischer Haushalt gemeint, in dem die rituellen Speisegebote nicht eingehalten wurden.

»Es ist *dein* Kind, Sale!« rief Pesa. »Du hast nicht warten wollen, und ich bin auf dein hinterlistiges Getue hereingefallen, und jetzt willst du dich drücken!«

»Ich lasse nicht zu, daß du Schimpf und Schande über mein Mädelchen bringst!« brüllte Herschel Sale an. »Wie man sich bettet, so liegt man! Ich verlange, daß du sie heiratest! Sei deinem Sohn ein Vater, du Hundsfott!«

Nachdem die Streithähne einander stundenlang beschimpft und verflucht, ja sogar Morddrohungen ausgestoßen hatten, war der Stand der Dinge noch genau so wie zuvor.

Schließlich ging Pesa wieder nach Warschau, wo sie sich bei einer wohlhabenden Familie als Amme verdingte. Ihr Kind ließ sie bei ihrer Mutter zurück, die es immer wieder zu Sale bringen ließ, der es jedesmal zurückschickte.

Das erste Mal hatte Herschel den Säugling, als Purimgeschenk getarnt, bei Benjamin abgeben lassen. Als dieser gerade mit seiner vielköpfigen Familie den Festtagsschmaus genoß, kamen Feiweschl und Schlomele hereingeplatzt und legten ein Bündel auf den Tisch. »Unser Tate schickt Euch ein Purimgeschenk«, verkündeten sie und rannten weg, ehe Sale ihnen die Köpfe einschlagen konnte. Das »Geschenk« begann fürchterlich zu schreien, und Benjamin ließ das Bündel gleich wieder zurückbringen. Da Herschels Wohnungstür zugesperrt war, wurde es an der Schwelle abgelegt.

Danach wurde das »Geschenk« so lange hin und her befördert, bis der Säugling eine Erkältung bekam und starb. Herschel verstaute den kleinen Leichnam in einem Korb und ging damit über die zugefrorene Weichsel nach Zakroczym, wo es einen Friedhof gab.

Nach dem Tod des Bankerts hatten die Stoks überhaupt keine Hemmungen mehr und benahmen sich höchst schamlos und skandalös. Sie meinten, sie hätten jetzt nichts mehr zu verlieren und verstießen deshalb gegen jede gesellschaftliche Konvention. Herschel schickte seine Söhne nicht mehr in den Cheder. Die Leute begannen, über seine zweitälteste Tochter zu tratschen, die ebenfalls als Dienstmädchen in Warschau arbeitete. Die jüngste Tochter, Schoscha, die noch bei ihren Eltern wohnte, pfiff auf alle Anstandsregeln. Eines Tages, als ich gerade mit einigen anderen Buben im Fluß badete, kam sie ans Ufer, um auf die andere Seite zu waten. Sie zog ihr Kleid über den Kopf, reckte uns ihren nackten Hintern hin und forderte uns lachend auf, ihn zu küssen.

»Eure Knochen sollen verrotten, ihr miesen Chassidim!« fauchte sie, und in ihren Augen funkelte ein geradezu bestialischer Haß.

Ihre Brüder Feiweschl und Schlomele verprügelten jeden, der ihnen in den Weg kam, und fluchten auf die ganze Menschheit. Sie trieben sich in der Gegend herum, stahlen alles, was nicht niet- und nagelfest war, und beleidigten die Töchter ehrbarer Familien mit allerlei obszönen Gesten. Einmal luden sie sogar (was ein echter Jude nie getan hätte) eine Zigeunerbande zu sich ein. Herschel Stok war selten zu Hause. Er zog von einem nichtjüdischen Dorf zum anderen und versuchte, den Lebensunterhalt für sich und seine Familie zu verdienen. Es ging das Gerücht, er trete bei Prozessen als gedungener Zeuge auf und würde gegen Bezahlung jeden Eid schwören.

Der Grundherr und Amtsrichter Christowski mokierte sich über Herschels häufige Auftritte im Gerichtssaal. »Herschka hat den Zeugeneid schon so oft abgelegt, daß er ihn auswendig kann«, erzählte er seinen jüdischen Bekannten. Trotzdem, ließ er Herschels Aussage jedesmal zu Protokoll nehmen. Dieser Witzbold, Verschwender und Ketzer glaubte an überhaupt nichts. Die Juden hielten den Grundherrn wegen seiner Gotteslästerungen nicht für einen echten Christen. Sie behaupteten, er esse ja auch kein Schweinefleisch.

Bezüglich der Meineide, die Herschel schwor, war mein Vater ganz anderer Ansicht. Er stellte ihn zur Rede, doch Herschel war das piepegal. »Was macht das denn schon aus? Ich tu's doch bloß für die Gojim.«

Vater war empört. »Ob für Gojim oder Juden – ein Jude *darf* kein falsches Zeugnis ablegen! Die ganze Welt erzitterte, als Gott auf dem Berge Sinai verkündete: ›Du sollst kein falsches Zeugnis ablegen wider deinen Nächsten.‹«

Herschel machte eine verächtliche Handbewegung. »Rebbe, ich spreche den Eid ja gar nicht richtig nach. Wenn der Richter ›Gewissen‹ sagt, dann sage ich ›beschissen‹.«

Als mein Vater ihm ewige Verdammnis androhte, versprach Herschel, sich zu bessern. Aber kurz darauf erfuhren wir, daß er wieder den gleichen Schmu machte wie zuvor.

Je heftiger die Leute über ihn herzogen, desto verbitterter wurde er. Eigentlich hatte er auch genug Grund dazu. Um seine Familie zu ernähren, war er bereit, diejenigen Arbeiten zu übernehmen, auf die er sich am besten verstand. Doch die Juden betrauten damit lieber Schmidt, den Deutschen, weil sie fanden, daß es einem Goi besser als einem Juden anstünde, körperliche Arbeit zu verrichten. Folglich mußten Herschel und seine Familie Hunger leiden. Eines Freitags ging er vor dem Morgengrauen ans Weichselufer, um Fische zu fangen. Als er zurückkam, hatte er, wie ein Bauer, die Hosenbeine bis zu den Knien aufgekrempelt, und an einem Stecken hatte er etliche silbrig glänzende Hechte aufgespießt. Er kam an unsere Haustür. »Kauft Ihr mir einen schönen frischen Hecht ab, Rebezzin?« Mutter kaufte einen Fisch, aber keine andere Hausfrau in Leoncin war dazu bereit.

»Die kaufen lieber bei einem Goi als bei mir«, beschwerte sich Herschel verbittert.

Etta, seine Frau, war durchaus bereit, bei sich zu Hause die Wäsche anderer Leute zu waschen, bekam aber keine Aufträge, weil man fand, daß auch diese Dienstleistung unter der Würde eines Juden sei.

Die Familie Stok war also gezwungen, sich ihr tägliches Brot auf andere Weise zu beschaffen. Daß man sie deshalb verdammte, erbitterte sie um so mehr. Jetzt stritten sich die Stoks nicht nur mit Benjamin, dem Schneider, sondern auch mit Mordechai, dem Schneider, und Josef, dem Schneider. Sie kabbelten sich mit ihnen wegen eines Topfes, eines Eimers Wasser, eines Holzscheits oder wegen irgendeiner Tratscherei oder Verleumdung. Zu solchen Querelen kam es hauptsächlich an Feiertagen, wenn man genug Muße für diese Art Zeitvertreib hatte. Einmal brach ausgerechnet an Simchat Tora zwischen diesen Sippen eine Massenschlägerei aus, bei der nicht nur die Fäuste sondern auch Messer und Steine benützt wurden. Frauen und Kinder schlugen einander blutig. Als mein Vater davon erfuhr, ließ er tiefbeschämt den Kopf hängen. Danach kam es immer von neuem zu Anklagen, Gegenklagen und falschen Beschuldigungen.

Außer Herschel Stok gab es in Leoncin noch einige Juden, die der Gemeinde Schande machten. Besonders viel Ärger verursachte eine Zeitlang ein schlaksiger Pferdedieb, genannt »blinder Mayer«, der jeden Montag und Donnerstag ein Pferd aus dem Stall irgendeines Mitbürgers stahl. Mit diesem Mayer, der bei einer Rauferei mit einem Bauern ein Auge eingebüßt hatte, nahm es ein höchst unappetitliches Ende. Eines Tages ertappten ihn einige deutsche Siedler beim Stehlen. Sie hielten eine illegale Gerichtsverhandlung ab und verurteilten ihn dazu, bei lebendigem Leibe in den mit kochendem Wasser gefüllten Bottich geworfen zu werden, in dem sie ihre geschlachteten Schweine abbrühten. Die Polizei stellte zwar Ermittlungen an, doch die Bewohner der Siedlung verpfiffen einander nicht.

Bei der Beerdigung ging die Schwester des »blinden Mayer«, die mit Mordechai, dem Schneider, verheiratet war, hinter dem Leichnam und wehklagte wie eine ehrbare Ehefrau, die ihren frommen Gatten verloren hat. »Oj, er ist ein Heiliger gewesen . . . oj, ein Engel ist er gewesen . . .«

Trotz Mayers tragischem Ende konnten die Leute das Lachen nicht unterdrücken.

Mayers Neffe Berl, einer meiner Mitschüler im Cheder, trat in die Fußstapfen seines Onkels. Von Kindheit an war er ein Draufgänger. Alle Jugendlichen im Schtetl fürchteten sich vor diesem hitzköpfigen Raufbold. Er trug stets ein Messer bei sich, das er an allen möglichen Steinen schliff. Einmal zog er sein Messer im Gotteshaus und stach damit – wegen eines Ehrenhandels – auf Levi Abraham, den Russen, ein.

Der Zufall wollte es, daß alle Leonciner Raufbolde *kojhanim* waren, also zu den Ranghöchsten innerhalb der Judenheit zählten. Herschel Stok war ein *kojhen*,

Mordechai, der Schneider, war ein *kojhen*, ja sogar der »blinde Mayer« war einer gewesen. Im Gotteshaus seufzten die Männer jedesmal, wenn die *kojhanim* ihre Stiefel auszogen, bevor sie die priesterlichen Riten zelebrierten.

»Feine Priester sind das!« murmelten die Gläubigen entrüstet.

Statt wie vorgeschrieben »Seid bedankt, *kojhanim*!« zu sagen, sagten Witzbolde: »Seid verdammt, *kojhanim*!«

Die *kojhanim* reagierten entsprechend. Statt »Ihr sollt gesegnet sein«, sagten sie: »Schlagt euch den Schädel ein!«

Diejenigen, die sich am meisten über die Allüren der *kojhanim* ärgerten, waren die »Leviten« – in der Regel ehrbare Bürger, gelehrte Männer, deren Aufgabe es war, den »Priestern« während der Zeremonie die Hände zu waschen. Sie konnten sich einfach nicht dazu überwinden, diesen Raufbolden die Hände zu waschen, und scharten sich lieber um meinen Vater, um ihm, der ebenfalls ein *kojhen* war, diesen Dienst zu erweisen.

Eines Tages weigerte sich Levi Abraham, genannt »der Russe«, weil er in der zaristischen Armee gedient hatte, Mordechai, dem Schneider, dessen Schwager der »blinde Mayer« gewesen war, die Hände zu waschen. Er begründete dies damit, daß Mordechai vor Gericht falsches Zeugnis gegen ihn abgelegt habe.

»Einem, der meineidig geworden ist, wasche ich doch nicht die Hände!« erklärte er, der zwar nur ein einfacher Dörfler, aber ein Mann von Ehre war.

Berl, Mordechais Sohn, nahm die Beleidigung nicht schweigend hin. Wie ein Tiger stürzte er sich auf den stämmigen Levi Abraham und stieß ihm das Messer ins Genick.

Diese ständig miteinander streitenden Familien waren in unserem Schtetl allerdings eine Ausnahme. Die anderen waren anständige, gesetzestreue Leute, die, obzwar unter Bauern aufgewachsen, keiner Fliege etwas zuleide tun konnten. Sie trachteten nach der Weisheit der Tora und wollten, daß aus ihren Söhnen gelehrte Männer werden würden. Viele Familienväter machten Schulden, um ihren Töchtern gebildete Ehemänner zu verschaffen.

Lazar, der Hausierer, zog die ganze Woche durch die Bauerndörfer, aber wenn er zum Sabbat nach Hause kam, verbrachte er seinen einzigen freien Tag damit, die Tora zu studieren. Er ackerte sich sogar durch einen Band, der schwierige Kommentare zu Abschnitten aus der Bibel, der Mischna und der Gemara enthielt. Nach dieser Sabbatlektüre fühlte er sich wieder gewappnet, eine Woche lang durch feindselige Dörfer zu ziehen.

Jonathan, der Schneider, verbrachte so viel Zeit damit, sich bei gelehrten Männern herumzutreiben und ihre Weisheit in sich aufzunehmen, daß er schließlich mit dem Pentateuch und mit Raschis Kommentaren vertraut war und sich sogar ein bißchen in der Mischna auskannte. Da er eine gute Stimme hatte, durfte er sich in der Synagoge als Vorbeter erproben. Er rezitierte die Gebete fehlerlos, weil er den wahren Sinn der heiligen Schriften begriffen hatte. Von da an trug er am Sabbat einen Satinkaftan. Und er begann, regelmäßig einen rabbinischen Hof zu besuchen. Die anderen Schneider spotteten darüber, daß er sich wie ein Schriftgelehrter und wie ein Chassid gebärdete, aber Jonathan scherte sich nicht darum. Später sorgte er sogar dafür, daß seine Tochter einen gelehrsamen jungen Mann heiratete, dem er Kost und Logis gab.

Ein anderer junger Mann einfacher Herkunft, Hersch

Leib, ein wahres Wunder an körperlicher Leistungsfähigkeit, wurde ebenfalls von einem unwiderstehlichen Drang zur Tora ergriffen. Er flehte gelehrte Männer an, ihm einen Abschnitt des Pentateuch beizubringen. Und er bat sogar Schuljungen, ihm Unterricht zu erteilen. Er verwandte seine ganze Freizeit aufs Lernen und brachte sich allmählich einige Gemara-Texte bei. Sein Bruder Josua, ein Schneider, der irgendwo in Rußland in der zaristischen Armee gedient hatte und sich nicht genug tun konnte, fabelhafte Geschichten über seine Abenteuer zu erzählen, spöttelte darüber, daß Hersch sich in seinem Alter noch vorgenommen habe, Schriftgelehrter zu werden. Aber auch dadurch ließ Hersch Leib sich nicht von seinem Ziel abbringen. Wir Buben baten ihn oft, uns doch einen seiner berühmten Kraftakte vorzuführen, aber er weigerte sich jedesmal, denn er war fest entschlossen, sein früheres Leben zu vergessen, in dem ihm körperliche Überlegenheit so viel bedeutet hatte. Ihm wäre es lieber gewesen, so schwächlich zu sein wie die gelehrsamen jungen Männer, die von ihren Schwiegervätern verköstigt wurden.

Nur ein einziges Mal – am Purimfest, als er schon etliche Becher geleert hatte – vergaß er, was er sich geschworen hatte, postierte sich in einem Hauseingang und bezwang ein paar Dutzend Männer, die ihn verdreschen wollten.

Auch Mosche Mendel, der Fleischhauer, befaßte sich ein bißchen mit dem Studium der Tora und galt daher als Chassid und Schriftgelehrter, obwohl der Fleischhauer in ihm bisweilen zum Durchbruch kam. Er war so erpicht darauf, aus seinen Söhnen gelehrte Männer zu machen, daß er wegen ihrer Lernfaulheit erbarmungslos auf sie einschlug und buchstäblich auf ihnen herumtrampelte.

Aber auch die einfachen Juden, die nicht nach so viel Gelehrsamkeit strebten, rezitierten ihre Gebete, hörten sich Vorträge an und fanden sich zu den Predigten meines Vaters ein.

Leonciner Originale
um die Jahrhundertwende

Zu den originellsten Typen in unserem Schtetl zählte Reb Baruch Wolf, auch »der Kotzker« genannt, weil er ein Anhänger des Rabbis von Kotzk – des hochbetagten Reb Mendele – war.

Dieser Baruch Wolf war ein hochgewachsener, knorriger alter Mann, der keinen anderen Ruhm für sich beanspruchen konnte, als daß er in jungen Jahren zum rabbinischen Hof in Kotzk gepilgert war. Er redete unentwegt von Kotzk, das sein ganzes Leben beeinflußt hatte und auch der Grund dafür war, daß die eine Hälfte seines Gesichts nach oben, und die andere nach unten verzerrt war.

»Das hab' ich mir vor Jahren zugezogen, als ich bei eisiger Kälte nach Kotzk gepilgert bin. Es war so kalt, daß sogar der Branntwein im Fäßchen einfror. Immer wenn ich einen Schluck trinken wollte, mußte ich ein Stück davon abhacken und daran saugen.«

Die Burschen im Lernhaus richteten sich auf, ihre Augen funkelten maliziös. »Alkohol gefriert nie, auch nicht bei klirrendem Frost«, belehrten sie Baruch Wolf.

»Dummköpfe! Der Frost heutzutage läßt sich doch nicht mit dem von damals vergleichen! Heutzutage ist der Frost keinen Pappenstiel wert.«

Alles sei heutzutage keinen Pappenstiel wert, behauptete Baruch Wolf. Schnaps sei kein Schnaps, Heilige seien keine Heiligen mehr, Gänse keine Gänse, Karpfen keine Karpfen. Den geistlichen Gesängen fehle heutzutage jede Würze, und statt kraftvoller Männer gebe es nur noch Schwächlinge. Er zum Beispiel sei eines Tages auf der Wanderschaft nach Kotzk von nicht weniger als zwölf Wegelagerern überfallen worden. »Und was hab' ich gemacht? Ich hab' einen von ihnen an den Fußknöcheln gepackt und mit ihm so lange auf die anderen eingeschlagen, bis sie wie Ratten das Weite gesucht haben.«

Das nahmen ihm die jungen Burschen nicht ab. »Ihr solltet die Anzahl vielleicht ein bißchen verringern, Reb Baruch«, säuselten sie. »Sagen wir, es sind nur sechs Räuber gewesen ...«

»Dussel! Dummköpfe! Esel! Wenn ich sage, es sind zwölf gewesen, dann *waren* es zwölf! Was wißt ihr denn schon von den Räubern zu meiner Zeit?«

Ich hörte ihm liebend gern zu, wenn er erzählte, wie er mit bloßen Händen Wölfe in Stücke gerissen oder wie er bei Zechereien in Kotzk Wetten gewonnen habe, weil es ihm gelungen sei, einen mit hundertprozentigem Schnaps gefüllten Krug in einem Zug zu leeren. Damals, so behauptete er, sei er so reich gewesen, daß für die Festmähler, die er veranstaltet habe, nicht etwa das übliche Hühnerfett zum Braten verwendet worden sei, sondern reines Olivenöl für einen Dukaten pro Flasche. Für ein einziges Festmahl seien hundert Flaschen Olivenöl verbraucht worden.

Auch wenn ihm die jungen Burschen noch so sehr zusetzten, ließ er sich nicht zu dem Zugeständnis bewegen, daß die Flasche Olivenöl vielleicht etwas weniger gekostet habe und der Verbrauch pro Festmahl vielleicht etwas geringer gewesen sei. Und er duldete auch nicht, daß die Burschen sich geringschätzig über die Lautstärke seiner Singstimme äußerten, die seiner Behauptung nach so gewaltig gewesen sei, daß dem fast zwei Werst vom Bethaus entfernt wohnenden Gutsherrn das Trommelfell geplatzt sei.

Die Burschen wollten ihn dazu bewegen, die Entfernung auf die Hälfte zu reduzieren, doch davon wollte er nichts hören. »Wenn ich *zwei* Werst sage, dann meine ich nicht *eine* Werst!«

Wegen seiner Vorliebe für solche Prahlereien kümmerte er sich so wenig um seinen Laden, daß er bereits völlig verarmt war. Seine betagte Frau erschien oft im Lernhaus und versuchte, ihn nach Hause zu holen.

»Gewalt geschrien! Was bringt dir dieses ständige Geschwafel ein? Kümmre dich um den Laden, damit ich wenigstens ab und zu eine Mahlzeit kochen kann!«

Baruch Wolf ignorierte sie und fuhr fort, eine Schnurre nach der anderen zu erzählen. So unwichtig wie sein Laden war ihm auch das Beten. Und über Schriftgelehrte witzelte er boshaft. »Ein Glas Schnaps und ein Tanz mit den Kotzker Chassidim sind mehr wert als alle eure Gebete und euer Bücherstudium.«

Er behauptete sogar, der Rabbi von Kotzk habe einmal höchstpersönlich einen seiner Anhänger aufgefordert, seine Gebetsriemen wegzuwerfen. Als mein Vater von dieser gotteslästerlichen Behauptung erfuhr, war er entrüstet, aber Baruch Wolf schwor bei seinem Bart und seinen Schläfenlocken, es sei die reine Wahrheit.

Einmal machte er sich sogar über den berühmten Wilnaer Gaon lustig. Er räumte zwar ein, daß dieser Heilige ins Paradies aufgestiegen sei, behauptete aber, dort müsse der Gaon, weil er auf Erden die Mystiker verfolgt habe, getrennt von den anderen Heiligen sitzen, und sein Bart sei rotzverschmiert.

Mein Vater sagte, es sei eine Schmach und eine Schande, einen Heiligen derart zu verleumden.

Worauf Baruch Wolf in höhnisches Gelächter ausbrach. »Gaon – gack-gack-gack! Ein Glas Schnaps in Kock ist mehr wert als alle Gaonweisheit in Wilna.«

Nur einmal, am Versöhnungstag, als gerade das Kol Nidre-Gebet psalmodiert wurde, kam Baruch Wolf auf die Idee, eine Seite der Gemara zu lesen. Die Männer waren entsetzt. »Reb Baruch Wolf, doch nicht beim Kol Nidre!«

»Kol Nidre, Kol Nidre«, äffte er sie nach, dann rezitierte er falsch und lautstark: »Hat ein Ochse eine Kuh aufgespießt . . .«

Es war einfach nichts zu machen gegen diesen alten Streithammel, der ja immerhin zum Hof des Kotzker Rabbis gepilgert war.

Was Baruch Wolf am Leben erhielt, waren seine Geschichten, seine Bockbeinigkeit, seine Aufsässigkeit und vor allem die Tatsache, daß er im Dampfbad seinen Platz in der obersten Sitzreihe unangefochten behaupten konnte (weil sonst niemand in der drückenden Hitze dort oben sitzen wollte). Egal, wieviel heißes Wasser Eber, der Badewärter, nachgoß – Baruch Wolf schrie ständig nach noch mehr Dampf. Sein knorriger Körper wurde puterrot, aber der Alte konnte unglaublich viel Hitze vertragen. Während er genüßlich ganz allein dort oben thronte, frönte er seinen Narreteien. »Mörder! Schinder! Ihr laßt mich alten Mann erfrieren!«

Die jungen Männer wunderten sich. »Wie könnt Ihr es bloß in so einer Gehenna aushalten?«

»Ihr Schwachköpfe!« schrie er gellend hinunter. »In eurem Alter hab' ich in einem Kessel mit kochendem Wasser gebadet!«

Die nackten jungen Burschen brachen in Gelächter aus. »Nu, nu – das Wasser hat vielleicht ein bißchen gedampft, aber doch nicht *gekocht*!«

»Idioten! Es hat nicht nur gekocht, es hat gebrodelt!«

Ich liebte diesen alten Sonderling und seine närrischen Geschichten. Nach dem Tod seiner Frau heiratete er, der damals schon über achtzig war, eine nur halb so alte Frau. Die Tochter, die sie mit in die Ehe brachte, bekam sofort den Spitznamen Dodatek, was so viel wie »Zuwachs« heißt. Aber diese Ehe bekam Baruch Wolf nicht gut: Er wurde zusehends hinfälliger, und es dauerte nicht lange, bis er in der anderen Welt wieder mit seiner ersten Frau vereint war.

Ein anderes Leonciner Unikum war Hanna Rochel, die nichts anderes im Sinn hatte, als glückliche Ehen zu zerstören.

Sie war ein Zankteufel und eine hemmungslose Klatschbase, aber eine ausgezeichnete Köchin. Ihre Braten, Sabbatpuddings, »gefilte Fisch«, Strudel und Kuchen waren in ganz Leoncin berühmt. Aber es genügte ihr nicht, diese Leckerbissen nur ihrer eigenen Familie aufzutischen, sondern sie ließ sie, in boshafter Absicht, auch anderen Leuten überbringen. Vor allem am Sabbat liefen ihre beiden kleinen Töchter im Schtetl herum und gaben bei nichtsahnenden Familien Körbe mit Speisen ab, die ihre Mutter zubereitet hatte.

Eine von ihnen kam regelmäßig zu uns. »Rebezzin, meine Mame läßt Euch diesen *kugl* bringen ... Meine Mame schickt Euch eine schöne Portion Fisch ...«, piepste sie und rannte gleich wieder davon, um ihre Runde durchs Schtetl zu machen.

Mein Vater verkniff sich bei solchen Gelegenheiten die naheliegenden Bemerkungen, obwohl der Unterschied zwischen Mutters und Hannas Kochkünsten geradezu danach schrie. Andere Ehemänner waren da nicht so rücksichtsvoll, und Hanna Rochel sorgte ja auch dafür, daß die Körbe bei jenen Hausfrauen abgegeben wurden, die am schlechtesten kochten. Wie sie im voraus wußte, kam es dann häufig zu heftigen Auseinandersetzungen zwischen Ehepaaren, weil der Mann wissen wollte, warum ihm nicht tagtäglich solche köstlichen Gerichte aufgetischt wurden. In einem Leonciner Haushalt kam es wegen Hanna Rochels Kochkünsten beinahe zur Ehescheidung. Mein Vater sah sich gezwungen, zu verfügen, daß Hanna Rochel ihre Kochkünste fortan auf die eigene Familie zu beschränken habe. Ich war entsetzt über diese Verfügung, weil ich jetzt nie mehr etwas zu essen bekam, das nicht wie gekochtes Papiermaché und Lehm schmeckte.

Zwei weitere Leonciner Originale waren die Namensvettern Mendel, genannt »der große Mendel« und »das Mendele«. Beide zählten zu den ehrbarsten Bürgern des Schtetls, aber insgeheim schwelte eine Fehde zwischen ihnen. Der große Mendel, hochgewachsen und grobknochig, war Forstaufseher. Er war ein belesener Mann und ein Anhänger des Rabbis von Ger. Und er war bärenstark. Wenn er im Wald einen Bauern beim Holzstehlen ertappte, packte er ihn beim Wickel und schleppte ihn zur Polizei, wo er so lange wartete, bis die Familie des Bauern die Strafgebühr – einen Rubel – berappte. Vor Mendels Haus waren riesige Baumstämme gestapelt, die von nichtjüdischen Holzknechten zu Brettern zersägt wurden. Einer stellte sich auf den Baumstamm, einer blieb unten stehen, und dann sägten die beiden von morgens bis spätabends. Andere Holzknechte transportierten Baumstämme ans Ufer der Weichsel, wo die Stämme zusammengebunden und nach Danzig geflößt wurden. Jeden Freitagabend holten die Holzknechte beim großen Mendel ihren Wochenlohn ab. Sie hockten sich auf den Boden, rauchten, spuckten aus, schwatzten miteinander und warteten, bis sie an die Reihe kamen. Mit ihren Äxten und Sägen sahen sie wie eine Horde Banditen aus. Der große Mendel, bereits in seinem Sabbatkaftan aus Satin, ging von einem zum andern, rechnete aus, wieviel jeder zu bekommen hatte, und zahlte die Löhne aus. Wenn ein Holzknecht eine Rauferei begann, packte ihn der große Mendel beim Kragen und schmiß ihn hinaus. Er war beliebt bei seinen gojischen Arbeitern, die Bammel, aber auch großen Respekt vor ihm hatten. Sein Wort war für sie Gesetz, genau wie für seine Frau und seine Kinder, die noch mehr Bammel vor ihm hatten. Er war streng, aber gerecht und ehrlich. Weil er die Gebete besonders gut rezitieren konnte, fungierte er in der Synagoge häufig als Vorbeter. Dieser sympathische, gescheite Mann roch immer nach Wind, Sonne und Wald.

Ich kann mich noch gut an den Freitag erinnern, an dem ihn ein schwerer Schicksalsschlag traf.

An den Werktagen hielt sich der große Mendel meistens im Wald auf, um über die Lieferungen an die reichen Holzhändler Buch zu führen. Nur zum Sabbat kam er nach Hause. Als er wieder einmal draußen im Wald war, wurde eines seiner Kinder plötzlich krank und starb. Die Boten, die ihm die traurige Nachricht überbringen sollten, konnten ihn nicht finden. Da es in Leoncin keinen Friedhof gab, sollte das tote Kind nach Zakroczym gebracht und vor Sabbatbeginn beerdigt werden. Als der Leichenzug den Wald durchquerte, kam plötzlich der große Mendel auf ihn zu. Es war eine erschütternde Begegnung, aber der Vater des toten Kindes beherrschte sich und reihte sich schweigend in den Leichenzug ein. Nichts konnte diesen willensstarken Mann niederzwingen. Ein knappes Jahr später gebar ihm seine Frau wieder ein Kind.

Das genaue Gegenteil vom großen Mendel war das Mendele, ein miesepetriger, unscheinbarer Gnom, der mit seinem Namensvetter um eine einflußreiche Position in der Gemeinde wetteiferte.

Mendele, Inhaber des größten Schnittwarenladens im Schtetl, galt als wohlhabend. Auch er widmete sich eifrig dem Bücherstudium und war sehr fromm, da er sich aber durch die imposante Statur und die Autorität des großen Mendel in den Schatten gestellt fühlte, gab es ständig Reibereien zwischen den beiden. Mendele war ein dunkler Typ mit kohlschwarzen Haaren, schwarzen Knopfaugen und einem dünnen schwarzen Bocksbart. Das einzig Auffällige an ihm war sein Zinken, eine Hakennase, die dem Schnabel eines Raubvogels glich. Niemand hatte Mendele jemals lächeln gesehen. Obwohl er zwergenhaft klein war, lebten seine Frau und seine Kinder in Angst und Schrecken vor ihm. Er war so fromm, daß seine Frau nicht nur eine Perücke aufsetzen sondern in einer jener Satinhauben herumlaufen mußte, wie sie von Großmüttern getragen wurden. Sie stand völlig unter Mendeles Fuchtel, wie übrigens die meisten Leute in Leoncin, ausgenommen natürlich der große Mendel, der seinen kleinen Namensvetter bei jeder Gelegenheit frotzelte. Und obendrein machte er sich gern über Mendeles Idol, den Rabbi von Warka, lustig.

Der große Mendel neigte überhaupt dazu, sich über die chassidischen Rabbis zu mokieren, natürlich mit Ausnahme seines geliebten Rabbis von Ger. Er prahlte damit, wie zahlreich und vornehm die Anhängerschaft seines Idols sei, zu der so viele Rabbiner zählten, daß sie ihre Plätze an den Tischen mit ganz gewöhnlichen Gefolgsleuten des heiligen Mannes teilen müßten. Der Rabbi von Ger, so erklärte der große Mendel, sei der bedeutendste Gelehrte, Weise und Heilige unserer Zeit. Sein geistiges Niveau sei unvorstellbar hoch. Und er kantilliere so melodiös wie kein anderer. Kurzum: Es gebe nur einen einzigen Gott und nur einen einzigen Rabbi von Ger. Die anderen chassidischen Rabbis seien Hanswurste, die, wenn sie auch nur ein bißchen Verstand besäßen, von ihrem Amt zurücktreten und sich dem Rabbi von Ger verpflichten sollten.

Auf diesen Ausschließlichkeitsanspruch antwortete mein Vater mit der Frage: »Warum soll ein Kaiser viele Generäle haben dürfen und Gott nur einen einzigen?«

Doch mit dieser Analogie war der große Mendel nicht zu beeindrucken. Er wollte einfach nicht anerkennen, daß es mehr als einen einzigen Heiligen – nämlich seinen eigenen – geben müsse. Vor allem für den Rabbi von Warka, Mendeles Idol, hatte er nur Hohn und Spott übrig. Gewiß, der in Otwock, einem Städtchen bei Warschau, ansässige Rabbi von Warka, war – Gott möge mir verzeihen – kein Muster an Gelehrsamkeit. Es hieß, er habe nicht nur von der Gemara sondern auch vom Pentateuch keine Ahnung. Dafür war er aber besonders gottesfürchtig und fromm, was auch für seine Anhängerschaft galt. Die Warkaer Chassidim grübelten, weinten, lamentierten und suhlten sich geradezu in Kummer und Sorge. Der große Mendel wollte wissen, was für weise Kommentare oder Aussprüche der Rabbi von Warka gemacht habe, aber Mendele hatte dergleichen nicht anzubieten und redete deshalb immer nur von der Frömmigkeit seines Idols. Er berichtete, der heilige Mann habe in seinem Hof zwei Brunnen: einen, in dem das Geschirr für »Fleischiges« und einen, in dem das Geschirr für »Milchiges« gereinigt werde. Und er gestatte seinen Anhängern nicht, Kragenknöpfe zu verwenden, weil dieser Gepflogenheit ein Beigeschmack von Aufklärung anhafte. Die Krägen müßten daher mit Schnur befestigt werden. Am Hof des Warkaer Rabbis dürften auch keine gewöhnlichen Kopfbedeckungen sondern nur rabbinische Hüte getragen werden. Da polnische Juden aber keine solchen Hüte besäßen, müßten die Chassidim, wenn sie vor ihrem Rabbi erschienen, abwechselnd den einzigen am Hofe vorhandenen rabbinischen Hut aufsetzen. Kein Chassid eines anderen rabbinischen Hofes dürfe vor dem Warkaer Rabbi erscheinen. Dieser überwache auch das Benehmen der Ehefrauen seiner Anhänger. Er gestatte ihnen nicht, die üblichen Perücken zu tragen – das halte er für ketzerisch –, nein, sie müßten sich den Kopf kahlscheren und Hauben aufsetzen. Der Rabbi habe in jeder Gemeinde einen Beauftragten, der die Kleidung der Frauen überprüfen müsse. Werde eine Frau mit einer Perücke auf dem Kopf ertappt, dann befehle der Heilige ihrem Ehemann, sie aus dem Haus zu jagen.

Solche Dinge berichtete Mendele von seinem Idol. Der große Mendel war davon nicht beeindruckt. »So ein Blödsinn! Brunnen für Fleischgeschirr, Brunnen für Milchgeschirr, Perücken, Hauben . . . Ich möchte einen einzigen weisen Ausspruch Eures Rabbis hören!«

Worauf Mendele nur eine Ausflucht parat hatte: »Mein Rabbi, lange soll er leben, macht keine . . . Mein Rabbi hält nichts davon.«

»Wer etwas weiß, der sagt es auch«, konterte der große Mendel.

Während eines solchen Disputs ging er einmal zu weit mit seiner Spöttelei über Mendeles Idol. »Nu, Reb Mendele, ist Eurem Rabbi etwas Neues zum Thema Frauenhauben eingefallen?«

Statt zu antworten sprang Mendele auf und haute dem großen Mendel eine runter. Die Männer im Bethaus sahen entgeistert zu.

Mendele duckte sich und war gefaßt darauf, für sein Idol zum Märtyrer zu werden. Aber der große Mendel schlug nicht zurück. Die Ohrfeige hatte ihn derart überrascht, daß er, der mit dem stämmigsten Bauern so leicht fertig wurde, als hätte er es mit einem kleinen Kind zu tun, wie vom Donner gerührt war.

Am Vorabend des Versöhnungstages ging der große Mendel zu Mendele, streckte ihm die Hand hin und sagte: »Reb Mendele, ich bitte Euch um Verzeihung.« Dann bot er seinem verdutzten Namensvetter ein Glas Schnaps und ein Stück Kuchen an.

Der große Mendel brachte es einfach nicht fertig, jemandem lange zu grollen. Dieser robuste Forstmann strahlte Lebenskraft und Lebensfreude aus. Zuweilen trank er auch gern einen Schluck mit den jungen Burschen, und bei jeder entsprechenden Gelegenheit gesellte er sich im Bethaus zu den Chassidim, um ein oder zwei Glas zu kippen. An Pessach schenkte er meinem Vater immer eine Flasche Wein. Wenn er zu uns kam, brachte er immer Frohsinn ins Haus, während Mendele überall, wo er erschien, Trübsinn verbreitete.

Der kleine Knilch war immer unzufrieden und machte sich ständig Sorgen, ob er seine Andachtsübungen auch wirklich peinlich genau ausführte. Und er piesackte mich, weil ich mit Jungen einfacher Herkunft verkehrte, und riet mir, dem Beispiel seines Sohnes Itzikl zu folgen, eines Ausbunds von Tugend und Frömmigkeit. Dieser Itzikl war zwar noch ein Schuljunge, aber bereits ein waschechter Chassid. Er war ein selbstgerechter Banause und ein schrecklicher Jammerlappen. Ich konnte es nicht ausstehen, wenn er, mit himmelwärts gerichtetem Blick, den Oberkörper wiegte. Am meisten verübelte ich ihm, daß er mir Tag und Nacht als Vorbild hingestellt wurde.

»Itzikl betet nicht neben der Eingangstür bei dieser Horde von Fuhrleuten und Raufbolden.« – »Itzikl

würde nicht durch die Felder rennen.« – »Itzikls Kaftan
ist nie zerrissen.« Himmel und Erde und Itzikl . . .

Jonas Podgura war ebenfalls ein Leonciner Original.
Dieser Jude, der seinen Lebensunterhalt damit verdiente, daß er draußen im Wald Kiefernharz abzapfte,
wohnte außerhalb des Schtetls. Zwischen ihm und seiner Frau herrschte ständig Kriegszustand. Die beiden
sahen wie Bauersleute aus: Sie trug Schaftstiefel und ein
Kopftuch, er eine rote Schaffelljacke mit Ledergürtel.
Beide kamen immer mit den anderen Bauern zum Jahr-
markt. Dann sprachen sie bei uns vor und brachten uns
Käse oder Honig mit. Und dann knurrte Jonas mit wild
rollendem r:
»Rrrebbe, scheidet mich von dieser Hexe! Die brrringt
mich frrrüh ins Grrrab!«
»Und er prügelt mich, Rebbe!« rief seine Frau. »Ich
bin am ganzen Körper grün und blau.«
Bevor jemand etwas sagen konnte, knöpfte sie ihre
Bluse auf und stellte ihre blauen Flecken zur Schau.
Hastig wandte mein Vater den Blick vom verbotenen
Weiberfleisch ab. »Nu, nu – so etwas tut eine jüdische
Tochter nicht.«
Jonas, der sich die Peitsche unter den Gürtel gesteckt
hatte, stank nach dem Schnaps, den er mit seinen Zech-
kumpanen getrunken hatte. »Rrrebbe, Ihr solltet einmal
prrrobieren, was sie kocht! Kein Schwein würde das
Zeug frrrressen! Ich führe ein Hundeleben!«
Mein Vater riet ihm jedesmal, wiederzukommen,
wenn er nüchtern sei.
Eines Tages wurde Jonas tatsächlich geschieden, aber
nicht von seiner Frau sondern von einem Mann mit
Vollbart.
Das ereignete sich bei der Beschneidung seines En-

kels. Jonas' Sohn, der als Förster bei Eliezer Falz angestellt war, richtete das Fest aus, das an einem frostklir-
renden Wintertag stattfand. Er schickte einen Bauern
mit einem Pferdeschlitten, um meinen Vater und Reb
Enoch, den *mojhel*, abzuholen. Ich bat Vater, mich mit-
fahren zu lassen. Der Bauer schüttete rings um uns
Stroh auf, dann trieb er die Pferde an. Der Schlitten glitt
über den fast einen halben Meter hohen Schnee. Es war
schneidend kalt. Der Schnauzbart des Kutschers verwandelte sich in zwei Eisblöcke. An den Pferdenüstern
bildeten sich Eiszapfen, und sogar der Dampf vor den
Pferdemäulern gefror im Nu. Reb Enoch, ein schmäch-
tiger Mann mit einem schmächtigen Bart, murmelte
immer wieder: »Kalt. Rebbe, kalt . . . oj, so eine Kälte!«

»Wenn wir dort sind, könnt Ihr Euch aufwärmen,
Reb Enoch«, tröstete ihn mein Vater. »Und man wird
Euch für Eure Mühe gut bezahlen.«

»Das wäre das erste Mal!« brummelte Reb Enoch.

Er war ein eingefleischter Miesmacher, der alles her-
absetzte. Wenn er eine Kuh schächtete, sagte er, es sei
bloß ein Kalb. Eine ausgewachsene Gans war für ihn
bloß ein Gänschen. Bekam er einen Rubel bezahlt, dann
tat er so, als hätte er nur fünfzehn Kopeken bekommen.

»Der reinste Hohn ist das!« jammerte er, weil er den
der Gemeinde zustehenden Anteil an den Einnahmen,
die ihm sein Amt einbrachte, nicht berappen wollte.
Und er murrte auch, wenn eine Rinderlunge oder -leber,
die er für seine Dienste geschenkt bekommen hatte,
wegen eines Makels von meinem Vater für ungeeignet
zum Verzehr befunden wurde. Dann seufzte er, be-
spuckte die Anstoß erregende Innerei und schlug darauf
ein.

Sein Gejammer und Geseufze machten die Kälte an
jenem Tag noch unerträglicher. Es war wirklich eine

Erleichterung, als unser Schlitten vor dem Häuschen mitten im verschneiten Wald hielt. Kerzen brannten, und die Gäste – zumeist derbe Waldarbeiter – waren ansteckend lustig. Der Vater des Säuglings, ein robuster Kerl, schenkte immer wieder ein. Die Gäste tranken, als gäbe es kein morgen mehr. Jonas Podgura, der Großvater, leerte eine Flasche nach der anderen und sang wie ein besoffener Bauer. Die einfachen Leute genossen das Fest aus vollen Zügen, am vergnügtesten aber war Eliezer Falz. Dieser wohlhabende, ansehnliche Mann hatte ein rotbackiges Gesicht und einen rund gestutzten goldblonden Bart. Er trug die halbwegs moderne Kleidung der aufgeklärten Juden, ein gestärktes Hemd und ein »deutsches« Seidenkäppchen. Er war ein großer Witzbold und fast so etwas wie ein Ketzer. Es ging das Gerücht, er habe Moses Mendelssohns gotteslästerliche Übersetzung des Pentateuch gelesen. Ich hatte ihn schrecklich gern, weil er jedesmal wenn er zu uns kam, meinem Vater drei Rubel und mir ein silbernes Vierzigkopekenstück gab.

Während der Zeremonie benahm sich Eliezer Falz haarsträubend. Er riß Witze und spottete über alles mögliche. Plötzlich begann er, die Stimme von Jonas Podguras Frau zu imitieren und sich zum Scherz mit Jonas zu streiten. Dieser war bereits so besoffen, daß er Eliezer Falz tatsächlich für seine Frau hielt. Ein Wort gab das andere, und schließlich verlangte Jonas, auf der Stelle geschieden zu werden. Seine »Ehefrau« erklärte sich einverstanden, woraufhin die beiden von meinem Vater geschieden wurden. Offenbar hatte auch er einen über den Durst getrunken – sonst hätte er bei dieser Pseudozeremonie bestimmt nicht mitgemacht. Nichts hat mir je wieder so viel Spaß gemacht wie dieses urwüchsige Fest im verschneiten Wald.

Unter den vielen Geschichten, die an jenem Tag erzählt wurden, war auch eine, die mein Vater über einen Rabbinersohn namens Mosche Chaim Kaminker erzählte, der seine Frau, die Tochter des Rabbiners von Sieniawa, verließ. Als Mosche Jahre später zurückkam, beschuldigte man ihn, ein ganz anderer zu sein, nämlich ein Bettler namens Josche Kalb, der seine aus armseligen Verhältnissen stammende Frau ebenfalls verlassen hatte. Mein Vater, der diesen Mann persönlich gekannt hatte, erzählte die wunderliche Begebenheit sehr eindrucksvoll.

Die Gäste waren baff über diese Geschichte eines Geheimnisses, das nie gelöst werden konnte. Ich war fasziniert davon.

Als wir am Abend nach Hause fuhren, war die Kälte noch schlimmer geworden. Der Kutscher beschwor uns, nur ja nicht einzudösen, weil wir sonst erfrieren würden. Reb Enoch seufzte und murrte in einem fort.

»Kalt, Rebbe, kalt! Hab' mich umsonst dorthin bemüht.«

»Ihr habt doch, glaube ich, drei Rubel dafür bekommen.«

»Drei Rubel? Höchstens dreißig Kopeken! Der reinste Hohn ist das, Rebbe, der reinste Hohn!«

In Leoncin erzählte man sich kuriose Geschichten über Reb Enoch. Als Schächter war er von der Gemeinde unter der Bedingung angestellt worden, daß er auch das Beschneiden erlernen würde. Doch er, dem es schwerfiel, einem Tier den Garaus zu machen, war entsetzt darüber, daß er sich mit einem Messer an Säuglingen zu schaffen machen sollte. Deshalb erhielt er die Anweisung, es erst einmal an einer Runkelrübe auszuprobieren. Aber er war so verdattert, daß er auch davor zurückschreckte.

»Oj, ich krieg's nicht übers Herz, so etwas zu tun!«

Daraufhin verpaßten ihm die Witzbolde den Spitznamen »Reb Enoch Runkelrübe«.

Er selbst bestritt diesen Vorfall. »Was? Ach wo! Der reinste Hohn ist das, der reinste Hohn!«

Die Angst vor dem Gründonnerstag, an dem der Konvertit eine Jesusfigur trug und die katholische Prozession anführte

Je mehr mein Vater bestrebt war, mich von der Außenwelt abzuschirmen und mit heiligen Büchern einzudecken, um so mehr reizte mich das Leben da draußen, das selbst in die Gerichtsstube eindrang, wo ich angeblich in die Tora vertieft war.

Es kam herein mit den Frauen, die sich von meinem Vater in religionsgesetzlichen Fragen beraten ließen. Immer wenn eine junge Frau errötete und stammelnd versuchte, ihre Frage richtig zu formulieren, schickte mich Vater hinaus. Aber ich wußte bereits, worum es ging. Außerdem lauschte ich an der Tür.

Einmal hörte ich eine Frau schluchzend fragen, wie sie sich verhalten solle, wenn ihr Mann, ein Viehhändler, nach Hause komme und sie verprügle, weil ihr Zustand es nicht erlaube, ihn »zu empfangen«.

»Ist es *meine* Schuld, Rebbe?« fragte sie unter Tränen.

Vater ließ den Ehemann kommen und machte ihm heftige Vorwürfe wegen seines gojischen Benehmens. »Wie kann sich ein Jude an seiner Frau vergreifen, weil sie die Gesetze der Jüdischkeit befolgt!«

Der Mann, dessen Stiernacken rot angelaufen war, senkte den Kopf. »Rebbe, die ganze Woche ziehe ich bei Regen und Kälte durch die Dörfer. Ist es dann zuviel verlangt, wenn ich am Schabbes zu Hause ein bißchen Vergnügen haben will?«

»Ein Jude muß ein Jude sein«, erwiderte mein Vater. (Das war seine Antwort auf fast alles.)

Der Mann versprach, sich zu bessern, aber es dauerte

nicht lange, bis seine Frau sich wieder aus dem gleichen Grund bei meinem Vater über ihn beklagte.

Einmal – an Simchat Tora, als die Juden gerade mit den Torarollen herumtanzten – machte ein junger, rothaariger Ehemann, der aus Plonsk stammte und ein Leonciner Mädchen geheiratet hatte, in Gegenwart unserer ganzen Familie einen fürchterlichen Spektakel. Eber, der Badewärter, hatte die *mikwe* nicht geheizt, und nun mußte die Frau des jungen Mannes auf ihr rituelles Reinigungsbad verzichten und konnte ihn deshalb nicht »empfangen«.

Vater versuchte, ihn zum Schweigen zu bringen. »Doch nicht vor den Kindern!« Aber der aufgebrachte Ehemann, der sein Brot damit verdiente, daß er von Jahrmarkt zu Jahrmarkt zog, ließ sich den Mund nicht verbieten. »Für mich ist der ganze Feiertag ruiniert!«

Ein anderes Mal, am Tag nach einer Hochzeit, entbrannte zwischen den beiden Schwiegermüttern ein heftiger Streit, bei dem es um die Jungfräulichkeit der Braut ging. Die ganze Angelegenheit hatte etwas damit zu tun, daß die Familie des Bräutigams auf die der Braut herabsah, weil diese ein schwarzes Schaf in der Familie hatte: Ihr Bruder war ein Konvertit und obendrein ein Schweineschlächter. Zu jedem Jahrmarkt, der in Leoncin stattfand, kam er mit der Schickse, deretwegen er seinem Glauben abgeschworen hatte, und mit der abscheulichen Ware, die er feilbot: Schweinefett und Schweinswürste. Und zu alledem stellte er diese Abscheulichkeiten direkt neben seinem Elternhaus zur Schau, als wollte er seiner Familie heimzahlen, daß sie um ihn wie um einen Toten getrauert hatte.

Die Jahrmarktstage, für jedermann eine vergnügliche Abwechslung, waren für seine Familie Tage des Grams und der Scham.

Ein wirklich schlimmer Tag war für die Juden der sogenannte Gründonnerstag, an dem der Konvertit in der ersten Reihe der katholischen Prozession marschierte und eine Jesusfigur trug. Den Juden war dieser Tag ohnehin nicht ganz geheuer. Massenweise kamen Nichtjuden aus der ganzen Umgebung am Gründonnerstag nach Leoncin: Frauen in weißen Kleidern, flachsblonde Mädchen mit Kränzen aus Roggenhalmen auf dem Kopf, Priester in Soutanen. Die vielen Kreuze und Heiligenbilder und das ganze Schaugepränge stachelten die Bauern an und brachten ihr Blut in Wallung. Die Juden befürchteten dann jedesmal, daß »etwas« passieren könnte. Den Nichtjuden, die weit in der Überzahl waren, war es ein bißchen peinlich, ihre Jesus- und Marienfiguren vor der kleinen Schar hilfloser Juden zur Schau zu stellen, weil sie vermuteten, daß die Juden heimlich über sie lachen und sich über ihre Gottheiten mokieren würden. Es herrschte eine gespannte Atmosphäre. Die Juden machten ihre Läden zu, verrammelten sie und schlossen sich, auch bei warmem Wetter, in ihren Häusern ein. Mein Vater verbot mir strengstens, durch die Ritzen der Fensterläden zu gucken, weil der Anblick des götzendienerischen Spektakels meine Augen unrein machen würde und ich dann vierzig Tage lang fasten müßte.

Aber meine üblen Neigungen waren natürlich stärker als der Eindruck, den Vaters Warnungen auf mich machten. Erpicht darauf, die vielen Fahnen, Heiligenbilder und farbenprächtig ausstaffierten Figuren mit den Heiligenscheinen zu sehen, spähte ich hinaus.

Es war ein herrliches Spektakel! Ich war fasziniert von den weißgekleideten, barfüßigen kleinen Schicksen, die den leiernd betenden Priestern Blütenblätter auf den Weg streuten. Ich amüsierte mich über die Bauern in den weißen Chorhemden, die so gar nicht zu den derben Schaftstiefeln paßten. Ich glotzte die Frauen an, die Rosenkränze in der Hand hielten, Wachskerzen trugen und hysterisch leierten. Die Priester klingelten mit ihren Glöckchen, versprengten Weihwasser und stolzierten um die Jesusfigur herum, die an Kissen gelehnt war und von vier weißgekleideten Mädchen getragen wurde. Ein Meer von Kreuzen und Fahnen wogte die Straße entlang. In der ersten Reihe der Prozession marschierte der Konvertit, der einen roten Schnurrbart hatte. Er trug das allergrößte Kreuz, an das eine Jesusfigur genagelt war. Diese Ehre war ihm zuteil geworden, weil er seinem alten Glauben abgeschworen und sich zum christlichen Glauben bekannt hatte. Ich zitterte beim Anblick dieses Abtrünnigen, dessen Mutter von vielen Leuten verflucht worden war, weil sie ihn nicht aus ihrem Leib gerissen hatte, bevor er das Licht der Welt erblickte.

Nach der Prozession legten die Bauern ihre Chorhemden und ihre Frömmigkeit ab und strömten in die Wirtshäuser, wo sie zechten und einen Höllenlärm machten. Die Juden öffneten ihre Fensterläden und gingen wieder ihren Geschäften nach. Nur die Eltern des Konvertiten ließen sich den ganzen Tag nicht blicken. Sie waren zwar nicht schuld an diesem Unglück, aber dem Ansehen der Familie hatte es natürlich geschadet. Niemand hatte in diese Familie einheiraten wollen, bis schließlich ein Metzgerssohn, der seinen Militärdienst abgeleistet hatte, sich in die Schwester des Konvertiten verliebte und bereit war, sie gegen den Willen seiner Familie zu heiraten. Bis kurz vor der Trauung versuchte sein Vater, die Heirat zu verhindern. Als der Bräutigam mit seinen Freunden Abschied vom Junggesellenleben feierte, fiel seinem Vater plötzlich ein, daß die auf einhundertfünfzig Rubel festgesetzte Mitgift der Braut noch nicht ganz ausbezahlt worden war: Es fehlten noch hundert Gulden. Er packte seinen Sohn am Ärmel des frisch gelüfteten, mit seidenen Revers ausgestatteten Kaftans und wollte ihn nach Hause zerren. Aber der Bräutigam, der gerade im Kreis seiner Freunde behaglich eine Zigarette schmauchte, weigerte sich.

Die Brautmutter, die sich nicht nur wegen ihres abtrünnig gewordenen Sohnes grämte, sondern auch um zwei weitere Söhne trauerte, die vor kurzem an Typhus gestorben waren, fiel in Ohnmacht. Die Braut, der gerade zwei Brautjungfern Feldblumen in die Perücke flochten, saß schluchzend auf ihrem Stuhl. Mein Vater griff ein und erklärte, die Trauung müsse vollzogen werden. Verärgert führten die Eltern des Bräutigams ihren Sohn zum Traubaldachin.

Tags darauf stürzten sich die weiblichen Verwandten des Bräutigams auf die Braut und beschuldigten sie, nicht mehr Jungfrau gewesen zu sein. Und dann wimmelte es bei uns zu Hause von schnatternden, miteinander verschworenen Weibsleuten, die »zum Beweis« die Laken des Brautbettes mitgebracht hatten. Mein Vater jagte sie wütend hinaus. »Jüdische Töchter sollten etwas Besseres zu tun haben, als ein anständiges Mädchen fälschlich zu beschuldigen!«

Obwohl ich ins andere Zimmer gescheucht worden war, hörte und sah ich alles. »Dieser Racker hat tausend Augen, genau wie der Todesengel«, sagten die Leute über mich. »Der taucht immer genau dort auf, wo man es nicht erwartet.«

Sie hatten gar nicht so unrecht. Ich war besessen von einer unstillbaren Neugier auf alles und jeden. Aus dem Verhalten eines einzigen Menschen konnte ich mir mehr zusammenreimen als aus tausend heiligen Büchern. Ich floh vor diesen Büchern und stillte meinen Lebenshunger bei Pflanzen, Tieren und Menschen, vor allem bei den einfachen Leuten, deren Leben mir so ungezwungen und ausgefüllt erschien.

Ich war oft mit Mayer und Baruch, den Söhnen von Mosche dem Schreiner zusammen. Standesgemäß war das zwar nicht – die beiden schafften es nicht einmal, ein einfaches Gebet richtig aufzusagen. Aber sie konnten schnitzen und hobeln, mit Schraubenziehern und Bohrern umgehen, Holz zusammenleimen und Stühle und Tische zimmern. Sie nahmen mich in die Werkstatt ihres Vaters mit und ließen mich hobeln, verfugen und Nägel einschlagen. Fasziniert schaute ich ihnen zu, wenn sie ihrem Vater dabei halfen, Särge für Nichtjuden zu zimmern, womit Mosche einen großen Teil seiner Einnahmen erzielte.

Oft bestellten Nichtjuden bei ihm Särge für Verwandte, die noch am Leben waren. Zuerst ließen sie den Patienten von Pawlowski, dem Bader, behandeln, der seine beiden Heilmittel anwandte: Klistier und Jodtinktur. Wenn weder das eine noch das andere half, ließ die Familie den Priester kommen. Während er unterwegs zu dem Kranken war, läutete der Kirchenorganist die Glocke, und jeder Christ, der gerade vorbeikam, kniete – auch wenn der Erdboden schlammig oder tiefverschneit war – vor dem Priester nieder und küßte den Saum seiner Soutane.

Wenn auch das Weihwasser des Priesters den Kranken nicht heilen konnte, nahmen dessen Angehörige Maß und bestellten bei Mosche einen Sarg. Die wohlhabenderen Bauern bestellten schwarz oder braun gestrichene, mit silbernen Kreuzen verzierte Eichensärge. Weiße, mit Sägespänen gefüllte Kissen wurden mitgeliefert, damit der Leichnam bequem im Sarg liegen konnte. Die ärmeren Bauern bestellten schlichte, ungestrichene Särge aus Tannenholz. Um Mosche die Maße anzugeben, bedienten sie sich einer sehr praktischen Methode: Sie gaben ihm eine in entsprechenden Abständen mit Knoten versehene Schnur. Und sie feilschten mit ihm um den Preis des Sarges.

»Pawlowski und der Priester sind schon dagewesen«, sagten sie. »Wir bestellen den Sarg lieber gleich, dann brauchen wir's später nicht in aller Eile zu tun.«

Mosche sägte Bretter nach Maß, strich die Särge und nagelte die Kreuze, die er aus Warschau bezog, auf die Sargdeckel. Von meinem Vater wurde er getadelt, weil er etwas so »Trejfenes« wie Kreuze berührte.

»Reb Mosche, Ihr seid doch ein gottesfürchtiger Jude!«

»Rebbe, wenn ich diese Särge nicht machen dürfte, müßte ich betteln gehen. Ich habe eine Frau und Kinder zu ernähren.«

Worauf mein Vater seufzte und bekümmert den Kopf schüttelte.

Es machte mir Freude, Mosche bei der Arbeit zuzuschauen. Der hochgewachsene Mann mit den großen, schwieligen Händen roch nach Holz, Anstrichfarbe und Tischlerleim. Er war ein sehr umgänglicher Mensch und ließ mich mit seiner Säge und anderen Werkzeugen spielen. Mayer und Baruch, der Bulje genannt wurde, halfen ihrem Vater, Sägespäne in die Sargkissen zu stopfen. Oft mußten sie sich in die Särge legen, damit Mosche die Maße überprüfen konnte. Die beiden waren bereits daran gewöhnt und dachten sich nichts dabei. Sie versteckten sich sogar in den Särgen, wenn ihre Stiefmutter nach ihnen rief, der sie immer und immer wieder frisches Wasser für die Wäsche holen sollten.

»Bulje, Mayer, in der Hölle sollt ihr schmoren!« zeterte sie, während die beiden gemütlich in zwei ausgepolsterten Särgen lagen und keine Antwort gaben. Sie weigerten sich, ihre Stiefmutter »Mame« zu nennen, und wollten ihr nicht beim Waschen helfen. Obwohl sie die Schwester von Buljes und Mayers verstorbener Mutter war, haßten sie diese Frau. Und sie hatten auch allen Grund dazu. Sie wurden von ihr schlecht behandelt und vor ihren Freunden blamiert. Einer der beiden Brüder war ein Bettnässer, und die Stiefmutter hing seine Laken draußen auf und zeigte jedermann die Urinflecken. Und obendrein traktierte sie ihre Stiefsöhne mit ordinären Schimpfwörtern. Während sie sich heiser schrie, rekelten sich die beiden in den Särgen und lachten über sie und die ganze Welt . . .

Ihr Vater schälte sich die Schwielen von den Händen, so ähnlich, wie man Kartoffeln schält. Ich sah ihm fasziniert zu.

Oft traf ich mich auch mit meinen Freunden Kalman und Nathan, den aufsässigen Söhnen von Mendel, dem Fleischhauer, Möchtegern-Chassiden und »Schriftgelehrten«.

»Schlagt ihnen die faulen Rücken wund, diesen Rotznasen, damit sie die Gemara studieren!« forderte er die Privatlehrer auf, die sich nicht lange bitten ließen, ihm diesen kleinen Gefallen zu tun.

Er verließ sich aber nicht darauf, daß es die Lehrer alleine schaffen würden, seinen Sprößlingen die Liebe zu den heiligen Schriften einzuimpfen, sondern schlug den beiden Jungen mit seinen Metzgerpratzen die Köpfe blutig.

»Ihr sterbt nicht, bevor ihr Gelehrte geworden seid!« brüllte er, wenn er auf seinen Söhnen herumtrampelte.

Mein Vater versuchte, diesem Gemetzel ein Ende zu machen. »Man kann einem jungen Burschen die Liebe zur Tora nicht einbleuen. Wenn Eure Söhne nicht studieren wollen, dann laßt sie Handwerker oder Arbeiter werden.«

Mosche Mendel jedoch, der sich von seinen ungeschliffenen Söhnen nicht daran hindern lassen wollte, ein feiner Pinkel und ein echter Chassid zu werden, wandte auch weiterhin das einzige Überredungsmittel an, das er kannte: Gewalt. Seine Söhne wiederum wehrten sich trotz aller Prügel, die sie bezogen, hartnäckig dagegen, zivilisiert zu werden. Lippe, der älteste Sohn, ging als erster seine eigenen Wege. Er wurde Fuhrmann, aber keiner, der Personen beförderte, sondern einer von denen, die Baumstämme ans Ufer der Weichsel transportierten. Inmitten einer ganzen Schar Bauern war er der einzige Jude, der diese Arbeit verrichtete. Kleinwüchsig, blondhaarig und massiv wie ein Holzklotz, stapfte er auf dem sandigen Boden hinter dem schweren Baumstamm her, der auf vier mit einer Deichsel verbundenen Rädern lag, und trieb seinen Klepper an: »Hüa! Vorwärts! Hüa!«

Die anderen Fuhrleute wollten ihn provozieren, doch Lippe konnte mit seinen Pratzen den kräftigsten Bauern unschädlich machen.

Als nächster scherte sein Bruder Kalman aus, ein rothaariger, sommersprossiger Bursche, der, statt weiterzulernen, im Fleischerladen seines Vaters mithalf und außerdem Vieh zum Markt trieb. Einige Zeit vorher war ihm etwas Schlimmes zugestoßen: Beim Fleischhacken hatte ihm sein Vater versehentlich zwei Finger abgehackt. Der für sein Alter ungewöhnlich zähe und beherzte Junge hatte nicht einmal geschrien. Pawlowski, der Bader, hatte die Stümpfe mit Jodtinktur eingeschmiert.

Ich hatte Kalman wegen seiner schlichten, bescheidenen Art sehr gern. Obwohl er einige Jahre älter war, freundete er sich mit mir an und spielte mit mir wie mit Burschen seines Alters.

Noch enger war ich mit seinem Bruder Nathan befreundet, der ebenfalls rothaarig und sommersprossig, aber ungemein schüchtern war. Man brauchte bloß seinen Namen zu sagen, und schon wurde er feuerrot.

Im Gegensatz zum Vater, der sich so eifrig bemühte, etwas zu werden, was er nicht werden konnte, waren die Söhne schlicht und unprätentiös. In dieser Hinsicht schlugen sie ihrer Mutter Mirel nach. Diese kleine, abgearbeitete Frau brachte, obwohl sie schon Ende Vierzig war, Jahr für Jahr ein Kind zur Welt. Ich kannte sie nur als werdende oder stillende Mutter. Und noch dazu kochte sie die Mahlzeiten, wusch sie die Wäsche, sorgte sie für ihre große Familie.

Wenn Mirel von einem Knaben entbunden worden war, blieb sie bis nach der Beschneidung im Wochenbett. Hatte sie aber ein Mädchen zur Welt gebracht, dann war sie drei Tage später wieder auf den Beinen und wusch und kochte, als hätte nichts ihren täglichen Trott unterbrochen. Einmal sah ich, wie diese schmächtige Frau, die erst tags zuvor ein Mädchen geboren hatte, auf den Dachboden kletterte, um Heu für ihre Kuh zu holen. Die meiste Zeit stand sie in der Küche über die riesigen Töpfe gebeugt, in denen sie nicht nur das Essen für ihre vielköpfige Familie, sondern auch für alle möglichen anderen Leute kochte. Am Eßtisch war immer eine ganze Horde von Bettlern, Schnorrern, Nachbarn und Verwandten versammelt, und im Haus roch es stets nach geschmorten Zwiebeln, Knoblauch, Borschtsch und Grütze mit Bratensauce. Mir lief jedesmal das Wasser im Mund zusammen. Die Hausfrau bat mich oft, zum Essen dazubleiben, und immer bekräftigte sie ihre Einladung mit allerlei feierlichen Worten und Segenswünschen. Und sie strahlte übers ganze Gesicht, wenn ich ihre Einladung annahm.

Sie ließ mich nie vom Tisch aufstehen, bevor ich nicht von der geschmorten Leber gekostet hatte, dem gerösteten Euter, der gefüllten Milz, den Kutteln, der Lunge und den Grieben aus ausgelassenem Hühnerfett. Meine Leibspeise war Roggenbrot mit Hirse und Milch. Zu Hause bekam ich so etwas nie zu essen, weil es als typische Bauernkost galt. Ich gierte geradezu nach diesen einfachen Gerichten. Einmal aß ich sogar Fleisch von einem ungeborenen Kalb, das Mosche Mendel aus dem Bauch einer geschächteten Kuh geschnitten hatte. Dieses Fleisch galt als Leckerbissen und wurde für koscher befunden, obwohl das Kalb als solches nicht geschächtet worden war.

Mirels älteste Tochter, Frajdel, war so freundlich und liebenswert wie ihre Mutter. Ihrem Namen entsprechend, war sie ein fröhliches Geschöpf. Über alles konnte sie lachen. Obwohl sie den ganzen Tag ihrer Mutter bei der Hausarbeit helfen und obendrein die Kuh melken, das Federvieh füttern und zuweilen auch das Pferd ihres Bruders lenken mußte, sang und lachte sie in einem fort und freute sich des Lebens. Man brauchte sie bloß anzugucken, und schon begann sie zu lachen.

»Frajdel, was ist denn so spaßig?« fragte ihre Mutter oft, wenngleich sie selber lachen mußte.

»Ich weiß nicht. Mir ist halt nach Lachen zumute.«

Es machte ihr sogar Spaß, die Kupferkessel und -pfannen, die Reifen des Wasserfasses und die Sabbatleuchter zu reinigen und zu polieren. Sie schrubbte die Fußböden, bis sie glänzten. Sie bestickte Tücher mit biblischen Motiven: Abraham, der Isaak zum Opferaltar führt, und Josef, den seine Brüder an die Ismaeliten verkaufen. Und sie flocht aus Stroh allerlei Körbchen, die an die Wand gehängt wurden.

Aber trotz aller Fügsamkeit weigerte sie sich, einen Jeschiwastudenten, den ihr Vater für sie ausgesucht hatte, zu heiraten. Sie schwatzte und scherzte lieber am Brunnen mit den jungen Schneidern und Schuhmachern. Jeden Sabbat streute sie frischen Sand auf die Fußböden, füllte eine Schüssel mit Kürbiskernen und lud Mädchen aus Handwerkerfamilien zum Tanzen in die Küche ein. Da die jungen Schneider und Schuhmacher zuviel Bammel vor Mosche Mendel hatten, um mit den Mädchen zu tanzen, lungerten sie an der Tür herum, kauten Kürbiskerne und schäkerten mit den paarweise tanzenden Mädchen.

Nathan und ich versteckten uns dann immer in einem Winkel und sahen zu, wie die Mädchen den Scherentanz und Polka und Walzer tanzten. Nathan erzählte mir allerlei erstaunliche Geschichten über Onkel, Vettern, Kusinen und Tanten, die er dutzendweise hatte – über ihre Hochzeiten, Verlobungen und Liebesgeschichten, ihre Geschäfte mit Gojim, ihre Triumphe und Tragödien. Er kannte auch eine Unmenge Geschichten über Banditen, Hexen und Sterndeuter.

Meine Eltern nörgelten ständig darüber, daß ich mit Nathan befreundet war. »Weshalb verbringst du eigentlich so viel Zeit mit einem Lehrbuben?« fragte Vater ehrlich erstaunt.

Ich konnte ihm nicht erklären, weshalb – genausowenig, wie ich erklären konnte, warum jemand gern Schlittschuh lief. Aber ich war bereit, für meine Freundschaft mit Nathan alles aufzugeben. Wir beide trieben uns in den Dörfern herum und guckten uns Windmühlen mit ausgebesserten Flügeln an. Wir gingen heimlich bis zur Weichsel und sahen den Bauern beim Flößen zu. Wir beobachteten verstohlen das Herrenhaus des Gutsbesitzers und spielten zwischen den Bäumen und Anhöhen Verstecken, bis die Sonne unterging. Die Fensterscheiben der Bauernkaten schimmerten bei Sonnenuntergang wie Goldgespinst, und Glasscherben und Sandkörnchen funkelten so farbenprächtig wie ein Piratenschatz. In jugendlichem Übermut wälzten wir uns auf dem Erdboden, schlugen Purzelbäume und tobten uns aus. »He, König Storch, dein Nest brennt!« riefen wir den über uns kreisenden Vögeln zu.

Am meisten Spaß aber machten uns die Jahrmarktstage, die katholischen »Odpusty« und die Pferdemusterung.

Die Odpusty – Ablaßtage, an denen die Christen um Erlaß der Strafe für ihre Sünden beteten – waren im Spätsommer. Tausende von Bauern kamen nach Leoncin, um vor der Kirche niederzuknien und den Himmel anzuflehen. Gleich nach dieser Zeremonie, die sie von allen Sünden freisprach und zu Unschuldslämmern machte, begannen sie zu zechen, zu krakeelen und sich um Weibsleute zu raufen. Den Juden brachten diese christlichen Feiertage einen Haufen Geld ein. In den Läden drängten sich die Kunden. Die Schuhmacher und Schneider stellten ihre Ware aus. Andere Juden verkauften Süßigkeiten, Kuchen und so leckere Getränke wie Kwaß. In den beiden nichtjüdischen Wirtshäusern tanzten die Gäste Mazurka und Krakowiak, wobei sie mit ihren genagelten Stiefeln aufstampften, daß die Wände wackelten und die Mädchen vor Vergnügen kreischten.

Zu den Jahrmärkten, die viermal im Jahr stattfanden, kamen die Juden, um etwas zu verkaufen, und die Gojim, um etwas zu kaufen. Aus Kleinstädten wie Nowidwor, Zakroczym, Czerwinsk, Blonie und Sochaczew, ja sogar aus Wyszogrod kamen Juden, um gebrauchte Kleidungsstücke und andere Waren feilzubieten. Schuhmacher und Hutmacher, Mützenmacher und Schneider, Viehhändler und Pferdehändler, Fleischer, Gerber und Borstenhändler, junge Burschen und alte Männer, langbärtige Juden und neumodisch gekleidete Handwerksgesellen, Frauen, junge Mädchen und Kinder – sie alle kamen in Fuhrwerken oder Karren nach Leoncin geströmt, um auf dem Marktplatz Stände und Buden zu errichten, über deren Standort und Ausmaße sie unentwegt miteinander stritten.

Am Abend vor der Eröffnung des Jahrmarkts steckten sie möglichst günstige Standorte ab, ließen sich dort nieder, warfen einander saftige Schimpfwörter an den Kopf und machten sich über die Redeweise und Sitten der benachbarten Jahrmarktverkäufer lustig. Vor allem die Leute aus Wyszogrod, die die Angewohnheit hatten, jedem Wort die Nachsilbe »chje« beizufügen, wurden mit Spott überhäuft.

»He, ihr Wyszogroder – echje, mechje, dechje!« höhnten die Gebrauchtwarenhändler aus Zakroczym.

»He, ihr Wyszogroder Soßenschlürfer – eine Wolke zieht auf!« riefen die Hutmacher aus Nowidwor.

Das war eine Anspielung darauf, daß die Wyszogroder Hausfrauen alle gleichzeitig so viel brieten, daß sich über den Dächern eine dichte Rauchwolke bildete.

Die Wyszogroder reagierten entsprechend und trugen zum allgemeinen Tohuwabohu bei.

Manche Leute streckten sich auf ihren Bündeln aus und schliefen. Andere schichteten Holz auf und machten Feuer, um sich in der nächtlichen Kälte aufzuwärmen. Im Morgengrauen eilten die angereisten Händler in die Synagoge, wo sie vor der Eröffnung des Jahrmarkts ein paar Gebete herunterleierten.

Auf jeder Landstraße und jedem Feldweg kamen Scharen von Gojim nach Leoncin gezogen – die wohlhabenderen Bauern hoch zu Roß oder in Fuhrwerken, an denen hinten Kühe angebunden waren. Die ärmeren Gojim kamen zu Fuß und brachten Schlachtschweine mit, die sie an Stricken hinter sich herzogen. Faßbinder kamen mit Bottichen, Fässern, Trögen und Eimern, Schweinemetzger mit Schinken und Würsten, Hausierer mit Rosenkränzen, Kruzifixen und Madonnenfiguren, Bauersfrauen mit Eierkörben und Geflügel, Musikanten mit Sackpfeifen und Ziehharmonikas.

Inmitten dieser Scharen stapften unverfrorene jüdische Lumpensammler, die Säcke mit Lumpen, Knochen und Spielzeug schleppten; und auch Taschenspieler, Tierbändiger, Töpfer und Siebmacher strampelten sich ab, um rechtzeitig auf dem Jahrmarkt zu sein.

Der Marktplatz brodelte vor lauter Lärm, Gerüchen und Geschäftigkeit. Die Ladeninhaber lockten Kundschaft an. Käufer feilschten und besiegelten den Handel mit Handschlag. Kühe muhten, Pferde wieherten, Schweine grunzten, Hühner gackerten, Enten quakten, Musikanten trommelten, Trunkenbolde grölten, Bauernmädchen kreischten.

Pulsierendes Leben wohin man blickte. Zuweilen brach Streit aus. Bauern schlugen einander mit Stöcken und Wagendeichseln die Schädel ein – bis der Ortspolizist in Begleitung zweier Gendarmen erschien, die er für diesen Tag aus einem benachbarten Dorf (das merkwürdigerweise »Laufnase« hieß) ausgeliehen hatte. Mit der flachen Seite ihrer Säbel beschwichtigten die Ordnungshüter die Streithammel. Immer wenn es zu einer Rauferei kam, schnürten die Juden ihre Bündel, weil sie befürchteten, daß »es« jetzt passieren würde. Doch bald packten sie ihre Ware wieder aus und boten sie feil.

Auch die Tage, an denen Pferde gemustert wurden, brachten Leoncin einen Profit ein. Einmal im Jahr mußten sämtliche Pferde unseres Distrikts einer Kommission vorgeführt werden, die dann entschied, welche Pferde im Kriegsfall für den Militärdienst tauglich seien. Diese Kommission bestand aus dem Sochaczewer Natschalnik und einigen Kavallerieoffizieren. Wenn die Pferde, die für würdig befunden wurden, den Zaren zu verteidigen, einen Stempel aufgedrückt bekamen, war das Gewieher meilenweit zu hören. Die Besitzer dieser Pferde strahlten dann vor lauter patriotischem Stolz und machten sich über die Besitzer der »untauglichen« Gäule lustig. Außer ihren Pferden brachten die Bauern eine Menge Geld mit nach Leoncin. Sie zechten in den Wirtshäusern und verzehrten Berge von Schweinefleisch.

Unser Nachbar, der Schweineschlächter Piasecki, veranstaltete dann jedesmal ein wahres Schlachtfest. Für diesen gedrungenen Mann, der kleine Augen, eine Stupsnase und helle, borstige Haare hatte und seinen Schlachttieren sehr ähnlich sah, war es offenbar ein Hochgenuß, Schweinen den Garaus zu machen. Er ließ sie unnötig leiden und hackte und stach so lange auf die noch lebenden Tiere ein, bis ihr entsetzliches Quieken im ganzen Schtetl zu hören war.

Mein Vater lief mit aschfahlem Gesicht umher, erfüllt von tiefem Mitleid mit diesen geschundenen Tieren, die zwar unrein, aber dennoch Geschöpfe Gottes waren.

»Allmächtiger, wirst Du uns jemals von diesen Heiden erlösen?« rief er verzweifelt, während die Luft widerhallte von den Schreien der zu Tode gequälten Tiere und den derben Stimmen der betrunkenen Bauern.

Nach jedem Jahrmarkt, jeder Pferdemusterung und auch nach den »Odpusty« kamen jüdische Bettler in hellen Scharen nach Leoncin und verlangten von den

Händlern, die Reibach gemacht hatten, unverschämt hohe Spenden.

Zuweilen kam ein »Enkelsohn« nach Leoncin. So nannte man jene degenerierten Bürschchen, die sich als »Rabbi« ausgaben und behaupteten, von diesem oder jenem berühmten heiligen Mann abzustammen. Sie ließen sich von einem Kutscher, der als ihr »Schammes« auftrat, im eigenen Wagen von Schtetl zu Schtetl fahren. Jeder dieser »Enkelsöhne« stattete meinem Vater einen Besuch ab. Meine Mutter mokierte sich über diese Schwindler, die mit hohen Pelzmützen und Seidenkaftanen ausstaffiert waren und auffallend lange Schläfenlocken hatten. Die meisten waren Gimpel, die sich als Wunderrabbis und heilige Männer ausgaben. Und jeder bezeichnete sich entweder als Abkömmling des Baal Schem oder des für seine Predigten berühmten Rabbi Israel von Kozienice oder des heiligen Mannes von Przysucha, Rabbi Jakob Isaak.

Während sie genüßlich Mutters Tee schlabberten, erläuterten sie ihren makellosen Stammbaum und beklagten ihr Schicksal, das sie dazu gezwungen habe, *zu* den Chassidim zu pilgern, statt *von* den Chassidim aufgesucht zu werden. Jeder hatte eine Geschichte darüber parat, wie er aus seiner rechtmäßigen Position als Oberhaupt einer Dynastie verdrängt und schlimmster Ungewißheit und Verzweiflung ausgesetzt worden sei. »Oj, Rebbe, es ist entwürdigend, in einem Karren umherziehen zu müssen, kein Zuhause zu haben, keine Familie und keinen Lebensunterhalt. Die paar Groschen, die man mir zukommen läßt, gehen drauf, um das Pferd und den Schammes zu füttern – verzeiht, daß ich beide in einem Atemzug nenne . . .«

Der angebliche Schammes – stets ein Jude einfacher

Herkunft – kümmerte sich um den ausgemergelten rabbinischen Klepper, brachte ihm Heu in einem Futtersack und sprach das Hebräische so affektiert klangvoll aus, wie es sich für einen Aushilfsheiligen gehörte.

»Rebezzin, darf ich mir die Hände waschen?« fragte jeder »Schammes« albern lächelnd, um meiner Mutter zu verstehen zu geben, daß er etwas zu essen haben wollte.

Die Leonciner Chassidim ließen sich keine Minute ihrer Zeit von den »Enkelsöhnen« stehlen, die von ihnen als Schnorrer und falsche Heilige betrachtet wurden – als etwas für die Weibsleute und den Pöbel. Bei den Frauen und den einfachen Leuten standen die »Enkelsöhne« allerdings in hohem Ansehen. Man drängte sich um sie, bat sie um Segenssprüche für Familienangehörige, kaufte bei ihnen Amulette, Zauberkräuter, Teufelsdreck, heiliges Moos, Wolfszähne, Bernsteintalismane, Olivenöl, kupferne Dreikopekenstücke als Glücksbringer und allerlei anderen Plunder. Jeder als Schammes auftretende Kutscher trieb die Weibsleute zu seinem »Heiligen«, der sie und ihre Kinder segnete. Währenddessen wickelte der Helfershelfer die verkauften Artikel ein und schacherte um den Preis. »Gute Frau, das macht zweimal achtzehn und keinen Heller weniger. Und legt auch etwas für mich drauf – es wird sich für Euch lohnen.«

Dann drehte der »Rabbi« die Augen heraus, schnitt fürchterliche Grimassen, murmelte ein paar Zaubersprüche und kritzelte mit einem Federkiel einige Zeichen auf ein Stückchen Pergament. Diese Zettel wurden in kleine rote Beutel gesteckt. Die Männer, die ihn um Rat baten, wies der »Rabbi« an, ihrer Ehefrau ein solches Beutelchen um den Hals zu hängen und ihr einzuschärfen, daß sie es niemals öffnen dürfe.

Unter den Frauen, die sich von diesen »Rabbis« beraten ließen, waren auch etliche, die mit angesehenen Chassidim und gelehrten Männern verheiratet waren. Sie kamen heimlich zu den »Enkelsöhnen« und schütteten ihnen ihr Herz aus, weil sie bei den vornehmen Heiligen ihrer Ehemänner kein Verständnis fanden und daher hofften, daß jemand ihresgleichen die Sehnsüchte einer Frau verstehen würde.

Zu denen, die sich besonders oft an diese »Rabbis« wandten, zählte Zirl, die Frau von Raffael, dem Schnittwarenhändler. Sie war eine stattliche, hübsche Frau, die ihrem Mann aber noch keinen Erben geboren hatte und schon bei allen in Polen ansässigen Wunderrabbis gewesen war, um sich von ihrer Unfruchtbarkeit heilen zu lassen. Obgleich sie wohlhabend und sehr angesehen war, schämte sie sich wegen ihrer Kinderlosigkeit so sehr, daß sie den anderen Leuten, zumal den Männern, aus dem Weg ging. Für die »Enkelsöhne« war sie eine höchst lukrative Einnahmequelle, da sie schreckliche Angst davor hatte, daß ihr Mann sich scheiden lassen würde, wozu er nach dem jüdischen Gesetz verpflichtet war. Aber er hatte sie offenbar sehr lieb und begleitete sie zu sämtlichen Wunderrabbis. Weil alles nichts half, wurde die Ehe schließlich geschieden. Während der Amtshandlung weinten beide bitterlich. Erstaunlicherweise stellte sich, nachdem er eine andere Frau und sie einen anderen Mann geheiratet hatte, in beiden Ehen Nachwuchs ein.

Da vor ihrer Scheidung allgemein bekannt war, daß Zirl und Raffael jeden Preis dafür zahlen würden, nicht kinderlos bleiben zu müssen, wurde das Schtetl geradezu überschwemmt von falschen Rabbis, die Reibach machen wollten. Von Zirl wurden sie großzügig entlohnt – mit Goldstücken und nicht mit Kupfermünzen –, und Raffael zahlte, obwohl er Anhänger eines berühmten Rabbis war, den »Enkelsöhnen« ein Vermögen, in der Hoffnung, daß einer von ihnen den Himmel doch noch dazu bewegen könnte, ein Wunder geschehen zu lassen.

Eines Tages bekam ich von einem dieser »Rabbis« ein Amulett geschenkt, weil ich ihm den Weg zur *mikwe* gezeigt hatte.

»Das darfst du niemals ablegen, auch beim Schlafen nicht«, schärfte er mir ein. »Und du darfst es niemals öffnen, das wäre – Gott soll schützen – sehr gefährlich.«

Natürlich öffnete ich, sobald er außer Sichtweite war, das Amulett und las den Hokuspokus, den er in schwer zu entzifferndem Chaldäisch hineingekritzelt hatte: wunderliche Namen von Engeln, Teufeln und allerlei Dämonen, außerdem mehrere Reihen ganz gewöhnlicher Buchstaben. Ich schenkte es Nathans Mutter, die ganz begeistert davon war. Sie sagte, zum Dank dafür dürfte ich in den Obstgarten gehen (den die Familie jeden Sommer vom katholischen Gemeindepfarrer pachtete) und soviel Obst pflücken, wie ich wollte. Das ließ ich mir natürlich nicht zweimal sagen.

Wenn wir im Sommer nicht zu meinem Großvater nach Bilgoraj fuhren, verbrachte ich viel Zeit in den Obstgärten außerhalb des Schtetls. Jedes Jahr gleich nach Pessach schlossen etliche Leonciner Juden mit den christlichen Obstgartenbesitzern Pachtverträge. Da man nicht vorhersehen konnte, wie die Obsternte ausfallen würde, war es fast immer Glückssache. Wenn wir gutes Wetter hatten und das Obst nicht von Würmern aufgefressen wurde, konnte man mit einem Profit von mehreren hundert Gulden rechnen. Aber es konnte auch passieren, daß man nichts daran verdiente und sogar ein Verlustgeschäft gemacht hatte.

Diese Pachtverträge waren der Anlaß für zahlreiche *dinim-tojre*: Juden beschuldigten sich gegenseitig, Obstgärten einander vor der Nase weggeschnappt zu haben. Mein Vater ermahnte diejenigen, die sich unmoralisch benommen hatten. Jüdische Pächter kamen auch wegen der Übertragungsurkunden zu ihm, die sie benötigten, um ihre Pacht an Schmidt, den Schabbesgoi, zu »verkaufen«, damit sie ihre nichtjüdischen Obstpflücker auch am Sabbat arbeiten lassen konnten. Sobald die Bäume Früchte trugen, zogen die jüdischen Pächter hinaus in die Obstgärten, errichteten Hütten, deckten sie mit Stroh und stellten Betten darin auf. Die Familien hausten solange in diesen Behelfsquartieren, bis das letzte Obst gepflückt war. Gekocht wurde im Freien, über einem offenen Feuer.

Obwohl die Chassidim und die anderen angesehenen Juden dies nicht taten, pachtete Mosche Mendel jeden Sommer einen Obstgarten, weil er die zusätzlichen Einnahmen brauchte, um seine große Familie zu ernähren. Für mich begann dann immer eine glückliche Zeit: Täglich war ich stundenlang mit Nathan draußen, pflückte Obst und half, es für den Transport nach Warschau in Körbe und Fässer zu verpacken. Die Abende waren noch schöner. Mosche Mendels Söhne schoben Wache, damit kein Obst geklaut wurde, und verständigten sich durch Pfiffe und Rufe. Frajdel und ihre zum Obstpflücken angeheuerten Freundinnen sangen in der milden Sommernacht Küchenlieder. Sternschnuppen fielen, Lichter flackerten in den Bauernkaten, Hunde bellten den Mond an. Ich trieb mich überglücklich in dem großen Obstgarten herum. Das einzige, was ich verabscheute, war, dem Priester, dem das Grundstück gehörte, die Hand zu küssen, wozu die Kinder des Pächters verpflichtet waren. Ich versteckte mich jedesmal,

wenn ich ihn in seiner langen schwarzen Soutane mit
seinem umgehängten Messingkreuz kommen sah. Oft
wurde er von einer dicken, vergnügten Frau begleitet. Nathan erzählte mir allerlei schmutzige Dinge über
den Priester, der nicht heiraten durfte, aber unter einem Dach mit seiner drallen, fröhlichen Haushälterin
lebte . . .

Wenn ich von Mosche Mendels Obstgarten genug
hatte, besuchte ich meinen Freund Herschel, dessen
Vater, Jonathan der Schneider, in einem Nachbardorf
einen Obstgarten gepachtet hatte. Dort gesellte sich oft
ein Junge namens Joel zu uns, dessen Vater Krämer und
zugleich Glaser war. Joels Taschen waren immer vollgestopft mit Bonbons, die wie menschliche Figuren oder
wie Pferde geformt waren und die er im Laden seines
Vaters stibitzt hatte. Auch Glaserkitt brachte er mit, aus
dem wir alle möglichen Figuren kneteten. Und aus
Lehm formten wir ganze Heerscharen von Golems, in
deren Augenhöhlen wir Marienkäfer und allerlei andere
Käfer steckten.

Für diese gestohlenen Stunden der Freude mußte ich
teuer bezahlen. Noch schlimmer als Vaters feierliche
Moralpredigten waren Mutters düstere Voraussagen,
daß aus mir ein Nichtsnutz werden würde, genauso
einer wie Itschele Schmul Fonje, der Erzgauner von
Bilgoraj.

Aber die herrlichen sonnigen Tage in den Obstgärten
und die dunklen, linden Abende, wenn Millionen Sterne
am Himmel funkelten und ich mich eingeweiht fühlte in
die Geheimnisse des Lebens, waren mir alle Strafen
wert.

Chassidim gratulieren einander
zum Tod von Dr. Herzl

Einige Jahre nach dem tragischen Verlust zweier Töchter, die am selben Tag starben, brachte meine Mutter neuen Nachwuchs zur Welt: zuerst einen Sohn und wenige Jahre später eine Tochter. Eine dieser Entbindungen war so schwierig, daß mein Vater in die Synagoge ging und für Mutter betete. Ich sollte mitkommen, doch unterwegs ergriff der Böse Geist Besitz von mir und schickte mich statt ins Gotteshaus zu meinem neuen Spielgefährten, einem Hund namens Briton.

Wie die meisten Jungen aus strenggläubigen jüdischen Familien hatte ich eine Zeitlang schreckliche Angst vor Hunden, den traditionellen Feinden der Kinder Israel. Wie die meisten Gojim verabscheuten auch die Hunde die langen Judenkaftane. Meiner Meinung nach war dieser Haß darauf zurückzuführen, daß Gott bei der Flucht der Juden aus Ägypten die Kinnladen der Hunde gelähmt hatte, so daß diese, wie es im Pentateuch geschrieben steht, nicht bellen konnten. O ja, ich fürchtete diese vierbeinigen Feinde der Juden – und dennoch übten sie eine starke Anziehungskraft auf mich aus. Unser Nachbar, der Bader Pawlowski, hatte einen Sohn namens Anatol, der in meinem Alter war und einen Hund hatte, mit dem er oft spielte. Er hatte ihm beigebracht, Männchen zu machen und Pfötchen zu geben. Und wenn er ihm die Hand ins Maul steckte, leckte der Hund zärtlich die Finger seines Herrchens. Trotz meiner Furcht hätte ich alles darum gegeben, so einen Spielgefährten zu haben.

Eines Tages tauchte ein streunender Hund auf und

schnüffelte herum. Mein erster Eindruck war, daß etwas Großes, Haariges hinter mir herlief. Ich wollte fliehen, aber aus bitterer Erfahrung wußte ich, daß nichts einen Hund so sehr anstachelt wie der Anblick eines Juden, der mit wehendem Kaftan vor ihm davonläuft. Ich zwang mich also, ruhig zu bleiben. Der Hund trottete hinter mir her. Angesichts des drohenden Unheils begann ich zu murmeln: »Wider die Kinder Israel soll kein Hund seine Zunge regen ...« – das vorgeschriebene Gebet zum Schutz gegen Hunde. Aber dieser Köter war offenbar ein Ungläubiger, denn er blieb mir auf den Fersen. Plötzlich riß er den Rachen auf, und ich sah scharfe Zähne und eine rosarote Zunge. Ich war überzeugt, daß er mich jetzt zerfleischen würde, aber er leckte nur meinen Fuß und sah mich so demutsvoll an, als ob ich gar nicht zu den Kindern Israel gehörte. Einen Moment lang lagen meine Angst und mein Entzücken im Widerstreit miteinander, dann faßte ich mir ein Herz und tätschelte den Kopf des Hundes. Da sprang er so begeistert an mir hoch, daß ich fast umfiel.

Von nun an wich er mir nicht mehr von der Seite. Aus Mutters Speisekammer stibitzte ich Brot für ihn, und zum Dank dafür schmatzte er mich ab. Dann jaulte er, weil er mit ins Haus wollte. Aber das riskierte ich nicht.

Ich nannte ihn Briton – so hießen viele Hunde in unserer Gegend.

Als Mutter in den Wehen lag, stellte sich Briton vor die Haustür und heulte, um hineingelassen zu werden. Mir setzte sein Geheul derart zu, daß ich ihn in den Hausflur ließ.

Ich weiß nicht mehr, wie lange Mutter in den Wehen lag, aber ich weiß, daß diese Stunden die glücklichsten in meiner ganzen Kindheit gewesen sind. Ich brachte dem Hund bei, auf den Hinterbeinen zu sitzen und

Pfötchen zu geben. Ich streichelte beglückt seine warme, samtige Pfote und seine Schlappohren, die sich wie Seide anfühlten. Nach einer Weile schlug ich alle Bedenken in den Wind und steckte meine Hand in Britons Maul. Er nahm meine Finger zwischen die Reißzähne, ganz vorsichtig, um die Haut nicht zu verletzen. Und mit seiner Zunge befeuchtete er meine ganze Hand.

Vermutlich wären wir beide noch lange in gegenseitiger Bewunderung vereint geblieben, wenn nicht plötzlich die Haustür geöffnet worden und mein Vater hereingekommen wäre, begleitet von einem aus führenden Gemeindemitgliedern bestehenden Quorum, das mit ihm für Mutters baldige Entbindung gebetet hatte.

Briton ging sofort auf Vaters Samtkaftan los, ein Kleidungsstück, bei dessen Anblick sich offenbar jeder Hund von seiner schlechtesten Seite zeigte. Vater war starr vor Schreck. »Gewalt geschrien!« lamentierte er und wich zurück. »Bring ihn weg! Bring ihn weg!«

Ich hatte Briton mit einem Strick an der Türklinke angebunden, und als ich ihn mit zitternden Händen losbinden wollte, wurde der Strick nur noch straffer.

Vater war empört und schämte sich meinetwegen. »Wie kann sich ein Junge in deinem Alter *so* benehmen! Statt für deine Mutter zu beten, bringst du Tiere ins Haus! Pfui, pfui, pfui!«

Die reputierlichen Bürger glucksten entrüstet und schüttelten den Kopf. »Ausgerechnet jetzt benimmt er sich wie ein Goi. Ausgerechnet jetzt . . .«

Briton brach vor Enttäuschung in lautes Geheul aus, als ich ihn hinausjagen mußte, und meine Reputation erreichte einen neuen Tiefstand. Bald darauf brachte ich aber etwas noch Schlimmeres mit nach Hause.

Einer meiner Freunde bekam die Schafblattern, und ich war so töricht, ihn am Krankenbett zu besuchen und mit ihm um Knöpfe zu karten. Kurz darauf bekam ich hohes Fieber. Ich steckte meine Schwester und meinen kleinen Bruder an, der damals noch ein Säugling war. Pawlowski, der Bader, stellte fest, daß wir nicht die Schafblattern, sondern die richtigen Pocken hatten. Meine Mutter, die den Verlust ihrer beiden kleinen Töchter noch nicht verwunden hatte, bestand darauf, den Arzt aus Zakroczym kommen zu lassen, egal, was es kosten würde. Er kam, jagte alle anderen aus dem Haus und riß die Fenster auf, die fest geschlossen waren, damit nur ja kein Lufthauch hereinkam. Dann sagte er zu mir auf polnisch, mit ein paar eingestreuten jiddischen Ausdrücken: »Nabel herzeigen, du Halunke! Zunge herzeigen!«

Er stellte ein Rezept aus, nahm die paar Rubel Honorar lässig und nur mit zwei Fingern entgegen, als wäre er übers Geschäftemachen erhaben, und ermahnte mich mit drohend erhobenem Zeigefinger, nicht an dem Ausschlag herumzujucken, weil ich sonst Pockennarben bekäme und später kein Mädchen fände, das mich heiraten würde.

Ich war bereit, dieses Risiko einzugehen, und begann, an dem Ausschlag, der wie Höllenfeuer brannte, herumzukratzen, doch Mutter hielt meine Hände fest. »Nicht jucken, Bubele, sonst siehst du später so aus wie Jonathan der Schneider.«

Wochen später schälte ich mich von Kopf bis Fuß. Mit einer neuen Haut ausgestattet, verließ ich das Krankenbett. Vater spannte mich wieder unter das Joch der Tora und nahm höchstpersönlich mit mir das Kapitel über den Götzendienst durch – ein Thema, das er ungeheuer interessant fand. Ich langweilte mich entsetzlich. Draußen lockte die Sonne.

Während einer dieser Lektionen kam Trejtel, der

Schnittwarenhändler, herein. Er war ein großer, hagerer Mann mit einem komischen kleinen Bart, der zwei Spitzen hatte, die eine lang und lockig, die andere kurz und glatt. Strahlend vor Freude rief er: »Ich gratuliere, Rebbe!«

»Wozu denn?«

»Dr. Herzl ist gestorben!« rief Trejtel triumphierend und fügte ein ordinäres Wort hinzu, das sich auf Herzl reimte.

Vater verzog das Gesicht ob dieses vulgären Ausdrucks, dann fragte er Trejtel, wer denn dieser Dr. Herzl gewesen sei.

»Ein Konvertit, der andere Juden zum Konvertieren verleiten wollte.«

»Dann sei Gott gepriesen!« sagte Vater und zitierte aus der Heiligen Schrift: »Wenn die Missetäter sterben, dann jubiliert!«

Sobald Trejtel gegangen war, fuhr Vater mit der Lektion fort. Danach rannte ich zum Haus von Reb Josua, dem Holzhändler, um Nathan David, seinem Enkel aus Leszno, alles zu erzählen.

Nathan David stieß jeden Fluch, den er kannte, gegen Trejtel aus. »Dr. Herzl wollte die Juden ins Land Israel führen«, erklärte er mir. »Komm, ich zeig' dir sein Bild.«

Er schlug ein Buch auf und zeigte mir die Photographie eines ansehnlichen Mannes mit majestätischem Bart. Ich empfand auf Anhieb Hochachtung und Sympathie für diese Führerpersönlichkeit. Nathan David erzählte mir alles über Dr. Herzl. Und er brachte mir ein hebräisches Lied bei, das so begann:

> »In einem engen Stübchen
> ein flackernder Ofen steht.

Der Rabbi sitzt dort mit den Bübchen
und lehrt sie das *alef-bet* ...«
Das Lied hatte zwar nichts mit Dr. Herzl zu tun, aber
ich fand, daß trotzdem ein Zusammenhang bestand.
Von da an dachte ich oft an diesen Mann mit dem prächtigen Bart, den Mann, der die Juden ins Land Israel
führen wollte.

Bald wurde meine kindliche Wißbegierde von anderen Personen und Ereignissen angestachelt.

Eines Tages, während die Ziegen am Wegrand ihren
Mittagsschlaf hielten und die Ladenbesitzer ein Nickerchen machten, war auf der Landstraße, die ins Schtetl
führte, eine große Staubwolke zu sehen. Aus ihr tauchten mehrere Fuhrwerke auf, die dem Gutsbesitzer gehörten und vollgepfercht waren mit sonderbar ausse-
henden Leuten. Diese Fremden waren großstädtisch
gekleidet, trugen Stehkragen und steife runde Filzhüte
und hatten gestutzte Bärte und Schnurrbärte. Einer der
Männer spielte Ziehharmonika, ein anderer hielt unter
seinem Mantel zwei Tauben fest, deren Köpfe oben
herausschauten. Eine Haustür nach der anderen öffnete
sich, Männer, Frauen und Kinder spähten aus Haus-
eingängen und Fenstern. Ihre Verwunderung über den
ungewöhnlichen Anblick wurde noch größer, als die
fremden Männer die Leonciner Frauen und Mädchen
auf Jiddisch ansprachen. »Komm her, gib uns einen
Schmatz, Schatzele!« schäkerten sie mit breitem Warschauer Akzent.

Ich war natürlich im Nu draußen auf der Straße und
glotzte, gemeinsam mit meinen Freunden, die Fremden
an, die sämtliche Zigaretten im Schtetl aufkauften und
mit den Händlern scherzten.

»Ob ihr's glaubt oder nicht – es sind Juden!« teilten
die Ortsansässigen einander mit.

Vom Gesinde des Gutsherrn Christowski erfuhren wir, daß die Fremden nach Leoncin geholt worden seien, um das Herrenhaus zu renovieren und die alten, abblätternden Heiligenbilder in der Kirche aufzufrischen. Sie sollten im Gutshaus untergebracht werden. Die Leonciner Juden warfen einander entsetzte Blicke zu: Jüdische Glaubensgenossen würden also nicht nur trejfene Speisen essen, sondern auch – was unendlich viel schlimmer war – in der Kirche Jesusbilder malen!

Den Kopf noch tiefer gesenkt als sonst, strömten die Leonciner Juden in die Synagoge, aber an diesem Abend fehlte ihren Gebeten die rechte Würze.

Seit der Ankunft der Fremden vernachlässigten die Chederschüler ihre Lektionen. Ich stahl mich von der Gemara fort, lungerte beim Herrenhaus herum, spähte durch die Löcher im Zaun und beobachtete die Fremden bei der Arbeit. Mit komischen kegelförmigen Papiermützen auf dem Kopf und Farbspritzern auf der Montur kletterten sie die Leitern hinauf und hinunter. Ihre geschickten Hände ließen eine phantastische Menagerie entstehen – Tiere, die ich noch nie gesehen hatte und auch nicht aus Geschichtenbüchern kannte. Und auch Flüsse, Windmühlen, Bäume, Hirten, Nymphen und farbenprächtige Vögel, die auf Mauersimse und Terrassen zuflogen.

Von frühester Kindheit an hatte ich einen starken Drang zum Zeichnen. Ich zeichnete mit Kreide auf Wände, kritzelte Figuren auf die Vorsatzblätter heiliger Bücher, kratzte im Winter alle möglichen Motive auf die vereisten Fensterscheiben. Außerdem knetete ich aus Lehm Tiere und andere Figürchen. Ich konnte den Blick nicht von diesen genialen Männern abwenden, die so herrliche Bilder malten. Es machte ihnen nichts aus, daß ich zusah. Oft blinzelten sie mir sogar zu.

»He, Itsche Meier, hast du vielleicht eine hübsche Schwester?«

Ich wurde rot vor Verlegenheit.

Beim Arbeiten sangen sie. Der Mann, der unter seinem Mantel zwei Tauben mit sich herumtrug, überprüfte die Arbeit der anderen und ordnete des öfteren an, daß etwas noch einmal gemacht werden müsse. Seine Tauben ließ er nie aus den Augen. Sie kuschelten sich in seinen Mantel oder saßen, wenn er gerade keine Hand frei hatte, auf seiner Schulter.

Die Leonciner Väter und Mütter versohlten ihre Söhne und Töchter, weil die sich so gern bei den Malern herumtrieben. Sie sperrten ihre Kinder ein und drohten ihnen an, sie müßten im Höllenfeuer schmoren, wenn sie bei diesen Konvertiten herumlungerten. Aber das alles fruchtete nichts. Wie Motten zum Licht, so zog es die Jugendlichen zu diesen Fremden; und die Erwachsenen seufzten, murrten und tuschelten miteinander.

Eines schönen Tages, als die Sonne eimerweise Gold auf die Bäume und Dächer streute, kam der Sochaczewer Natschalnik angefahren, eskortiert von einer ganzen Schwadron bewaffneter Polizisten. Sie stiegen ab. Der Natschalnik marschierte vor den Polizisten her, die ihre Krummsäbel gezogen hatten. Die Nachhut bildeten mehrere mit Schlagstöcken ausgerüstete Büttel. Vor dem Herrenhaus befahl der Natschalnik einigen seiner Leute, sich rings um den Hof zu postieren. Die anderen mußten mit gezückten Säbeln in den Hof marschieren. Im Sonnenschein funkelten die Säbelklingen und die blankgewichsten Stiefel des Natschalniks.

Er brüllte ein Kommando, woraufhin seine Hilfstruppen die von den Leitern heruntergestiegenen Maler am Kragen packten. Eine Weile herrschte ein fürchterliches Durcheinander. Dann führten zwei Polizisten den

Taubenliebhaber vor, der in der Kirche das Jesusbild restauriert hatte. Er ging gemächlich und sagte kein Wort. Plötzlich machte er seinen Mantel auf und lachte schallend, als der Natschalnik erschreckt vor den beiden herausfliegenden Tauben zurückwich, deren Flügel im blendenden Sonnenlicht wie Silber glänzten.

Die Polizisten fesselten die Verhafteten mit Stricken, banden sie aneinander, postierten sich um sie herum und führten sie ab. Die Fremden gingen ganz aufrecht. Das Fuhrwerk mit ihrer Habe ratterte hinterher. Die verdatterten Leonciner standen tuschelnd vor ihren Häusern und Läden. Die Büttel machten Andeutungen, weshalb die Fremden verhaftet worden waren. Der allgemeine Schuldspruch lautete: »Die müssen in Ketten schmachten, weil sie etwas gegen den Zaren gesagt haben.«

Vor den marschierenden Häftlingen bewegte sich eine Staubwolke die Straße entlang, als wollte sie ihnen den Weg zeigen. Direkt über ihnen flatterten die beiden Tauben, deren Gefieder in der Sonne schimmerte.

»Die Ketzer haben bekommen, was sie verdienen«, murmelten fromme Juden voller bitterer Genugtuung.

Ich würgte die Tränen hinunter und sah lange diesen Fremden nach, die mein Leben so durcheinandergebracht hatten, daß ich fortan keine Ruhe mehr finden konnte. Zur Bestürzung meines Vaters war ich danach tagelang nicht imstande, die einfachsten Passagen der Gemara zu begreifen. Ständig mußte ich an den bärtigen Mann denken, der die Juden so gern zurück ins Land Israel geführt hätte, und an die Maler, die man in Ketten legen würde, weil sie etwas gegen den Zaren gesagt hatten. Bald fand ich mehr über diese Probleme heraus.

Eines Tages kam ein litauischer Jude zu uns. Er trug ein modernes Jackett und eine riesige Russenmütze, wie sie in unserer Gegend nur von Musikanten und Badern getragen wurde. Der Junge, den er bei sich hatte, trug ein Jackett und eine über die Schaftstiefel herabfallende Hose. Der Litwak bat meinen Vater, den Jungen in der Tora zu unterweisen und versprach, meiner Mutter wöchentlich vier Rubel für Kost und Logis zu zahlen. Er sagte, er sei aus Grodno. Was ihn nach Leoncin geführt hatte, weiß ich nicht mehr. Bevor mein Vater den neuen Schüler annahm, bestand er darauf, daß der Junge anständige Kleidung tragen müsse. Der Litwak ging mit seinem Sohn zum Schneider, der noch am selben Tag einen langen Kaftan für den Jungen anfertigte. Schließlich ermahnte der Vater seinen Sohn, fleißig zu lernen und oft nach Hause zu schreiben. »Schejke, sei ein Mann! Hörst du, Schejke?«

Schejke versprach, ein Mann zu sein, aber sobald der Vater fort war, rebellierte der Sohn. Er weigerte sich, den langen Kaftan zu tragen und machte sich nicht nur darüber sondern über alles Polnische lustig. Anfangs lernte er aufs Geratewohl, aber bald erfand er Ausflüchte, um den Unterricht zu schwänzen. Er kaufte sich Süßigkeiten und knabberte ständig. Am liebsten erzählte er von den Tausendsassas in seiner Heimatstadt, die anscheinend alle so stark wie Samson waren. Kein Goi, so behauptete er, wage es, sich in Grodno blicken zu lassen, weil die Juden sonst Hackfleisch aus ihm machen würden.

Mein Vater war entsetzt über diese Geschichten und ermahnte Schejke, die Gemara zu studieren, aber dieser Bursche war sehr eigensinnig.

Von ihm erfuhr ich einiges über den Zionismus und den Sozialismus, über Streiks und Revolutionen, über Attentate auf Polizisten, Offiziere, Generäle, ja sogar auf gekrönte Häupter.

Ich war diesem Schejke sehr zugetan. Es gefiel mir, wie seine schwarzen Augen vor Lebenslust und Übermut funkelten. Eines Tages brachte er mir ein aufrührerisches Lied bei, in dem jeder Vers mit diesem russischen Satz endete:

> *»Ei, ei, ei, doloi*
> *Samoderschawez is Rossii* – oj!«
> »Hei, hei, hei, nieder mit
> dem Selbstherrscher aus Rußland!«

Als wir uns wieder einmal draußen herumtrieben, hetzte ein Goi einen Hund auf uns. Ich erwartete, daß Schejke ausreißen würde, aber er packte den Hund mit beiden Händen und schleuderte ihn weg. Ich war überwältigt von so viel Heldenmut und hätte nicht gezögert, Schejke überallhin zu folgen, sogar in die Hölle. Aber er verließ uns so unerwartet, wie er gekommen war. Eines Tages packte er seine Siebensachen und fuhr nach Hause. Er hinterließ mir seinen neuen Kaftan und ein stiefelförmiges Taschenmesser mit vielen Klingen und einem Korkenzieher. Aber noch etwas anderes hinterließ er mir: den unbezähmbaren Drang nach etwas, das besser, bedeutsamer und aufregender war als das, was ich bisher erlebt hatte.

Schon bald ereignete sich etwas Bedeutsameres: der Krieg zwischen Rußland und Japan.

Niemand in unserem Schtetl hatte eine Ahnung, wer diese Japaner eigentlich waren. Wir wußten nur, daß sie irgendwo in weiter Ferne lebten und daß die Armee des Zaren, in der auch einige junge Burschen aus Leoncin dienten, ausgeschickt worden war, um gegen sie zu kämpfen. Wie ein Lauffeuer verbreitete sich die Nachricht, daß die Männer, die ihren Militärdienst bereits abgeleistet hatten, wieder eingezogen werden sollten.

Ihre Frauen begannen bereits zu flennen. Auf den Jahrmärkten kursierten allerlei Gerüchte über Aufstände, Krawalle und Demonstrationen, über eine polnische Unabhängigkeitsbewegung und dergleichen mehr.

Eines Tages brach in Leoncin eine Revolte aus. Ein Bauer namens Michalascak, der früher in einer Warschauer Fabrik gearbeitet hatte, sang ein auf den Zaren gemünztes Spottlied, in dem den Japanern Bewunderung gezollt und die Kaiserlich-russische Armee verhöhnt wurde.

Daß das polnische »ja pan« soviel wie »ich bin Herr« bedeutet, wurde in dem Spottlied als Zeichen dafür gewertet, daß die Japaner sich nicht von den Russkis unterkriegen lassen würden.

Die beiden auf dem Marktplatz postierten Gendarmen wollten Michalascak wegen Volksverhetzung festnehmen, doch der hünenhafte Mann riß ihnen die Hoheitsabzeichen und Epauletten ab und ging sehr grob mit ihnen um. Als der eine Gendarm den Säbel zog, wurde er ihm von Michalascak entrissen, der die beiden Ordnungshüter damit in die Flucht schlug. Er stürmte ins Amtsgericht, wo er das Bild des Zaren und den Zarenadler herunterriß. Das Porträt schleifte er hinaus auf die Straße und pinkelte darauf. Dann rief er seine polnischen Landsleute auf, sich mit Äxten und Mistgabeln auszurüsten und die Russen aus Polen zu verjagen.

Die Juden packten schleunigst ihre Waren zusammen, sperrten sich in ihren Häusern ein und schlossen die Fensterläden. Michalascak beschwor sie, keine Angst zu haben und sich mit den Polen gegen die Russen zu verbünden. Da die Juden aber durch bittere Erfahrungen gelernt hatten, sich lieber nicht mit den Gojim einzulassen, blieben sie hinter ihren Barrikaden. Die beiden Gendarmen versteckten sich auf dem Dachboden eines jüdischen Hauses. In der Nacht zogen sie lange Kaftane an, banden sich Tücher um den Kopf und flohen in dieser Verkleidung nach Sochaczew.

Drei Tage später kam der Natschalnik mit mehreren Wagen voller bewaffneter Polizisten angefahren. Sie trieben eine Schar Bauern zusammen und fesselten sie mit Stricken. In aller Öffentlichkeit peitschte der Natschalnik höchstpersönlich die Unruhestifter aus.

»In Ketten werdet ihr schmachten!« brüllte er und stampfte mit seinen spiegelblanken Schaftstiefeln auf. »In *meinem* Bezirk herrscht Ordnung!«

Danach passierte in Leoncin eine Zeitlang nichts Aufregendes mehr. Eines Tages jedoch las Jossele Roizkes in einer hebräischen Zeitung, die er abonniert hatte, aber immer erst eine Woche nach Erscheinen erhielt, daß es in Bialystok zu einem Pogrom gekommen war.

Niemand in Leoncin wußte genau, wo Bialystok lag. Man hielt es für eine von Litwaks bewohnte Stadt. Gleichwohl war man entsetzt über den Zeitungsbericht, den Jossele ins Jiddische übersetzte: Greueltaten, begangen an kleinen Kindern und an ehrwürdigen alten Männern, die mit der Axt erschlagen worden waren, und an schwangeren Frauen, denen man den Bauch aufgeschlitzt hatte.

Alle Leute in der Synagoge waren tief erschüttert und aschfahl. Ich war so verstört, daß ich keinen Bissen hinunterbrachte. Ich verkroch mich zu Hause in einer grünen Truhe und haderte mit Gott, der solche Greueltaten zuließ. Meine Eltern, die genau so entsetzt waren wie ich, behaupteten, die von Juden begangenen Sünden seien daran schuld, daß es zu diesem Massaker gekommen sei. Eine derart vereinfachende Erklärung konnte ich nicht akzeptieren.

»Gott ist daran schuld! Er ist bös, bös, bös!«

Meine Eltern hielten sich die Ohren zu, um meine wütende Gotteslästerung nicht mitanhören zu müssen.

In der Folgezeit kamen uns auch aus anderen Gegenden immer häufiger solche entsetzlichen Nachrichten zu Ohren. Leonciner Bürger, die nach Warschau fuhren, um Waren einzukaufen, brachten diese Nachrichten mit. Mein Vater begann jetzt sogar, die verbotene Zeitung *Hazfira* zu lesen, die Jossele Roizkes abonniert hatte. Während des Gottesdienstes standen die Juden gruppenweise in der Synagoge – dicht aneinandergedrängt wie Schafe, die Schutz vor dem Wolf suchen –, und sprachen von der Bedrohung und den Leiden, von denen die Judenheit heimgesucht werde.

Landjuden berichteten von der Unruhe, die in ländlichen Gegenden herrsche. Andere behaupteten, eine Horde Russen sei speziell zu dem Zweck eingeschleust worden, unser Schtetl zu plündern. Und sofort kursierten allerlei schreckliche Gerüchte.

Als eines Tages während der Morgenandacht der Toraschrein geöffnet wurde, entdeckte man, daß die kleine, mit Messinggriffen versehene Schriftrolle, aus der an Werktagen vorgelesen wurde, verschwunden war. Daraufhin brach in der Synagoge große Unruhe aus, denn jedermann vermutete, daß etwas Schlimmes passiert sei.

Nach stundenlangem Suchen sah jemand das Ende eines Messinggriffs aus dem Weiher neben der Synagoge ragen, auf dem Enten herumschwammen und in dem Schweine an heißen Tagen Abkühlung suchten.

Die Juden eilten herbei und zogen die Torarolle aus dem Weiher, als wäre es der Leichnam eines Ermordeten. Mit zitternden Händen hob mein Vater die Schriftrolle auf und legte sie auf einen Gebetsmantel, der über das Vorlesepult gebreitet war. Das Pergament war völlig durchnäßt und stank. Wie für einen Verstorbenen rezitierte mein Vater »Gepriesen sei der wahre Richter . . .«, und die Anwesenden brachen in Wehklagen aus. Vater verfügte, daß die Schriftrolle wieder in den Toraschrein gelegt und dann im Zakroczymer Friedhof beerdigt werden sollte. Am Begräbnistrag fastete die ganze Gemeinde, und in der Synagoge wurden Gebete um Vergebung und andere Gebete rezitiert.

Kurz danach stellte sich heraus, daß die Schandtat vom Sohn des Bauern Gruski begangen worden war, einem Schweinehirten, der seine Scheusale immer in der Nähe der Synagoge hütete. Die Juden unternahmen nichts gegen ihn, weil sie nicht riskieren wollten, daß die Bauern in Aufruhr gerieten. Sie legten nur beim katholischen Gemeindepfarrer Beschwerde ein, der ihnen daraufhin versprach, den Bauernjungen beim Katechismusunterricht in der Kirche zu rügen.

In der Synagoge begann man darüber zu reden, daß das Kommen des Messias bevorstehe.

Von Juden, die ihre Dächer
nicht mehr ausbessern wollen, weil sie
das Kommen des Messias erwarten

»Der Messias kommt im Jahre 5666!«

Dieses Gerücht verbreitete sich in der ganzen Judenheit und zog Männer, Frauen und Kinder in seinen Sog. Die ersten Anzeichen waren der Krieg, die Pogrome und die Revolutionen – alles Omen für die Geburtswehen, die, wie jeder Jude wußte, das Kommen des Messias ankündigen würden. Anzeichen dafür waren auch die roten Lichtflecke am Nachthimmel und der russisch-japanische Krieg, der zweifellos der Entscheidungskampf zwischen Gog und Magog war – ein ebenfalls dem Kommen des Messias vorausgehendes Ereignis. Und zudem wurde in bestimmten Textstellen der Tora und der Gemara angedeutet, daß das Jahr 5666 wahrlich das Jahr der Erlösung sein würde.

Mein Vater, ein wahrer Meister in der Kunst, mit Hilfe der Gematrie und anderer Methoden Symbole und Anspielungen in der Tora und der Gemara, im Buch Sohar und anderen kabbalistischen Schriften aufzuspüren, schwelgte jetzt geradezu in Entdeckerfreude und Auslegungskünsten, während meine dem logischen Denken und dem Skeptizismus verhaftete Mutter ihn nur kühl fixierte, und der Blick ihrer großen grauen Augen auf seine Begeisterung wie ein kalter Guß wirkte.

Vater eilte dann jedesmal ins Bethaus, um seinen Freunden, die empfänglich dafür waren, seine Entdeckungen mitzuteilen.

»Männer, es ist sonnenklar, daß das Ende der Zeiten nahe ist!« rief er und deutete auf die Textstellen, die –

egal, wie man sie drehte und wendete – alle auf ein und dasselbe hinausliefen.

Belesene Juden überprüften die Beweise und fanden sie unwiderleglich. Die einfachen Juden akzeptierten dieses Ergebnis und teilten die freudige Erregung der anderen.

Eines Tages kam der große Mendel von einem Besuch in Zgierz zurück und verkündete, der Rabbi von Ger habe durchblicken lassen, daß der Messias bald kommen werde.

Was ihn dazu bewogen hatte, war sehr merkwürdig. Einer seiner Anhänger war eingezogen worden, um an der Front gegen die Japaner zu kämpfen. Solange er die Uniform trug, hatte er keinen Bissen trejfenes Essen zu sich genommen und nur von Wasser und Brot gelebt. Als der unglückliche junge Mann an der Front fiel und man den Leichnam entkleidete, stellte man fest, daß er unter der Uniform ein Totenhemd trug. Wie sich herausstellte, hatte er es schon die ganze Zeit angehabt, damit man ihn, falls er fiele, in dem rituellen Kleidungsstück beerdigen könnte.

Als der Rabbi von Ger durch andere jüdische Soldaten von diesem erstaunlichen Vorfall erfuhr, proklamierte er sogleich, dies sei ein Omen für das Kommen des Messias.

Was das Totenhemd eines Chassiden mit dem Messias zu tun hatte, wurde nicht näher erklärt. Es genügte, daß der berühmte Rabbi etwas proklamiert hatte. Jede jüdische Gemeinde erfuhr davon. Auch andere heilige Männer machten Andeutungen, daß die Erlösung nahe sei, und nannten als Vorzeichen dafür die Schlappen, die Rußland im Krieg gegen Japan einstecken mußte, und andere weltliche Ereignisse.

Zahlreiche Juden hörten mit dem Bücherstudium und

dem Geschäftemachen auf und verbrachten ihre Zeit damit, über die Erlösung zu reden. Morgens und nachmittags, vor allem aber zum Abendgottesdienst fanden sie sich im Bethaus ein, wo sie im schwachen Licht der Petroleumlampen im Flüsterton miteinander über das welterschütternde Ereignis sprachen, das jeden Moment eintreten konnte. Beim leisesten Geräusch spitzte man die Ohren, ob jetzt vielleicht das Widderhorn ertönen würde, dessen Klang die Ankunft des Messias ankündigen sollte.

Eines Abends teilte ein gewisser Josua Glusker den versammelten Gläubigen mit, daß er nicht vorhabe, das Dach seines Hauses für den kommenden Winter instand zu setzen, weil das ja doch bloß Zeit- und Geldverschwendung wäre. »Warum soll ich mir die Mühe machen, wenn wir ohnehin schon bald ins Land Israel einziehen?«

Nur der alte Berl, der dem Vernehmen nach schon hoch in den Neunzigern war, hatte die Chuzpe, Josua Glusker eine spöttische Antwort zu geben. »Bevor der Messias kommt, werdet Ihr Euer Dach noch öfter reparieren als Ihr Euch an den Fingern und Zehen abzählen könnt. Schon als Kind hab' ich diesen Stuß zu hören bekommen, aber dann hab' ich fünfundzwanzig Jahre in der Armee des Zaren gedient, und nichts ist geschehen.«

Die Männer waren erbost darüber, daß dieser alte Knacker versuchte, ihnen einen Strich durch die Rechnung zu machen. »Was wißt *Ihr* denn schon von diesen Dingen?«

Weil Berl ein Vierteljahrhundert lang eine Uniform getragen hatte, konnte er ihrer Meinung nach jüdische Angelegenheiten nicht beurteilen. Er konnte ja nicht einmal die Gebete richtig aufsagen, und es bestand sogar der Verdacht, daß er sich den Bart stutzte, denn für einen Judenbart sah seiner viel zu adrett und rund aus. Und zudem konnte der alte Berl sehr sarkastisch sein, wenn junge Männer darüber jammerten, daß sie eingezogen werden sollten.

»Schöne Soldaten!« spottete er über die Eingezogenen, die nur vier Jahre Militärdienst abzuleisten hatten.

Außerdem sprach er verächtlich über den russisch-japanischen Krieg, der, wie er behauptete, gar nicht mit dem Krimkrieg zu vergleichen sei, in dem er sich reihenweise Orden verdient habe. Und obendrein hatte Berl einen Sohn in Amerika, der auf seiner Photographie so glattrasiert aussah wie ein Goi.

Was brauchte es einen also zu kümmern, wenn dieser Lakai des Zaren sich über etwas lustig machte, das alle heiligen Bücher, alle heiligen Männer und alle Mystiker als absolute Gewißheit bezeichneten?

Keiner bezweifelte, daß der Messias noch vor Ablauf des Jahres kommen würde. Das einzige, worüber sich die Leute Gedanken machten, war, *wie* er kommen würde und *wie* sie ins Land Israel gebracht werden sollten. Und weil sie gern gewußt hätten, wann denn die Toten auferständen und wie das neue Leben sein würde, lagen sie meinem Vater mit Fragen nach Einzelheiten in den Ohren.

Mit strahlendem Gesicht und voller Begeisterung schilderte Vater in der Synagoge der gebannt lauschenden Menge die kommende Welt in farbenprächtigen Bildern.

Darüber, wie sich das Kommen des Messias abspielen würde, war er sich allerdings nicht ganz sicher, weil die verschiedenen Bücher mit unterschiedlichen Versionen dieses Ereignisses aufwarteten. Das Problem war, welcher man den Vorzug geben sollte.

In manchen Schilderungen hieß es, eine große Wolke werde sich herabsenken, auf der alle Juden sich versammeln und ins Land Israel schweben würden. In anderen Schilderungen war von anders gearteten Beförderungsmitteln die Rede. Aber alle stimmten darin überein, daß der Transport blitzschnell vonstatten gehen werde. Der gewaltige Tempel, der im Himmel wiederaufgebaut worden sei, werde herunterschweben und in Jerusalem landen, wo man dann wieder die priesterlichen Riten zelebrieren werde – einschließlich der Leviten und der Opferhandlungen. Und alle Heiligen würden auferstehen und sich mit Kronen auf den Häuptern im Lichte von Gottes Angesicht sonnen. Die Tora werde sich jedem offenbaren, und alle Fragen und Zweifel würden für immer aufgelöst sein, weil Gott Höchstselbst, gelobt sei Sein Name, das Heilige Buch gemeinsam mit den Juden studieren werde.

Vaters Gesicht glühte, und seine blauen Augen strahlten, bis schließlich das ganze Gotteshaus vom Feuer seiner Überzeugung und Inspiration erhellt war.

Ich hörte diesen rosigen Voraussagen mit ebensowenig Begeisterung zu wie die einfachen Leonciner Juden. Diese abgearbeiteten, entmutigten und verwirrten Juden hatten sich die Erlösung anders vorgestellt. Sie hatten gehofft, sie könnten sich dann am Fleisch des »Behemot« gütlich tun; uralten Wein trinken; Gold, Silber und Edelsteine anhäufen; Brot von den Bäumen pflücken; Dienstboten, die einst gojische Herrscher waren, herumkommandieren; an Gelagen teilnehmen und bei sonnigem Wetter Feste feiern, von denen jedes tausend Jahre dauern würde ...

Eine Herde von Heiligen, die gemeinsam mit Gott die Tora studiert – so hatten sie sich die Belohnung für all die Jahre, in denen sie Hunger, Entbehrungen und

Demütigungen ertragen mußten, nicht vorgestellt. Sie bestürmten meinen Vater mit Fragen. »Nu, Rebbe, und was ist mit dem Fleisch und dem Wein und all den anderen guten Dingen?«

»Gewiß, gewiß, auch das wird es dort geben«, versicherte er ihnen. »Aber das alles wird ein Nichts sein, verglichen mit dem Glücksgefühl, die Herrlichkeit Gottes erleben zu dürfen. Ein solches Entzücken können sich unsere fünf Sinne gar nicht vorstellen!«

Die einfachen Juden und, offengestanden, auch ich atmeten ein bißchen auf. Was mich betraf, so hätte ich alle Heiligen der Welt für ein paar christliche Sklaven eingetauscht, die Angst vor mir haben würden. Nach all den Beleidigungen und Demütigungen durch Nichtjuden, für die man immer nur ein »Drecksjude« war, und nach dem unaufhörlichen Gezitter vor Polizisten und Beamten war ich erpicht darauf, ein paar gojischen Schädeln die Stärke Israels einzubleuen. Mich juckte es in den Fingern, Vergeltung an denen zu üben, die kleine jüdische Kinder niedermetzelten, ehrwürdige alte Juden mit der Axt erschlugen und jüdischen Frauen den Bauch aufschlitzten.

Ich war so besessen vom Kommen des Messias, daß ich an nichts anderes denken konnte. Wenn ich meinen kleinen Bruder Isaak wiegte, stellte ich mir vor, die Wiege sei ein Wagen, der unsere Familie, einschließlich meiner beiden kleinen, verstorbenen Schwestern, ins Land Israel befördere. Ich bugsierte die Wiege so tollkühn herum, daß ich den kleinen Isaak mehr als einmal auf den Kopf fallen ließ – mit wer weiß was für schlimmen Folgen. Mutter schimpfte mich einen Bösewicht und Feind Israels. Meine Schwester, die ohnehin zu Phantastereien neigte, stachelte mich mit ihren grandiosen Vorstellungen vom Leben nach der Erlösung an.

Während sich die Schriftgelehrten im Bethaus versammelten, fanden sich die Handwerker und Arbeiter am Ortsrand zusammen, um auf ihren Messias zu warten.

Eine ganze Schar junger Juden war nach Leoncin geholt worden, um für die Holzhändler Schindeln anzufertigen. Etwas außerhalb des Schtetls hatte man Baracken errichtet, in denen diese Handwerker Schindeln zuschnitten, säuberten und firnißten. Die ortsansässigen jungen Schneider und Schuhmacher zog es unwiderstehlich zu diesen Fremden, die sich prompt daranmachten, sie aufzuklären. Sie verleiteten sie dazu, sich den Bart abzuscheren, Papierkragen und Papiermanschetten zu tragen, Seidenbänder um ihre Hüte zu schlingen und ihre Kaftane zu kürzen, so daß sie nur noch bis zu den Knien reichten.

Am Sabbat trafen sich die Schindler mit den jungen Burschen zum Biertrinken und Tanzen. Und sie brachten ihnen Gassenhauer bei, die normalerweise im Schtetl verpönt waren. Einer davon bezog sich darauf, daß man in chassidischen Kreisen Freude über die Verhaftung mehrerer streikender Arbeiter geäußert hatte. An ein paar Zeilen kann ich mich noch erinnern:

> »An Simchat Tora könnt ihr jetzt
> frohlocken und euch laben.
> Vor Leuten, die streiken, braucht ihr jetzt
> doch keine Angst mehr zu haben . . .«

In einem anderen Gassenhauer wurde sogar der Zar verhohnepiepelt:

> »Hat gestern gelenkt eine Fuhre Kohlen,
> und heute herrscht er über die Polen.
> Hat gestern gelenkt eine Fuhre Mist,
> und heute ist er Kapitalist . . .«

Wenn die Leute im Schtetl diese Spottlieder hörten, zitterten sie vor lauter Angst, daß die Gemeinde den Zorn der Behörden auf sich ziehen würde.

Außerdem bestürmten die Schindler die Leonciner Mädchen, mit ihnen spazierenzugehen oder das Tanzbein zu schwingen. Und obendrein trieben sie allerlei Unfug.

Einmal machten sie einem einfachen Landjuden weis, er feiere Hochzeit mit einer jungen Frau. Der verschüchterte Witwer »heiratete« einen Schindler, der sich als Mädchen verkleidet hatte. Nach diesem Reinfall wurde er allgemein »die Leipziger Braut« genannt – ein Spitzname, den er zeitlebens nicht mehr loswurde.

Ein anderes Mal bespritzten die Schindler während einer mustergültigen Trauung die weißen Kleider der Brautjungfern mit Tinte.

Einer ihrer Lausbubenstreiche nahm ein tragisches Ende: Als einem Schindler, der sich gerade hinsetzen wollte, von einem Arbeitskollegen der Stuhl weggezogen wurde, brach er sich beim Hinfallen das Rückgrat und starb wenig später.

Die Schindler hetzten nicht nur die jungen Burschen des Schtetls sondern auch Ehemänner und Väter gegen Gott und Staat auf. Ein Leonciner Schindler, der ein frommer Jude gewesen war, wurde von ihnen derart verdorben, daß er nach Amerika auswanderte und von dort Photographien nach Hause schickte, die ihn mit glattrasiertem Gesicht zeigten. Seiner Familie, die er zurückgelassen hatte, schrieb er, daß er am Sabbat arbeite. Später wurde sein Frevel noch dadurch verschlimmert, daß seine Frau ihm nach Amerika folgte und sein ketzerisches Leben teilte.

Ketzerei und Zügellosigkeit nahmen in Leoncin nicht nur bei den Juden überhand, sondern auch bei den

Christen. Und derjenige, der damit begann, war kein Geringerer als Christowski, der Grundherr von Leoncin.

Der Witwer Christowski verliebte sich in Warschau in eine Zirkusartistin und heiratete sie. Ungeachtet der Einwände seiner aristokratischen Mutter und anderer Familienangehöriger brachte er außer seiner frischgebackenen Ehefrau eine ganze Horde angeheirateter Verwandter mit nach Hause: Scharlatane, Clowns und Possenreißer. Sie errichteten im Hof des Herrenhauses eine Freiluftbühne und gaben Vorstellungen für die Bauern.

Der Gemeindepfarrer machte dem Grundherrn Vorhaltungen wegen seiner unstandesgemäßen Heirat und warf ihm vor, mitschuldig an der moralischen Verderbtheit der Leonciner Jugendlichen zu sein. Der Grundherr lachte nur über diese Vorwürfe und spornte seine neuen Verwandten zu weiteren Exzessen an. Die Leute tuschelten, er lästere sogar über den Zaren – eben deshalb habe er unlängst jene aufwieglerischen Maler und Dekorateure aus Warschau kommen lassen.

Die Zeiten wurden immer chaotischer. Auf den Jahrmärkten wurde randaliert. In der Umgebung von Leoncin wurden mehrere Morde begangen. Ein Bauer erschlug seinen Vater, der Buchhalter war, mit der Axt, weil dieser ihm verboten hatte, eine Fuhre Holz zu stehlen. Den Leichnam versteckte der Mörder im Kartoffelkeller seines Elternhauses.

Draußen im Wald wurde ein jüdisches Ehepaar von einer Horde Gojim ermordet. Sie brachen in das Häuschen von Reb Mosche Kruk ein und hackten ihn und seine Frau in Stücke. Ganz Leoncin war erschüttert über diesen Doppelmord. Reb Mosche und seine Frau waren ruhige, sanftmütige Menschen gewesen, die wie zwei Turteltauben zusammengelebt hatten. Die Täter wurden zwar schnell gefaßt, weil sie Fußspuren rund um das Häuschen hinterlassen hatten, aber die Juden in dieser Gegend lebten danach in Furcht und Schrecken. Die Angst nahm solche Ausmaße an, daß die Leute, als eines Tages eine Schar russischer Arbeiter in roten Hemdblusen aus der nahen Festung nach Leoncin kam, sämtliche Türen und Fenster verrammelten, weil sie überzeugt waren, daß es zu einem Pogrom kommen würde.

Händler, die öfter nach Warschau fuhren, berichteten nach der Rückkehr schier unglaubliche Dinge über Straßendemonstrationen und Barrikaden; über marschierende Männer und Frauen, die rote Fahnen trugen und Hetzlieder gegen den Zaren sangen; über ein rotgekleidetes Mädchen, das die Rebellen anführte; über Sozialisten, die ihre Toten nicht in Leichentücher sondern in rote Fahnen hüllten; über Ketzer, die behaupteten, der Mensch habe keine Seele sondern eine Art inwendige »Elektrizität«, die nach seinem Tod nicht mehr funktioniere; und über andere Ketzer, die behaupteten, der wahre Messias sei nicht der Sproß Davids aus Jesses Stamm, sondern Dr. Herzl, dessen Nachfolger die Juden ins Land Israel führen würden.

Die Leonciner Juden versammelten sich noch öfter als sonst in der Synagoge, und ihr Seufzen und Stöhnen drang aus dem Halbdunkel himmelwärts. Mein Vater hegte nicht den geringsten Zweifel daran, daß die Stunde der Erlösung bevorstand. »Männer, das sind jetzt wirklich die Geburtswehen, die dem Kommen des Messias vorausgehen«, sagte er, und sein Herz floß über von Hoffnung und Vorfreude. »Mit Gottes Hilfe werden wir erlöst, bevor das Jahr zu Ende ist!«

Die Juden starrten zu jeder Wolke hinauf, als wäre es

jene, die sich einen Augenblick lang öffnen und aus der eine himmlische Stimme verkünden würde, daß das Ende der Zeiten gekommen sei.

Ein verdorbenes Rosch Haschana-Fest

Der letzte Monat des Jahres 5666 war gekommen. In Leoncin ertönte das Widderhorn – nicht jenes, dessen Schall das Kommen des Messias verkündet, sondern das Widderhorn, das in der Synagoge von Reb Baruch Wolf anläßlich des bevorstehenden Neuen Jahres geblasen wurde.

Die Spannung wuchs, je näher das Ende des alten Jahres rückte, aber der Messias war immer noch nicht erschienen. Mein Vater vertraute nach wie vor darauf – es war ja noch genug Zeit für ein Wunder. Es konnte jede Stunde, jede Minute geschehen. Die Tage schienen eine Ewigkeit zu dauern. Bis zur letzten Stunde des letzten Tages im alten Jahr starrten die Juden zum Himmel empor und lauschten auf jeden Ton, jedes Geräusch. Man war sich einig darüber, daß der Messias, wie bei Ehrengästen üblich, sein Erscheinen bis zum letzten Moment hinauszögern würde.

Als die Gläubigen bereits auf dem Weg zum Gottesdienst waren, mit dem das Neue Jahr begrüßt werden sollte, blickten sie immer noch forschend zum dunkler werdenden Himmel und warteten darauf, daß das Wunder geschehen würde, ehe der erste Stern aufging und den Beginn des Rosch Haschana-Festes verkündete.

Aber die Dämmerung brach herein, und die Sterne gingen auf wie jeden Abend. Auf dem nahen Feld trieben Gruskis Schweinehirten ihre Scheusale in den Schweinekoben, und alles war genauso wie an jedem Abend in der Diaspora.

Mein Vater blickte noch einmal zum Himmel, dann

gab er mit schwankender Stimme Anweisung, mit dem Gottesdienst zu beginnen. Der Vorbeter kantillierte: »Wahrlich, so lange uns Leben und Tag gegeben . . .«, und die Knaben begleiteten das Gebet mit inbrünstigem »Wahrlich, ja, ja, ja.«

Aber die psalmodierenden Gesänge hatten keine rechte Würze, und die Segenswünsche zum Neuen Jahr klangen unecht und hohl. Selbst das in Honig getauchte Stück Brot schmeckte nicht so süß wie sonst an Rosch Haschana. Die Juden waren verstört und bitter enttäuscht, besonders mein Vater. Er war tief beschämt darüber, daß er der Gemeinde falsche Hoffnungen gemacht hatte.

Und ich war wütend und erbittert. Kein Land Israel, kein Fleisch vom Behemot und vom Leviathan, keine christlichen Sklaven und Lakaien! Nach wie vor die kotbesudelten Felder und Sandbänke von Leoncin, auf denen Schweine gehütet wurden und ihre Notdurft verrichteten; nach wie vor die allgegenwärtigen Gojim mit ihren judenfeindlichen Hunden.

Das Kantillieren des Vorbeters klang so traurig wie ein Klagelied, aber ich glaubte nicht mehr an die Macht des Gebetes und an das Kommen des Messias zu meinen Lebzeiten. Während das Hauptgebet zum Neujahrsfest rezitiert wurde, gingen mir allerlei sündige Gedanken durch den Kopf. Und als der Zeitpunkt für das Blasen des Widderhorns und die Bitte an die Engel, den Klang vor Gottes Thron zu tragen, gekommen war, ließ ich mich von einer bösen Regung dazu verleiten, etwas Schreckliches zu tun.

In meinem Gebetbuch stand, man solle sich davor hüten, den Namen des Feuerengels auszusprechen, weil dies zur Vernichtung der ganzen Welt führen würde. Jahrelang hatte ich der Versuchung widerstanden. Das

Schicksal der Welt lag in meiner Hand: Ich konnte ihr erlauben, so weiterzuexistieren wie seit 5666 Jahren, oder ich konnte sie im Handumdrehen vernichten. Bisher hatte ich mich immer sehr zusammengenommen, um den verbotenen Namen nur ja nicht auszusprechen. Obwohl ich neugierig darauf war, den Ausbruch des Chaos mit eigenen Augen zu sehen, hatte ich mich beherrscht, weil mir klar war, daß dann auch ich zugrunde gehen würde. Jetzt aber war ich so bitter enttäuscht, daß ich alle Bedenken in den Wind schlug, den Atem anhielt und den verbotenen Namen aussprach. Gleichzeitig kniff ich die Augen zusammen, um nicht mitansehen zu müssen, wie es Feuer und Schwefel vom Himmel regnete.

Einen Moment lang züngelten riesige Flammen vor meinen geschlossenen Lidern, aber als ich die Augen wieder aufmachte, sah ich, daß gar nichts passiert war. Ich stieß einen Seufzer der Erleichterung aus, aber mein Glaube war jetzt noch stärker erschüttert. Die schmalen Spalte des Zweifels waren zu Abgründen des Skeptizismus geworden. Zum ersten Mal in meinem Leben wagte ich, den *kojhanim* bei der Ausübung ihrer priesterlichen Riten zuzusehen – ein Vergehen, das angeblich mit Blindheit bestraft wurde.

Nach den Bußtagen des Jahres 5667 kamen schlechte Zeiten für Leoncin. Der Herbstregen strömte nur so aus den bleigrauen Wolken, die bis zu den Baumwipfeln herunterhingen. Josua Glusker, der wegen seines Glaubens an das Kommen des Messias versäumt hatte, sein Dach zu reparieren, flickte und schindelte es jetzt bei strömendem Regen. Und er setzte auch wieder Fensterscheiben in jüdische Häuser ein. Wer sich keine Scheiben leisten konnte, stopfte die Fenster mit Lumpen zu.

Die jungen Männer, die zum Millitär eingezogen werden sollten, beteten in der Synagoge und sangen:

>>Lieber hätt' ich bloß *eine* Hand,
als zu dienen im Zarenland.
Wehe mir, ich bin verloren!
Wäre ich doch nie geboren!<<

Die eingezogenen Gojim betranken sich, krakeelten und
belästigten die Juden auf der Straße. Die Juden gingen
tief gebeugt ins Bethaus und tief gebeugt wieder heim.
Der Gemeinde bemächtigte sich eine tiefe Hoffnungslosigkeit, die nach der freudigen Erwartung im vergangenen Jahr umso schwerer zu ertragen war. Mein Vater
war außer sich. Daß der Messias trotz aller Vorzeichen
nicht gekommen war, hatte ihn zutiefst verstört. Er
blickte zum verhangenen Himmel und wehklagte: >>All-
mächtiger Gott, wie lange müssen wir das noch erdulden?<<

Es wurde immer schwieriger, in Leoncin sein Brot zu
verdienen. Alle Hoffnungen, daß es wieder aufwärts
gehen würde, wenn sich hier mehr Leute ansiedelten,
wurden zunichte gemacht. Kaum waren ein paar Familien zugezogen, da verließen ein paar andere das
Schtetl, und alles blieb wie vorher oder wurde noch
schlimmer. Auch die Hoffnung auf den Anschluß an
eine Eisenbahnlinie erwies sich als trügerisch. Und zu
alledem zog Reb Josua, der Holzhändler und Dorfmagnat, nach Nowidwor. Ihn bewog die Ermordung von
Reb Mosche Kruk dazu, sich in eine Stadt zu flüchten,
in der es viele Juden und nicht bloß einen einzigen Ordnungshüter gab. Ich kann mich noch gut daran erinnern,
wie verzweifelt mein Vater war, als Reb Josua und sein
Schwiegersohn – beide in neuen Schaffelljacken und
Schaftstiefeln – zu ihm kamen, um sich zu verabschieden.

»Das Schtetl geht vor die Hunde«, sagte meine Mutter bekümmert.

Andere folgten Reb Josuas Beispiel. Manche zogen nach Nowidwor, nach Zakroczym oder nach Warschau.

Diejenigen, die Leoncin nicht verließen, blieben der Hoffnungslosigkeit und Einsamkeit überlassen.

Vater vertiefte sich noch mehr in sein Bücherstudium und nahm ein ehrgeiziges Projekt in Angriff.

Da die Tosafot-Kommentare in vielen Teilen der Gemara die in den Raschi-Kommentaren enthaltenen Auslegungen in Zweifel ziehen, nahm er sich vor, Raschis Exegese anhand der gesamten Talmud-Texte zu verteidigen.

Es war eine gigantische Aufgabe, aber Vater brannte darauf, sie zu übernehmen. »Wenn ich in der anderen Welt ankomme und die Vernichtungsengel mich wegen meiner gewaltigen Sünden hinab in die Gehenna schleudern wollen, dann wird Raschi sich für mich einsetzen, und seine Fürsprache wird mich retten.

So jung ich noch war – ich mußte darüber lachen, daß Vater sich wegen seiner »gewaltigen Sünden« so maßlos ängstigte. Meine Mutter lachte nicht. Sie, deren klaren grauen Augen nichts entging, musterte ihn nur und sagte spitz: »Raschi kommt sehr gut ohne dich aus. Du solltest lieber für unser tägliches Brot sorgen. Auch *das* ist ein gutes Werk.«

»Der Allmächtige wird dafür sorgen. Mit seiner Hilfe wird alles gut.« Kurz darauf kam eine Nachricht, die bewies, daß Vater zu Recht auf Gott vertraute.

Aus Tomasow traf ein Brief seiner Mutter ein, die ihn bat, persönlich den Anteil an der Erbschaft abzuholen, den sie ihm nach dem Verkauf ihres Hauses und ihres Geschäfts zugedacht habe und noch zu ihren Lebzeiten geben wolle.

»An meinen lieben Sohn, den geweihten Rabbi und Erben der Weisen«, begann, in hochgestochenem Hebräisch, Großmutter Temeles Brief. Dann ging sie zu schlichtem Jiddisch über, in das sie allerdings zahlreiche blumige Segenswünsche und Sinnsprüche einstreute. Bei der Unterschrift – wiederum in Hebräisch – hatte sie es nicht versäumt, sämtliche Ehrentitel hinter ihren Namen zu schreiben: Teme Blume, Rebezzin und Tochter von Heiligen ...« – und so weiter, und so weiter.

Sie war ungeheuer stolz darauf, daß ihr Mann Hilfsrabbiner war und daß sie sich einer so vornehmen Abstammung rühmen konnte. Der eine Großvater war der berühmte Reb Dov Berisch Meisels gewesen, nach dem eine Straße in Krakau benannt worden war. Der andere Großvater war Rabbiner in Kremnice gewesen. Einer ihrer Urgroßväter hatte das Rabbinat in Stanislawow innegehabt, ein anderer das Rabbinat im fränkischen Bamberg. Einer ihrer Ururgroßväter, einst Rabbiner in Lemberg, war der Verfasser von *Tur Zahav*, einem Kommentar zum rabbinischen Kodex. Und so weiter ...

Ihr Mann hatte einen ebenso vornehmen Stammbaum. Sein Vater war Rabbiner in Konskie gewesen, sein Großvater war Reb Mosche der Weise, ein Warschauer Rabbiner. Einer seiner Urgroßväter war Rabbiner in Szczecin, ein anderer Rabbiner in Biala Cerkiew gewesen (das – weil der Ortsname »Weiße Kirche« bedeutet – von den Juden »Schwarzes Greuel« genannt wurde). Und so weiter ...

Obwohl Großmutter Temele ihr Leben lang arbeiten mußte, um ihre Familie zu ernähren, war sie sich stets ihres und ihres Mannes illustren Stammbaums bewußt und versäumte es nie, ihren Sohn und sich selber entsprechend zu titulieren.

In ihrem Brief ließ sie durchblicken, daß es sich um

einen großen Geldbetrag handelte. »Aus vielerlei Gründen«, so schrieb sie, sei es ratsam, daß ihr Sohn sofort nach Tomaszow komme.

Vater ließ sich nicht zweimal bitten – er war im Nu bereit, Mutters Krittelei und der Notwendigkeit des Brotverdienens zu entrinnen. Weil kein jüdischer Kutscher da war, um ihn zur nächsten Bahnstation zu fahren, ließ er sich von einem Bauern mitnehmen, der zufällig in die gleiche Richtung fuhr. Unterwegs kam Vater beinahe ums Leben.

Während der Fahrt bekam der Bauer plötzlich Lust auf ein Schnäpschen. Bevor er in einem Wirtshaus einkehrte, schärfte er meinem Vater ein, die Zügel festzuhalten und gut aufzupassen, weil die Pferde manchmal scheuten. Vater, der die heidnische Sprache nicht verstand, antwortete mit den beiden einzigen polnischen Wörtern, die er kannte: »Tak, panje.« (»Ja, Herr.«)

Während der Bauer im Wirtshaus zechte und schwatzte, saß Vater auf dem Fuhrwerk und war vermutlich damit beschäftigt, seine jüngste Entdeckung bezüglich Tosafisten kontra Raschi wiederzukäuen. Plötzlich ratterte mit lautem Gepfeife ein Zug vorbei. Die Bauerngäule, an einen solchen Radau nicht gewöhnt und ohnehin etwas launisch, gingen durch.

Vater, der keine Ahnung von Pferden und Zaumzeug hatte, stimmte »Höre, Israel« an, aber in Unkenntnis der überragenden Bedeutung dieses Gebets galoppierten die Pferde weiter und preschten so lange über Wiesen und Felder, bis sich die Wagendeichsel in einen Baustamm bohrte.

Als der Bauer sein kaputtes Fuhrwerk sah, griff er nach einem Stock und wollte Vater umbringen. »Du verdammter Jude, hab' ich dir nicht gesagt, du sollst die Zügel halten?«

Zum Glück waren einige jüdische Forstleute in der Nähe, die meinen Vater vor dem wutentbrannten Bauern in Sicherheit brachten.

In dem Brief, den Vater uns (übrigens durch eben diesen Bauern) überbringen ließ, schilderte er diesen Vorfall und gelobte, gleich nach der Ankunft in Tomaszow ein Dankgebet für Rettung aus großer Gefahr darzubringen. Er versprach, bald wieder zu schreiben, aber es trafen keine weiteren Briefe ein.

Tage und Wochen vergingen, ohne daß wir etwas von ihm hörten. Mutter, eine routinierte Schwarzseherin, schrieb einen Brief nach dem anderen, betete um Vaters Wohlergehen und spendete achtzehn Groschen für den Reb Mayer Bal Ha'ness-Wohltätigkeitsfonds – aber alles war vergebens. Bei uns zu Hause breitete sich Hoffnungslosigkeit aus. Mutter kümmerte sich nicht mehr um den Haushalt. Sie weinte nur noch und scharwenzelte um Krause, den deutschen Briefträger, herum, der Tag für Tag sagte: »Nichts, Rabbinersche. Heute ist nichts dabei . . .«

Das waren die aufregendsten Wochen, die wir je erlebt hatten – und das in einer Zeit, in der Gewalttätigkeit, Aufruhr, Mord und Katastropen ohnehin an der Tagesordnung waren. Es deprimierte mich, daß Mutter unaufhörlich betete. Mein einziger Trost war, daß ich mich jetzt nicht mehr dem Bücherstudium widmen mußte, sondern mich mit meinen Freunden in der Gegend herumtreiben konnte.

Nach sechs Wochen kam Vater zurück – ausgeruht, rosig und überfließend von Selbstsicherheit. »Hab' ich euch nicht gesagt, daß mit der Hilfe des Allmächtigen alles gut wird?«

Mutter kochte vor Entrüstung. »Wo bist du gewesen? Warum hast du nicht geschrieben?«

Er hatte tausend Ausflüchte und Erklärungen parat.

Erstens: Er habe doch eine Postkarte geschrieben – oder nicht?

Zweitens: Wegen der Erbschaft habe es Krach gegeben. Weil seine Brüder und andere Verwandte die Aufteilung angefochten hätten, sei es zu Auseinandersetzungen und Gerichtsverhandlungen gekommen. Aber mit Gottes Hilfe sei man sich doch noch einig geworden.

Drittens: Seine alten Jugendfreunde hätten ihm zu Ehren Feste veranstaltet, und er sei gezwungen gewesen, seinen gesellschaftlichen Verpflichtungen nachzukommen.

Viertens: Er habe sich über die österreichische Grenze geschmuggelt, um nach vielen Jahren wieder einmal seinen alten Rabbi in Sieniawa zu besuchen. Dort sei er fürstlich empfangen und bewirtet worden, und man habe ihn nicht gleich wieder fortgehen lassen. Bei dieser Gelegenheit habe er auch seinen Bruder Isaja besucht, der sich, um nicht in der russischen Armee dienen zu müssen, in Galizien angesiedelt und es dort zu Wohlstand gebracht habe. Auch dort sei er herzlich empfangen und zu längerem Bleiben genötigt worden ...

Der langen Rede kurzer Sinn: Er habe sich einfach nicht losreißen können. Nicht, daß er mit leeren Händen zurückgekommen sei, Gott soll schützen! Von Isaja habe er einen prachtvollen, mit seidigem schwarzem Pelz verbrämten Samthut geschenkt bekommen, außerdem einen teuren Gebetsmantel, der gut und gern fünfzig Rheinische Gulden gekostet haben dürfte. Und immerhin habe er vierhundert Rubel mitgebracht, seinen Anteil am mütterlichen Erbe. Der Betrag sei in großen Scheinen ausbezahlt worden, die ihm seine Mutter eigenhändig in den Kaftan eingenäht habe, für den Fall, daß er Räubern in die Hände fiele.

Jetzt reichte es meiner Mutter, die keinen Groschen mehr gehabt hatte, um ihre Kinder zu ernähren, und die sich seinetwegen fast zu Tode geängstigt hatte, während er es sich bei Freunden und Verwandten gutgehen ließ.

»Möge Gott dir den Kummer und Schmerz ersparen, den du mir bereitet hast, Pinchas Mendel«, sagte sie und seufzte resigniert. »Und jetzt wasch dich fürs Mittagessen!«

Nach der langen Trennung hatten sich Mann und Frau nicht einmal die Hand gegeben. In rabbinischen Haushalten galt eine solche Vertraulichkeit als sündhaft.

Schweigend und so verstohlen, als wollte sie keine ungebührliche Aufmerksamkeit erregen, schlitzte Mutter den Kaftan meines Vaters auf und nahm die Geldscheine heraus. Noch nie hatte ich so einen Haufen Geld gesehen. Für mich waren diese hübschen Banknoten mit den Herrscherporträts und Adlersymbolen eine wahre Augenweide.

Unter den Geldscheinen war auch ein Goldstück. Ich nahm es in die Hand und bewunderte es. »Das ist ein Dukaten«, sagte Vater und nahm ihn mir weg. Zum Ausgleich dafür schenkte er mir zwei übergroße Gebetsriemenkapseln, die ich für meine Bar-Mizwa-Feier brauchen würde. »Die Inschrift auf den Pergamentstreifen stammt übrigens von keinem Geringeren als Reb Mosche dem Schriftgelehrten«, erklärte Vater stolz. »Er war ein Heiliger, der immer erst in die *mikwe* ging, bevor er den Namen Gottes in ein heiliges Buch, eine Mesuse oder eine Gebetsriemenkapsel schrieb. Es ist eine große Ehre, Kapseln mit einer Inschrift von Reb Mosche zu tragen.«

Ich betrachtete die großen, schmierigen Dinger und war kein bißchen beeindruckt von der großen Ehre. Nach Vaters langer Abwesenheit hatte ich schönere

Mitbringsel erwartet. Wenn ich unbedingt Gebetsriemen haben mußte, dann wären mir kleinere, leichtere Lederkapseln lieber gewesen. Vater schenkte mir allerdings auch ein silbernes Tintenfaß, das gar nicht so übel war. Es hatte einen abschraubbaren Behälter für den Streusand, mit dem frische Tintenschrift getrocknet wurde.

Mutter fragte gar nicht erst, ob er ihr etwas mitgebracht habe. Aber meine Schwester wollte wissen, ob sie auch ein Mitbringsel bekäme.

Vater guckte sie verwundert an. »Was soll man denn schon einem Mädchen schenken?«

Aber meinen beiden kleinen Brüdern, die noch Wickelkinder waren, hatte er etwas mitgebracht: Käppchen und kleine Gebetsmäntel.

Nun begann die Diskussion darüber, was mit dem Geld gemacht werden sollte. Zunächst war die Rede davon, daß Mutter einen Laden eröffnen und, wie es die Ehefrauen frommer Juden häufig taten, zum Lebensunterhalt der Familie beitragen sollte. Aber da sie aus einer rabbinischen Familie stammte, hatte sie keinen Geschäftssinn. Und zudem hätte es die Leonciner Händler vermutlich geärgert, wenn ihnen ausgerechnet die Rebezzin Konkurrenz gemacht hätte. Es gab ohnehin schon mehr als genug Läden im Schtetl.

Es blieb also nichts anderes übrig, als das Geld zu behalten und für die Mitgift meiner Schwester aufzusparen. Die Banknoten wurden gut versteckt, und die Geschichte, wie wir zu dem Geld gekommen waren, wurde geheimgehalten. Aber irgendwie kamen die Leute eben doch dahinter – unter Juden gibt es keine Geheimnisse.

Reb Chaim Josef, ein Chassid, der mit Hanna Rochel, der Hausfriedensbrecherin, verheiratet und Inhaber einer Kwaßfabrik, einer Gerberei und einer Gamaschenmanufaktur war, lauerte meinem Vater auf und machte ihm das Angebot, sich an seinem Lederhandel zu beteiligen. Er strömte geradezu über von Optimismus und Begeisterung. Weshalb sollte der Rebbe sein Geld horten, wenn man es für ihn arbeiten lassen könne? Mit dem neuen Kapital, so erklärte Chaim Josef, würde er zusätzliches Verarbeitungsmaterial beschaffen, und dann würden sie beide einen Riesenprofit machen. Leider stecke sein eigenes Barvermögen zur Zeit in der Kwaßfabrik. Durch die zusätzliche Investition von einigen hundert Rubeln wäre ein Gewinn von mindestens zehn Rubeln pro Woche zu erzielen. Mein Vater brauche nichts anderes zu tun als das Geld beizusteuern. Um das Geschäft werde er, Chaim Josef, sich schon kümmern. Und am Ende jeder Woche würden sie sich den Profit teilen.

»Ich frage Euch, Rebbe, ist es denn nicht eine Sünde, Geld unter der Matratze aufzubewahren, wenn es zum Lebensunterhalt von zwei Familien beitragen könnte?«

»Gewiß, gewiß. Da habt Ihr ganz recht, Reb Chaim Josef.«

Mutter war skeptisch und warnte Vater vor überstürzten Entscheidungen. Aber Chaim Josef lag ihm so lange in den Ohren, bis er nachgab. Und nun stellte Vater den Partnerschaftsvertrag aus, der alle möglichen Schutzklauseln enthielt. Chaim Josef sah sich das Dokument nicht einmal an. »Mir soll's recht sein, Rebbe«, sagte er überschwenglich und unterzeichnete mit seiner verschnörkelten Unterschrift. Als Vater ebenfalls unterschrieben hatte, übergab er den gierigen Händen seines Partners all die hübschen Banknoten mit den Bildern von Herrschern und Adlern. Dann drückten sich die beiden die Hand und wünschten einander viel Erfolg.

Am folgenden Freitag lieferte Chaim Josefs Tochter einen Dreirubelschein und etwas Kleingeld bei uns ab. Mutter nahm das Geld lächelnd entgegen: das Familieneinkommen wurde dadurch beträchtlich erhöht.

Am Freitag darauf gab das Mädchen wieder einige Rubel bei uns ab. Am dritten Freitag erschien es nicht. Vater wartete höflichkeitshalber ein paar Tage, dann schickte er mich zu Chaim Josef. Der schaute zunächst gar nicht in meine Richtung. Er war eifrig damit beschäftigt, irgend etwas mit einem gojischen Schuster zu besprechen. Als er damit fertig war, begann er Leder zuzuschneiden.

»Reb Chaim Josef, mein Vater möchte Euch sprechen.«

Zuerst tat er so, als hätte er mich nicht gehört. Dann guckte er aber doch zu mir herüber. »Ach, *du* bist's! Sag deinem Vater, daß ich schrecklich viel zu tun habe und daß ich ihm nächsten Freitag, so Gott will, das Geld für zwei Wochen schicken werde.«

Aus seinem »so Gott will« schloß ich, daß er überhaupt kein Geld mehr schicken würde.

Mutter regte sich auf, als ich berichtete, was Chaim Josef gesagt hatte. Vater hingegen blieb unerschütterlich optimistisch.

»Wie kannst du Bedenken gegen ihn haben? Er hat doch sein Wort gegeben und eine Vereinbarung unterschrieben.«

Chaim Josefs Tochter erschien weder am nächsten noch am übernächsten Freitag. Als Vater sich bei ihm beschwerte und über Rechtmäßigkeit, Jüdischkeit und Vereinbarungen sprach, sah ihn Chaim Josef an, als hielte er ihn für meschugge. »Das Geschäft wirft keinen Profit ab«, sagte er barsch.

»Dann gebt mir mein Geld zurück!«

»Geld? Es ist kein Geld mehr da. Ich hab' damit die Großhändler in Warschau bezahlt.«

Alle Drohungen, Beschwerden und Beschuldigungen nützten nichts. Unsere Familie wurde von Trübsinn gepackt wie von einem Schraubstock. Vater war so beschämt, daß er Mutter nicht mehr ins Gesicht zu blicken wagte. Die Leute im Schtetl lachten hinter seinem Rükken über seine Gutgläubigkeit und Naivität. Unsere finanzielle Lage war katastrophal: Es war kein Geld mehr da, um Lebensmittel zu kaufen, und auf Kredit wollten uns die Händler nichts mehr geben.

Mutter holte ihr letztes Schmuckstück aus dem Versteck: eine brillantenbesetzte Hutnadel, die bei jeder Berührung vibrierte.

Vater wickelte die Hutnadel in ein Tuch und fuhr nach Warschau, um sie zu versetzen. Als er zurückkam, berichtete er, daß er fünfzig Rubel dafür bekommen habe, aber als er das Geld aus der Tasche ziehen wollte, war es nicht mehr da.

Er erbleichte. »Gewalt geschrien – ein Taschendieb muß es mir gestohlen haben! Was sollen wir denn jetzt tun?«

Mutter sah ihn durchdringend an. »Wasch dich fürs Mittagessen!«

»Aber wie ist das denn möglich?« jammerte er. »Ich habe doch neben lauter Juden gesessen. Bärtigen Männern . . .«

»Ob bärtig oder bartlos – iß, bevor alles kalt wird!«

Aber statt zu essen schlug Vater ein heiliges Buch auf. »Der Allmächtige weiß immer, warum«, murmelte er und vertiefte sich in den Text.

Leoncin wird zu beklemmend

Für uns wurde Leoncin von Tag zu Tag beklemmender. Selbst mein Vater, der unverbesserliche Optimist, konnte sich jetzt nicht mehr einzig und allein auf sein Gottvertrauen verlassen. Er rang sich dazu durch, ein überaus großes Opfer zu bringen und auf die Verteidigung Raschis zu verzichten, um nach einer besseren Anstellung Ausschau zu halten.

Zunächst versuchte er, Mutter zu überreden, mit uns Kindern zu ihrem Vater nach Bilgoraj zu fahren und vorläufig dortzubleiben. Aber davon wollte Mutter nichts hören. Sie fand, es sei dem alten Herrn nicht zuzumuten, sie mit vier Kindern im Schlepptau bei sich aufzunehmen.

Dann fuhr Vater nach Radzymin, um sich bei seinem Rabbi Rat zu holen, aber wie üblich blieb er länger als geplant dort und verbrachte seine Zeit mit alten Freunden, die ihn mit offenen Armen empfingen und nicht so bald wieder gehen ließen.

Viele Leute hatten meinen Vater wegen seiner freundlichen, arglosen Art sehr gern und versprachen ihm das Blaue vom Himmel herunter. Und er glaubte stets an diese Versprechen – er *wollte* daran glauben und richtete sich daran auf. Er sandte uns einen Brief nach dem anderen, und in jedem berichtete er von rosigen Aussichten auf eine Anstellung in dieser oder jener Stadt. In einer Gemeinde, so schrieb er, habe er eine Predigt gehalten, die von jedermann gelobt worden sei. Man habe ihn dort fürstlich bewirtet, und nur wegen einer Formsache habe er noch keinen Anstellungsvertrag in der Tasche. Aber mit Gottes Hilfe würde es bald soweit sein. Mutter las die Briefe und schüttelte jedesmal vielsagend den Kopf.

Wenn ich sie fragte: »Was hat unser Tatele denn geschrieben?« fuhr sie mich an: »Studier lieber deine Gemara!« Sie wollte nicht noch mehr Zeit an törichte Hoffnungen verschwenden.

Ich hatte aber keine Lust, die Gemara zu studieren. Ich war ungeduldig, kribbelig, trotzig und aufgebracht gegen jeden, der an mir herumnörgelte. In meinem baumwollenen Sommerkaftan, der einen großen Riß hatte, trieb ich mich, mit wehenden flachsblonden Schläfenlocken (die ich heimlich immer kürzer schnippelte), in der Gegend herum – getrieben von der Unruhe, die Jugendliche in der Pubertät befällt. Meine Stimmung schwankte zwischen Verzweiflung und Euphorie, und ich beging allerlei Torheiten. Einmal lugte ich durch eine Ritze ins Ritualbad und betrachtete die nackten Frauen. Plötzlich tauchte jemand wie aus dem Boden gestampft neben mir auf. Es war der fanatische Mendele, dessen riesiger Zinken ständig herumschnüffelte, um Sünden und Ketzereien aufzuspüren.

Ein anderes Mal holte ich in der Synagoge das Widderhorn aus seinem Versteck und blies hinein, daß es nur so schallte und die Männer gaffend herbeieilten, weil sie glaubten, der Messias sei gekommen.

Einmal wollte ich während des Gottesdienstes vom Vorlesepult hinunterhüpfen, wurde aber wieder von Mendele ertappt.

»Aha, wenn der Vater fort ist, springt der Sohn herum wie ein Ziegenbock, was, Reb Josua?«

Diese sarkastische Bemerkung war auch auf meinen Vater gemünzt, weil er herumreiste und seine Herde ihrem Schicksal überließ.

Eines Freitags war ich so verfressen, daß ich mich mit Fisch vollstopfte und kein einziges Stück für den Sabbat übrigließ. Mutter zankte mich nicht aus, sondern sah mich bloß an und sagte leise: »Schämst du dich nicht?«

Und ob ich mich schämte! Es wäre mir lieber gewesen, wenn sie mich versohlt hätte.

Danach half ich ihr ein paar Wochen lang bei der Hausarbeit. Ich holte Wasser vom Brunnen, hackte Holz, erledigte Besorgungen – alles, um für meine Freßsucht zu büßen. Eines Tages flog mir beim Holzhacken ein Scheit ins Gesicht und brach mir das Nasenbein. Stundenlang lief ich mit gräßlichen Schmerzen herum, ohne es Mutter zu sagen. Sie merkte es erst, als mein Gesicht schon ganz verschwollen war. Weil wir kein Geld für den Arzt hatten, brachte sie mich zu Pawlowski, dem Bader.

Er sagte, ich müßte sofort operiert werden. Dann zog er ein Messer aus der Tasche und machte sich, ohne vorher die Klinge zu säubern, ans Werk.

Bis heute ist mir rätselhaft geblieben, wie meine Mutter es zulassen konnte, daß eine so schwierige Operation ohne Narkose an mir durchgeführt wurde – von einem ungewaschenen Bauern, der sein Gewerbe in einer russischen Kaserne erlernt hatte. Weil meine Schwester kein Blut sehen konnte, mußte ich bei meiner eigenen Operation assistieren.

Jetzt wäre Vaters Anwesenheit dringend notwendig gewesen, doch er war irgendwo unterwegs und mit Gott weiß was beschäftigt. Erst Monate später kam er zurück – mit froher Kunde über die verschiedenen Posten, die man ihm zugesagt hatte, und über seine großartigen Zukunftsaussichten.

Wie gewohnt redete Mutter Tacheles. »Hast du einen Vertrag?«

»Nein, aber es kann jeden Tag ein Glücksfall eintreten. Bis dahin bleiben wir am Hof des Radzyminer
Rabbis.«

»Was meinst du mit ›bleiben‹?«

Vater erzählte von dem Vorschlag, den ihm der Radzyminer Rabbi gemacht hatte. Da es noch eine ganze
Weile dauern könnte, bis er eine feste Anstellung gefunden hätte, sollte er in der Jeschiwa, die der Rabbi in
Radzymin gegründet hatte, mit den Studenten den rabbinischen Kodex durchnehmen. Außerdem sollte er die
Schriften des Rabbis redigieren und seine Aussprüche
und Auslegungen druckfertig machen. Für diese Tätig-
keit sollte er anständig entlohnt werden. Und falls man
ihm irgendwann ein gutes Rabbinat anbieten würde,
könnte er es jederzeit annehmen.

»Hat der Rabbi einen Vertrag mit dir abgeschlos-
sen?« wollte Mutter wissen.

»Gott soll schützen! Sein Wort genügt mir.«

»Was für ein Gehalt hat er dir versprochen?«

»Er hat gesagt, ich soll mir darum keine Sorgen machen. Mit Gottes Hilfe, hat er gesagt, wird alles gut«,
erklärte Vater strahlend.

»Mir gefällt das nicht. Du kannst das Wohlergehen
deiner Kinder doch nicht von vagen Versprechungen
abhängig machen.«

Der alte Streit zwischen ihnen flammte von neuem
auf. Sie beklagte sich wieder darüber, daß er die amtli-
che Prüfung nicht abgelegt hatte, und er widmete sich
wieder seinem Lebenswerk, der Verteidigung Raschis.
Aber selbst diese Aufgabe verschaffte ihm jetzt keinen
Seelenfrieden mehr.

Voller Schadenfreude darüber, daß ihr Rabbiner keine
bessere Anstellung gefunden hatte, erhoben die Gemeindeältesten Einspruch dagegen, daß er aus Leoncin

abgereist war, um nach fetteren Weidegründen Ausschau zu halten. Er werde schließlich dafür bezahlt, daß er zu Hause bliebe und ihnen, wenn sie ihn brauchten, zur Verfügung stünde.

Obendrein war zwischen den Chassidim und den gewöhnlichen Leonciner Juden ein Streit ausgebrochen. Er hatte schon seit langem geschwelt, jetzt aber war es zum offenen Konflikt gekommen.

Die einfachen Juden, vorwiegend Handwerker und umherziehende Hausierer, beneideten die wohlhabenderen Chassidim, und diese sahen verächtlich auf die Armen und Ungebildeten herab. Es war der uralte Futterneid, der von jeher zum Klassenkampf geführt hat – nur, daß er sich diesmal im religiösen Bereich auswirkte.

Die einfachen Juden, zumeist *mitnaggedim*, beteten nach aschkenasischer Art, die Chassidim hingegen nach sefardischer Art. Da die Gottesdienste von den beleseneren Chassidim geleitet wurden, verfügten diese, daß nur noch nach sefardischer Art gebetet werden dürfe.

Empört über diese Ungerechtigkeit, versuchten die *mitnaggedim* beim Beten die Chassidim zu übertönen.

Es kam zu heftigen Auseinandersetzungen. Solange mein Vater dagewesen war, hatte er beide Lager in Schach gehalten, aber während seiner Abwesenheit war der Kampf entbrannt.

Die einfachen Leute waren erbittert darüber, daß die Chassidim bei den Sabbatgottesdiensten die Ehrenämter für sich beanspruchten und für die anderen Juden nur Brosamen übrigließen.

Als eines Tages ein Jude niederen Standes zum Verlesen aus der Tora aufgerufen wurde, wollte ihm Mosche Mendel, der Fleischhauer und Möchtegern-Chassid, einen Streich spielen: Er nannte ihm einen Tora-Abschnitt, der gar nicht zur Verlesung in dieser Woche des

Jahres vorgesehen war. Der Aufgerufene, der mit gebrauchten Kleidungsstücken handelte und – weil er in der zaristischen Armee gedient hatte und oft damit prahlte – »Josch, der Russe« genannt wurde, platzte vor Wut, schlug mit der Faust auf das Vorlesepult und stieß einen ordinären Soldatenfluch aus, der sich nicht nur auf die Chassidim sondern auch auf deren Mütter bezog. Daraufhin schimpften ihn die Chassidim einen Sünder, Gotteslästerer und Dummkopf. Die Freunde von Josch ergriffen seine Partei, und es kam zu einer Schlägerei im Gotteshaus.

Mosche Mendel krempelte die Ärmel seines Satinkaftans hoch und ließ sich mit den einfachen Leuten auf einen plebejischen Faustkampf ein.

Da in Abwesenheit meines Vaters kein *din-tojre* anberaumt werden konnte, erhoben die Juden, die zugeschlagen hatten, und die Juden, die geschlagen worden waren, Klage beim weltlichen Gericht. Der Grundherr und Amtsrichter Christowski konnte sich keinen Reim darauf machen, was die streitenden Parteien mit Ausdrücken wie *alije, tojcheche, nusach aschk'nas* und *nusach s'fard* meinten, und als die Juden versuchten, sie ins Polnische zu übersetzen, war das Kuddelmuddel perfekt.

Der Grundherr war so verwirrt, daß er den Fall schleunigst wieder der jüdischen Gemeinde aufbrummte. Aber weil mein Vater nicht da war, konnte kein Urteil ergehen.

Und nun holten die Chassidim die schöne, von Reb Josua, dem Holzhändler, gestiftete Schriftrolle mit dem silbernen Zeigestock und dem silbernen Toraschild aus der Synagoge und richteten sich ihr eigenes Bethaus ein.

Jetzt hatten die anderen Juden niemanden mehr, der die Gottesdienste leitete und das Widderhorn blies.

Die Fehde tobte weiter, und schließlich gaben beide Seiten meinem Vater die Schuld an der ganzen Misere: Wäre er daheimgeblieben, dann wäre das alles nicht passiert. Manche Leute im Schtetl hatten einen solchen Groll auf unsere Familie, daß sie die Hefe für die Sabbatstriezel nicht mehr bei meiner Mutter kauften, die dadurch um eine weitere Einnahmequelle gebracht wurde.

Die Gemeindeältesten hielten heimlich eine Besprechung ab und ließen meinem Vater eine Liste mit ihren Forderungen überbringen. Es war eine Art Ultimatum, in dem die Bedingungen aufgezählt wurden, die er zu erfüllen habe, wenn er in Leoncin bleiben wolle.

Die erste Bedingung war, daß er sich nicht mehr auswärts herumtreiben dürfe, sondern an Ort und Stelle bleiben müsse.

Die zweite Bedingung: Falls er vorhabe, von seinem Amt zurückzutreten, müsse er dies der Gemeinde rechtzeitig mitteilen, damit noch vor seinem Rücktritt ein anderer Rabbiner angestellt werden könne.

Die dritte Bedingung: Die von der Rebezzin verkaufte Hefe müsse tadellos rein und frisch sein – der Teig für die Sabbatstriezel sei nämlich schon ein paarmal nicht richtig aufgegangen.

Das waren noch längst nicht alle Bedingungen. Zum Schluß wurde Kritik am Benehmen meines Vaters geübt. Der Rabbiner dürfe keinesfalls vor dem Lesepult beten, da dieser Ehrenplatz bekanntlich den führenden Gemeindemitgliedern vorbehalten sei. Des weiteren gehöre es sich für den Rabbiner nicht, nach dem Gottesdienst herumzutrödeln – er habe schnurstracks nach Hause zu gehen, wie es die Schicklichkeit erfordere. Außerdem dürfe er von Herschel Stok, dem Dorfganoven, keine Prise Schnupftabak mehr annehmen.

Meinem Vater stieg das Blut ins Gesicht, als er dieses umfangreiche Schriftstück durchlas. Am meisten wurmte ihn, daß die Gemeindeältesten sich anmaßten, ihn über Schicklichkeit zu belehren. Ein so freundlicher, unprätentiöser Mensch wie er empfand es nicht als ungehörig, sich mit armen Schluckern zu unterhalten oder eine Prise Schnupftabak von jemandem anzunehmen, den die Gesellschaft ausgestoßen hatte.

Mutter überflog das Ultimatum und sagte zornig: »Jetzt reicht's! Und wenn wir hungern müssen – nach dieser Demütigung darfst du nicht hierbleiben.«

Glossar

Ab, elfter Monat des jüdischen Kalenders (Juli/August). Der neunte Tag dieses Monats ist ein Fast- und Trauertag zur Erinnerung an die Zerstörung des Jerusalemer Tempels.

Alef-bet, das hebräische Alphabet.

Amalek, biblischer Erzfeind Israels (5. Buch Mose, 25,17–19).

Aschkenasim, die mittel- und osteuropäischen Juden, im Unterschied zu den *Sefardim* (s. d.)

Bar-miz'wa, hebr.: »Sohn der Pflicht«. Die Feier, durch die der dreizehnjährige Knabe die religiöse Mündigkeit erlangt und in die Gemeinde aufgenommen wird.

Behemot, hebr., in der jüdischen Literatur ein mythisches Ungeheuer. Das männliche Gegenstück zum weiblichen *Leviathan* (s. d.)

Chale, jidd., geflochtenes Weißbrot für den Sabbat und die Feiertage.

Chassid, hebr.: »Frommer« (Plural: *Chassidim*). Anhänger des Chassidismus, einer religiösen Bewegung, die seit 1740 in der osteuropäischen Judenheit weite Verbreitung fand.

Cheder, hebr.: »Stube«. Traditionelle Grundschule der osteuropäischen Juden. Für Knaben vom 4. bis zum 13. Lebensjahr.

Chmielnicki, Bogdan (1593-1657). Kosakenführer, der in der Ukraine Aufstände gegen Polen auslöste, in deren Verlauf es zu Judenpogromen kam, bei denen über zweihundert Gemeinden ausgerottet wurden.

Din-tojre, jidd. (Plural: *dinim-tojre*). Prozeß nach mosaischem Gesetz.

Elul, zwölfter Monat des jüdischen Kalenders (August/September).

Gabbaj, hebr., Gemeindekämmerer. Bei den Chassidim der Assistent des Wunderrabbis.

Gaon, hebr., Titel der Oberhäupter hoher rabbinischer Schulen im frühen Mittelalter. Später geläufige Bezeichnung für große Gelehrte.

Gebetsmantel, viereckiger weißer Überwurf aus Wolle oder Seide, mit sogenannten Schaufäden an den Ecken.

Gebetsriemen. Sie werden beim Morgengebet am linken Arm und an der Stirn angelegt. An den Riemen befinden sich Kapseln mit vier auf Pergamentstreifen geschriebenen Texten aus dem *Pentateuch* (s. d.)

Gebetsschal, s. Gebetsmantel.

Gehenna, hebr., »Gehinnom«, Tal der Söhne Hinnoms. Tal im Süden Jerusalems, wo dem Moloch Kinderopfer dargebracht wurden (2. Kön. 23,10). Metaphorisch: Stätte der Pein für die Bösen nach dem Tode. Bezeichnung für die Hölle.

Gemara, hebr.: »Erläuterung«. Diskussion der babylonischen und palästinischen Talmudisten über die *Mischna,* mit der zusammen die *Gemara* den Talmud bildet. Gemara bezeichnet auch den Talmud überhaupt.

Gog und Magog. Nach Hesekiel 38 ff. war Gog der König eines Nordlandes (Magog), der Israel überfiel, aber vernichtet wurde. Mythischer Doppelname für den Feind des Volkes Israel.

Goi, hebr. (Plural: *Gojim*), wörtlich: »Volk«. Mit diesem Wort wird im allgemeinen ein Nichtjude bezeichnet.

Jeschiwa (hebr.: *Jeschiwot*), »Sitz«. Höhere Lehranstalt für das Studium des Talmud.

Kabbala, hebr.: »Das Empfangene«, »Überlieferung«. Die Lehre und die Schriften der mittelalterlichen jüdischen Mystik ab ca. 1200.

Kiddusch, hebr.: »Heiligung«. Segensspruch über einen Becher Wein.

Kischke, jidd. (Plural: *Kischkess*), polnisch: *kiszka.* Darm, Gedärme.

Kojhen, hebr. (Plural: *kojhanim*), Priester.

Kol Nidre, hebr.: »Alle Gelöbnisse«. So beginnt das Gebet in der Synagoge, mit dem der Versöhnungstag (Jom Kippur) eingeleitet wird.

Koscher, jidd. (von hebr.: *kascher*, »recht«, »rein«). Was nach der Ritualvorschrift erlaubt ist; insbesondere den Speisegesetzen gemäß zubereitetes Essen.

Kugl, jidd. (Plural: Kuglen). Großer puddingartiger Kloß. Eine Sabbatspeise.

Laubhüttenfest. Das achttägige jüdische Erntedankfest, später auch gefeiert zur Erinnerung an die Wüstenwanderung der Kinder Israel nach dem Auszug aus Ägypten.

Leviathan, Seeungeheuer. Nach volkstümlicher jüdischer Überlieferung werden die Gerechten in der Endzeit das Fleisch des Leviathan und des *Behemot* (s. d.) verspeisen.

Leviten, Tempeldiener.

Litwak, litauischer Jude.

Magog, siehe *Gog und Magog.*

Masel tow, hebr., wörtlich: *masal* = Stern, Glück; *tow* = gut. Allgemeine Glückwunschformel.

M'chutn, hebr. Entfernter oder angeheirateter Verwandter.

Megillah, hebr. Bezeichnung der fünf biblischen Bücher Ruth, Das Hohelied, Die Klagelieder des Jeremias, Der Prediger Salomo, Esther. Üblicherweise wird damit das Buch Esther bezeichnet.

Melamed, hebr.: »Lehrer«. Schul- und Hauslehrer.

Mikwe, jidd. (hebr.: *mikwa*), wörtlich: »Ansammlung« (von Wasser). Rituelles Tauchbad. Seit ältester Zeit in jeder jüdischen Gemeinde.

Mitnagged, hebr. (Plural: *mitnaggedim*). Bezeichnung der rabbinischen Gegner des osteuropäischen Chassidismus.

Mojhel. hebr.: »Beschneider«. Derjenige, der an den acht Tage alten männlichen Säuglingen die Beschneidung vornimmt.

Natschalnik. Russischer Beamter.

Pentateuch, griech. Die fünf Bücher Mose: Genesis, Exodus, Leviticus, Numeri, Deuteronomion.

Pessach. hebr. wörtlich: »Vorüberschreiten«, »Verschonung«. Zu Beginn des Frühlings gefeiertes achttägiges Fest zur Erinnerung an den Auszug der Kinder Israel aus Ägypten.

Purim, hebr. Freudenfest, gefeiert zur Erinnerung an die Errettung der jüdischen Diaspora in Persien (Buch Esther).

Quorum. Hier die Mindestzahl von zehn religionsgesetzlich volljährigen Juden, die für ein vollgültiges Gemeindegebet vorgeschrieben ist.

Rabbiner, Amtsbezeichnung des von der jüdischen Gemeinde bestallten Geistlichen.

Raschi, Abkürzung für Rabbi Salomo ben Isaak (1040-1105), den populärsten Kommentator der Bibel und des Talmud im mittelalterlichen Europa.

Reb, jidd. Respektvolle Anrede für gebildete fromme oder auch nur für ältere Männer.

Rebbe, jidd. Herr, Lehrer, Gelehrter. Anrede für den bestallten Rabbiner wie auch für den Wunderrabbi der Chassidim.

Rebezzin. Die Frau des Rabbis bzw. des Rabbiners.

Rosch-Haschana, hebr.: »Anfang des Jahres«. Jüdisches Neujahrsfest im Herbst.

Sabbat, hebr.: »Ruhe«. Heiliger Ruhetag. Beginnt mit Sonnenuntergang am Freitag, endet mit Sonnenuntergang am Samstag.

Schabbes, jidd., siehe Sabbat.

Schammes, jidd., Synagogen- oder Gemeindediener.

Schejgez, jidd., Nichtjüdischer Junge. In der Umgangssprache: frecher Bengel.

Schema Israel. »Höre, Israel«. Jüdisches Hauptgebet. Glaubensbekenntnis vom einzigen Gott.

Schulchan Aruch, hebr.: »Gedeckter Tisch«. Kompendium des jüdischen Religionsgesetzes und Rechts, in systematischer Anordnung und in knappster Form für den praktischen Gebrauch. Verfaßt von Josef ben Ephraim Karo (1488-1575)

Sedermahl. Die mit zahlreichen Zeremonien und symbolischen Speisen verbundene Familienfeier an den ersten zwei Abenden des Pessachfestes.

Sefardim. Die Nachkommen der spanischen und portugiesischen Juden, die sich nach ihrer Vertreibung im Jahre 1492 vor allem in den Mittelmeerländern niederließen.

Simchat Tora, hebr.: »Torafreude«. Freudenfest im Herbst, am

Schluß des Laubhüttenfestes, beim Abschluß des Jahreszyklus
der Toraverlesungen.

Sohar, hebr.: »Lichtglanz«. Hauptwerk der *Kabbala* (s. d.)

Starost, poln. In Polen früher: Kreishauptmann, Landrat.

Tojre, jidd. siehe *Tora*.

Tora, hebr., wörtlich: »Lehre«, »Unterweisung«. Der Pentateuch
(die fünf Bücher Mose).

Tosafot, hebr. wörtlich: »Ergänzungen«. Sammlungen von Erläu-
terungen und Zusätzen zu frühen Talmudkommentaren.

Trejfe, jidd. Bezeichnung für alles, was nach den jüdischen Speisegesetzen nicht erlaubt ist. Gegensatz zu *koscher* (s. d.)

Werst, früheres russisches Längenmaß (1,067 km).

Inhalt

Eine Feier im Schtetl –
Nikolaus II. wird zum Zaren gekrönt
5

Wie ich mit drei Jahren in einen Gebetsschal
gewickelt und unter das Joch der Tora
gespannt wurde
16

Eine Tragödie, weil im Himmel männliche und
weibliche Eigenschaften vertauscht wurden
26

Die Kriege zwischen Israel und Amalek,
ausgefochten nach dem Sabbatmahl
37

Wie ein Deutscher eine Blutbeschuldigung erhebt
und dann beim Badehaus vor der ganzen
Gemeinde ausgepeitscht wird
48

Ein Melamed hält sich für einen Purim-Engel
und fliegt zum Fenster hinaus
56

Meine erste Bahnfahrt und was für wundersame
Dinge ich erlebte
73

Großvater, der Autokrat, und Großmutter,
die sich der Autorität widersetzte
87

Reb Jechiel, der Frauenlehrer
96

Das Reich der Frauen – die Küche
108

Meine zwei Onkel und Tanten
119

Eine fromme Katze, der die Tora lieber war
als das Mäusefangen
126

Frajdel, das schwarze Schaf der Familie
137

Wie jemand zu Ehren seines Vaters unsere
Fenster einschlägt und dann in Strümpfen um
Verzeihung bittet
154

Ich verliebe mich in eine doppelt so alte
verheiratete Frau
173

Wie Juden für eine »kranke Jungfrau« beten,
die einen Bankert zur Welt bringt
193

Leonciner Originale um die Jahrhundertwende
207

Die Angst vor dem Gründonnerstag,
an dem der Konvertit eine Jesusfigur trug und die
katholische Prozession anführte
223

Chassidim gratulieren einander zum Tod
von Dr. Herzl
245

Von Juden, die ihre Dächer nicht mehr
ausbessern wollen, weil sie das Kommen des
Messias erwarten
260

Ein verdorbenes Rosch Haschana-Fest
271

Leoncin wird zu beklemmend
285

Glossar
293

Lebensbilder
Jüdische Erinnerungen und Zeugnisse

Herausgegeben von Wolfgang Benz

Hertha Feiner
**Vor der
Deportation**
Briefe an
die Töchter
Januar 1939 -
Dezember 1942
K.-H. Jahnke (Hg.)
Lebensbilder, Bd. 7
Band 11917

Salomea Genin
**Scheindl und
Salomea**
Von Lemberg
nach Berlin
Lebensbilder, Bd. 3
Band 11253

Richard Glazar
**Die Falle mit dem
grünen Zaun**
Überleben
in Treblinka
Lebensbilder, Bd. 4
Band 10764

E. Leyens/L. Andor
Die fremden Jahre
Erinnerungen
an Deutschland
Lebensbilder, Bd. 1
Band 10779

Eric Lucas
**Jüdisches Leben
auf dem Lande**
Eine Familien-
chronik
Lebensbilder, Bd. 2
Band 10637

Armin und
Renate Schmid
**Im Labyrinth
der Paragraphen**
Die Geschichte
einer gescheiterten
Emigration
Lebensbilder, Bd. 6
Band 11467

Arnon Tamir
Eine Reise zurück
Von der Schwierig-
keit, Unrecht
wiedergutzumachen
Lebensbilder, Bd. 5
Band 11466

Fischer Taschenbuch Verlag